新股民
选股入门 一本通

老金◎主编

中国纺织出版社

内 容 提 要

本书从当今 A 股市场的性质和影响因素入手，以图析文的方式全面讲解了投资者涉足股市需要掌握的选股方法，介绍了根据基本面、技术指标、K 线、分时图、均线和趋势线、成交量、庄家动向选股的方法以及选股买入时机，涵盖的知识范围非常广，投资者可以从中寻找到符合自身投资操作方式的选股之道。本书语言通俗易懂，在进行选股理论基础知识介绍的同时，还通过实例剖析了选股实战中的关键问题以及需要投资者注意的关键点，有利于提高投资者的选股水平。

图书在版编目（ＣＩＰ）数据

新股民选股入门一本通/老金主编．—北京：中国纺织出版社，2015.8（2025.1重印）

ISBN 978－7－5180－1797－3

Ⅰ．① 新… Ⅱ．① 老… Ⅲ．① 股票投资—基本知识 Ⅳ．①F830.91

中国版本图书馆 CIP 数据核字（2015）第 151892 号

编委会成员：李宝久　刘明涛　刘　平　刘跃娟　潘丽丽　宋莉娟
　　　　　　许继国　杨成刚　张　林　张志宏　周　丽　邹保东
　　　　　　侯忠义　马军红

策划编辑：曹炳镝　　　　　责任印制：储志伟

中国纺织出版社出版发行
地址：北京市朝阳区百子湾东里 A407 号楼　邮政编码：100124
销售电话：010—67004422　传真：010—87155801
http：//www.c-textilep.com
E-mail：faxing@c-textilep.com
中国纺织出版社天猫旗舰店
官方微博 http：//weibo.com/2119887771
大厂回族自治县益利印刷有限公司印刷　各地新华书店经销
2015年8月第1版　2025年1月第3次印刷
开本：710×1000　1/16　印张：18
字数：237 千字　定价：48.00元

前　言

　　股民投资股票无非有几个目的：通过在股市进行买卖操作，赚差价钱；每年有可能得到上市公司的回报，如分红利、送红股；能够在上市公司业绩增长、经营规模扩大时享有股本扩张收益；在通货膨胀时期，投资好的股票还能避免货币的贬值，有保值的作用。但要实现上述目的并不容易，在炒股实战中，对股民而言最重要的事就是"选股"。股民投资于股市就是希望能买到上佳的股票，以便能在交易中获利。对于每位股民来说，选准了一只好的股票，就可以高枕无忧、轻松赚钱；而选错一只股票，则要饱受暴跌甚至是被其套牢之苦。因此，对于股民来说，选股就是炒股的生命。

　　纵观市场上大多数散户，选股的决策依据往往来源于股评分析和市场传闻，很少自己进行独立的判断。到头来，不是被庄家主力的洗盘震仓和骗线所"玩弄"，踏不上市场变化的节拍；就是被消息和所谓的专家分析所误导，在低位割肉或在高位被套牢。

　　什么时候买入，买什么股，对于广大的投资者来说尤为重要。那么，如何才能买到一只好的股票呢？其实，在股市中市场的基本信息资料以及历史沉淀下来的数据和图形分析对大部分股民都是公开的，投资者通过自己的分析和判断，并结合实战操作中自身的特点，不断地学习、印证，从而形成自己的选股方法，比被动地去接受和相信别人要可靠得多。

基于此，本书根据股市的特点和投资者的需要，总结出一系列比较实用的选股方法，为股民们形成适合自己的选股方法起到了引导和参考的作用。本书在怎样从基本面分析选股、指标分析选股、K线分析选股、趋势分析选股、通过看盘分析选股，以及如何跟主力资金选股、选黑马股、涨停股等方面都作了较全面的分析。通过深入浅出的道理和简明的图形技术分析，通过对股市政策面和基本面的把握以及对实战技术分析的剖析，从股市选股操作的基本步骤和分析思路出发，总结出一些基本的选股思路和方法，使广大中小散户股民通过对本书的阅读，得到一些在选股方法和实战操作上的指导。

本书的主要特色有以下几点：

◆内容全面，实战性强。本书内容翔实，入门知识与实战技巧紧密结合，全面地讲解了选股的各种方法，有利于逐步提高广大投资者的实战选股技能。而且，本书在讲解过程中既考虑广大读者的学习习惯，又通过具体实例剖析选股实战中的关键问题以及需要投资者注意的关键点，便于投资者阅读理解，在最短的时间内更为牢固地掌握一些简单、高效的选股方法，并熟练应用于自己的实战操作当中。

◆图文并茂，可操作性强。本书对于选股的分析并没有停留在纯粹的技术层面，而是有着很强的针对性和可操作性。书中所讲解的实战案例，都是非常客观的、有代表性的，有利于投资者现学现用。

◆结构清晰，适用性强。本书在编辑过程中，考虑到广大投资者对于炒股知识掌握的程度不同，因而在针对新入市的投资者安排内容的同时，也兼顾了有一定实战经验的投资者。因此，书中的内容有深有浅，广大投资者可以根据自己的需求进行有取舍性的阅读。

投资者在实际应用中不要局限于某一具体的"招法"，而是应该根据市场所处的环境，采用综合分析的方法，综合应用不同的选股技巧来提高选股的准确性。股市是不断发展的，投资者学习股市投资之道也要用发展的眼光，在学习具体的选股技巧时要融会贯通、举一反三，通过不断地实践，总结出最适合自己和最适用于股市的投资技巧，形成完整、有效的投资选股策略。

　　本书在编写过程中借鉴了许多前沿的选股理论，并且参考了几十种相关的文献资料。在此，向为本书编写做出贡献的所有相关人士予以诚挚的感谢。由于编者水平有限，书中难免存在错误与不妥之处，恳请广大读者批评指正。

编者

2015 年 4 月

目　录

V

第三章　指标分析选股

第四章　K 线分析选股

第五章　分时看盘分析选股

第九章　如何选涨停股

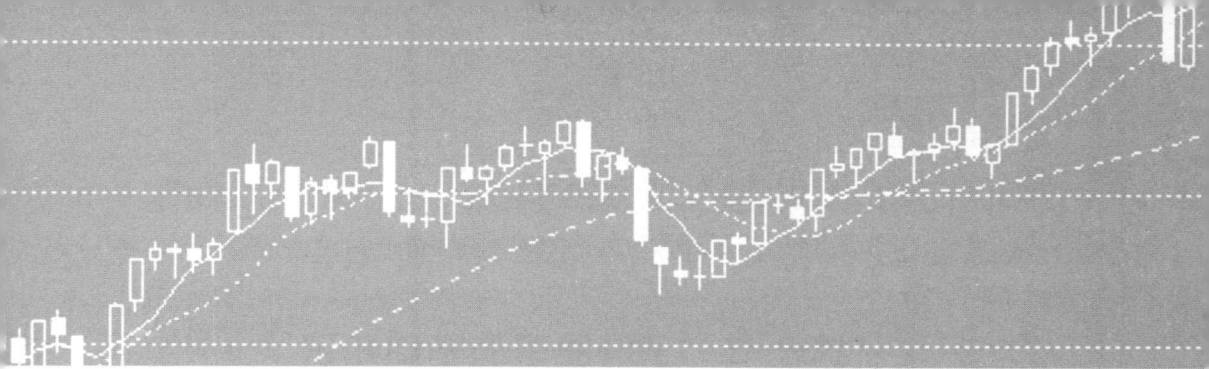

第一章
掌握选股的基础知识

第一节　了解股票的基础知识

股票伴随着股份公司的出现而出现，至今已有 400 年的历史。股票是一种有价证券，是股份有限公司在筹集资本时向出资人公开发行的、用以证明出资人的股本身份和权利，并根据股票持有人所持有的股份数享有权益和承担义务的可转让的书面凭证。股票代表其持有人（即股东）对股份公司的所有权，每一股股票所代表的公司所有权是相等的，即通常所说的"同股同权"。股票可以作为买卖对象和抵押品，是资金市场主要的长期信用工具之一。目前，股份有限公司已经成为最基本的企业组织形式之一，股票已经成为大企业筹资的重要渠道和方式，同时，股票也是投资者投资的基本选择方式；股票市场（包括股票的发行和交易）与债券市场已成为证券市场的重要组成部分。

一、股票的作用

股票具有以下三个方面的作用。

1. 股票是一种出资证明

当一个自然人或法人向股份有限公司参股投资时，便可获得股票作为出资的凭证。

2. 股票是一种权利证明

股票的持有者凭借股票来证明自己的股东身份，参加股份公司的股东大会，对股份公司的经营状况发表意见。

3. 股票是一种分红证明

股票持有者凭借股票参加股份发行企业的利润分配，也就是通常所说的分红，以此获得一定的经济利益，如图 1-1 所示。

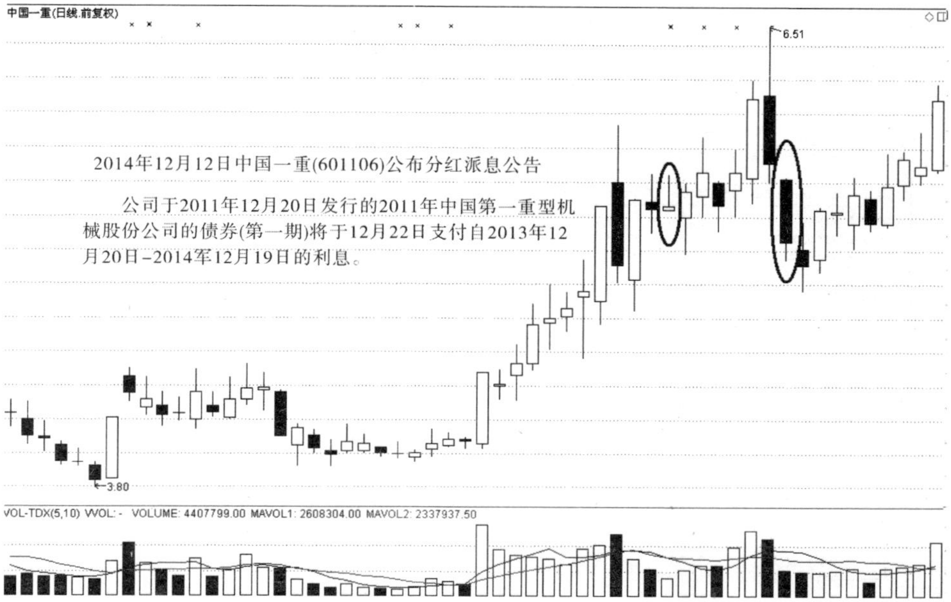

图1-1　上市公司发布分红公告

二、股票的基本特征

股票具有以下六个方面的特征。

1. 不可偿还性

股票是一种无偿还期限的有价证券，投资者认购了股票后，就不能再要求退股，只能在二级市场卖给第三者。股票的转让只意味着公司股东的改变，并不减少公司的资本。从期限上看，只要公司存在，它所发行的股票就存在，股票的期限等于公司存续的期限。

2. 参与性

股东有权出席股东大会，选举公司董事，参与公司的重大决策。股票持有者的投资意志和享有的经济利益，通常是通过行使股东参与权来实现的。股东参与公司决策的权利大小，取决于其所持有的股份的多少。投资者需要注意的是，只要股东持有的股票数量能达到左右决策结果所需的实际数量时，才能掌握公司的决策控制权。图1-2所示为2014年~2015年"一带一路"概念股中国南车的十大流通股股东的持股情况，从中可以看出，中国南车集团拥有61.77%的流通股，具有绝对控制权。

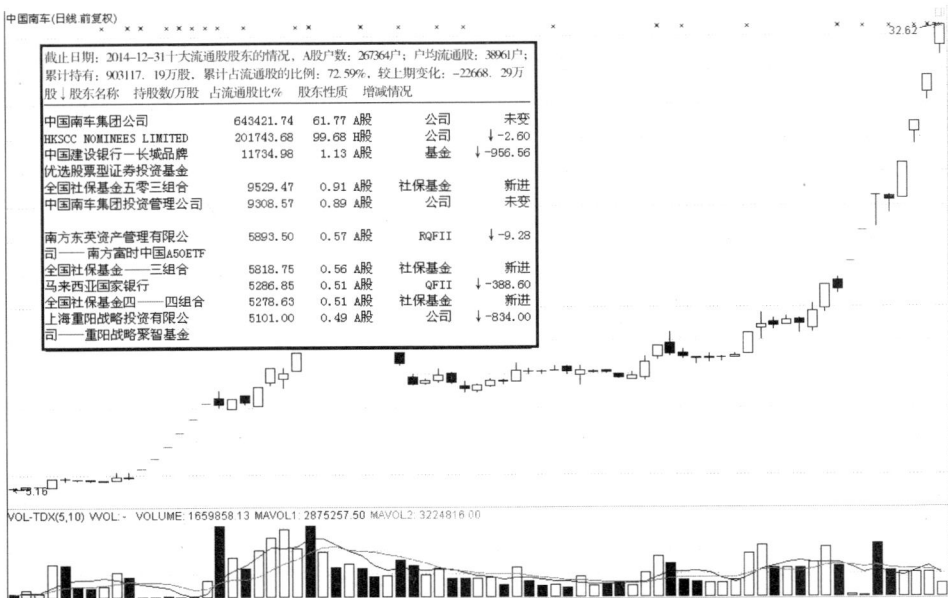

图 1-2　中国南车十大流通股股东的持股情况

3. 收益性

股东凭借股票可以获得相应的收益。股东凭其持有的股票，有权从公司领取股息或红利，获取投资的收益。股息或红利的大小，主要取决于公司的盈利水平和公司的盈利分配政策。股票的收益性，还表现在股票投资者可以获得价差收入或实现资产的保值、增值。通过低价买入和高价卖出股票，投资者可以赚取差价利润。

以著名的可口可乐公司的股票为例，投资者如果在 1983 年年底投资 1 000 美元买入该公司的股票，那么到 1994 年 7 月便能以 11 554 美元的市场价格卖出，赚取 10 倍多的利润。在通货膨胀时，股票价格会随着公司原有资产重置价格的上升而上涨，从而避免了资产贬值。股票通常被视为在高通货膨胀期间可优先选择的投资对象。

4. 流通性

股票的流通性是指股票在不同投资者之间的可交易性。流通性通常以可流通的股票数量、股票成交量以及股价对交易量的敏感程度来衡量。可流通股数越多，成交量越大，价格对成交量的影响越不明显（价格不会随着成交量一同变化），股票的流通性就越好，反之就越差。股票的流通，使投资者可以在市场上卖出所持有的股票，取得现金。通过股票的流通和股价的变动，可以看出人们对于相关行业和上市公司的发展前景和盈利潜力的判断。那些在流通市场上能吸引大量投资者、股价不断上涨的行业和公司，可以通过增发股票，不断地吸收大量资本进行生产经营活动，收到优化资源配置的效果。

5. 价格波动性

股票和其他商品一样，有自己的市场行情和市场价格。由于股票价格要受到诸如公司的经营状况、供求关系、银行利率、大众心理等多种因素的影响，其价格具有很大的波动性。图1-3所示为中国软件2015年1月~4月的走势图，其价格波动剧烈。

图1-3 股票价格的波动性

6. 风险性

由于股票价格的波动及不确定性，股票投资具有很大的风险性。价格波动的不确定性越大，投资风险也越大。因此，股票是一种高风险的金融产品。例如，称雄于世界计算机产业的国际商业机器公司，当其业绩不凡时，每股价格曾高达170美元，但在其地位遭到挑战，出现经营失策而招致亏损时，每股价格又下跌到40美元。如果不合时机地在高价位买进该股，就会导致严重损失。

三、股票的分类

股票种类很多，一般来说可以按以下几个方面进行分类。

1. 按股东权利分类

按股东权利分类，股票可分为普通股、优先股和后配股。

普通股是指在公司的经营管理、盈利及财产的分配上享有普通权利的股份，其代表满足所有债权偿付要求及优先股东的收益权与求偿权要求后对企业盈利和剩余财产的索取权，其构成公司资本的基础，是股票的一种基本形式，也是发行量最大，最为重要的股票。

优先股是相对于普通股而言的。主要指在利润分红及剩余财产分配的权利方面，其优先于普通股。

后配股是在利益或利息分红及剩余财产分配时比普通股处于劣势的股票，一般是在普通股被分配之后，对剩余利益进行再分配。

2. 按上市地区分类

根据上市地区我国上市公司的股票可以分为A股、B股、H股、N股和S股等。此分类主要依据股票的上市地点和其所面对的投资者而定。

3. 按业绩分类

根据业绩可分为ST股、垃圾股和绩优股。

1998年4月22日，沪深交易所宣布，将对财务状况或其他状况出现异常的上市公司的股票交易进行特殊处理，由于"特殊处理"，在其简称前冠以"ST"，因此这类股票称为ST股。

垃圾股指的是业绩较差的公司的股票，其与绩优股相对应。这类上市公司或者由于其行业发展的前景不好，或者由于其经营不善等原因，有的甚至进入了亏损行列。其股票在市场上的表现状态萎靡不振，股价走低，交投不活跃，年终分红也差。

绩优股就是业绩优良的公司所发行的股票，也称作"蓝筹股"。绩优股的特点是投资报酬率相当优厚、稳定，股价波动不大。当多头市场来临时，它不会首先令股价上涨。通常的情况是，其他股票已经连续上涨一段时间后，绩优股才会缓慢攀升；而当空头市场到来时，投机股率先崩溃，在其他股票大幅下滑时，绩优股往往仍能坚守阵地，不至于在原先的价位上过分下滑。图1-4所示为中国铁建走势图，从2015年3月12日~4月22日，短短的一个多月，股价由12.69元升至25.99元，涨幅高达104.8%。

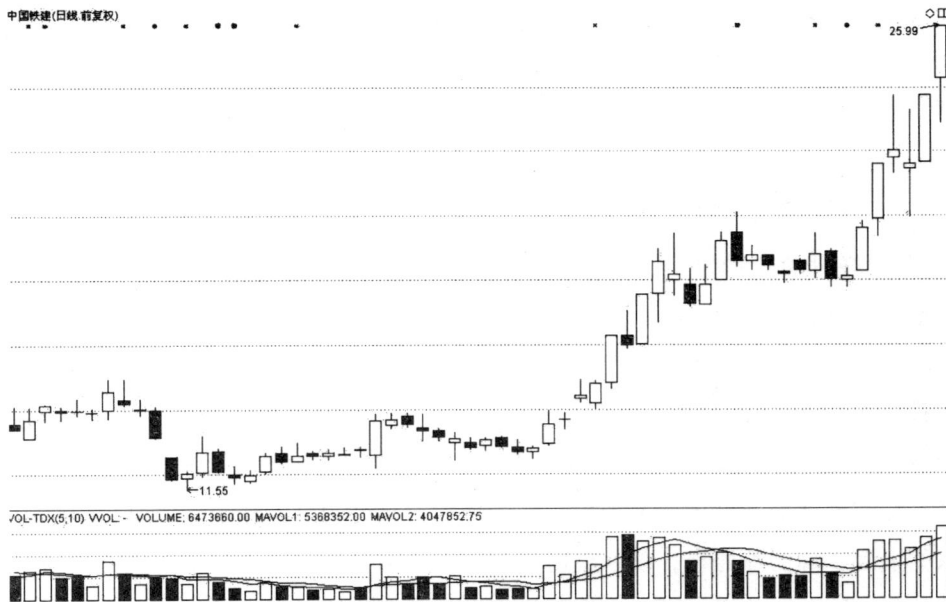

图1-4　绩优股中国铁建走势图

除了以上三种分类方法之外，其他类型的股票划分如下。

4. 根据股票是否记载股东姓名来划分

股票可以分为记名股票和不记名股票。记名股票，是在股票上记载股东的姓名，如果转让必须经公司办理过户手续；不记名股票，是在股票上不记载股东的姓名，如果转让可通过交付而生效。

5. 根据股票是否记明每股金额来划分

股票可以分为有票面值股票和无票面值股票。有票面值股票，是在股票上记载每股的金额；无票面值股票，只是记明股票和公司资本的总额，或每股占公司资本总额的比例。

6. 根据股票上表示的份数来划分

股票可以分为单一股票和复数股票。单一股票是指每张股票表示一股；复数股票是指每张股票表示的数股。

7. 根据股票持有者有无表决权来划分

股票可以分为表决权股票和无表决权股票。普通股票持有者都有表决权，而那些在某些方面享有特别利益的优先股股票的持有者在表决权上常受到限制。无表决权的股东，不能参与公司决策。

四、涨跌停板制度

涨跌停板制度源于国外早期的证券市场，是证券市场中为了防止交易价格的暴涨暴跌，抑制过度投机现象，对每支证券当天价格的涨跌幅度予以适当限制的一种交易制度，即规定交易价格在一个交易日中的最大波动幅度为前一交易日收盘价上下百分之几，超过后即停止交易。在我国，涨跌停幅度均为10%。图1-5所示为中国远洋2015年4月17日的分时图和日K线涨停图例。

在涨跌停板制度下，前交易日结算价加上允许的最大涨幅构成当日价格上涨的上限，称为涨停板；前一交易日结算价减去允许的最大跌幅构成价格下跌的下限，称为跌停板。因此，涨跌停板又叫每日价格最大波动幅度限制。涨跌停板的波动幅度有百分比和固定数量两种表示形式。

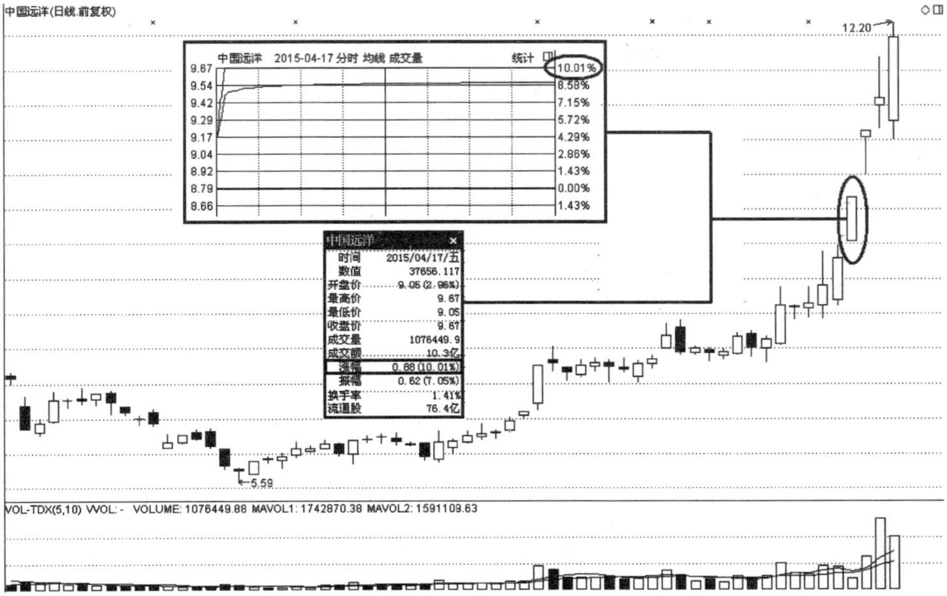

图 1-5　涨停图例

选股有道

　　股票投资具有一定的专业性，也有很大的风险性。其风险主要包括：宏观经济风险、社会和政治风险、系统性风险、金融风险、企业经营风险、市场风险、利率风险、通货膨胀风险、汇率风险、投资者心理风险，等等。只有牢固的掌握股票的基本原理和基本知识，才能规避风险，获得最大的收益。

第二节　熟悉股市的常用术语

　　股市的常用术语很多，常用的术语如下所述。

　　（1）牛市：指股市前景乐观，股票价格持续上升的行情。图 1-6 所示为

2014 年 6 月 ~2015 年 4 月的大盘走势图，指数一路上涨，是明显的牛市。

图 1-6　2014 年 6 月 ~2015 年 4 月的大盘走势图

（2）熊市：指前途暗淡，股票普遍持续下跌的行情。

（3）盘整：通常指价格变动幅度较小，比较稳定，最高价与最低价之差不超过 2% 的行情。

（4）多头：指投资人预期未来价格上涨，以目前的价格买入一定数量的股票等其价格上涨后，再高价卖出，获得差价利润的交易行为。其特点为先买后卖的交易行为。

（5）空头：指预期未来行情下跌，将手中股票按目前的价格卖出，待行情下跌后再买进，以获得差价利润。其特点为先卖后买的交易行为。

（6）利多：指对于多头有利，能刺激股价上涨的各种因素和消息，如银行利率降低、公司经营状况好转等。

（7）利空：指对空头有利，能促使股价下跌的因素和信息。如银根收紧、利率上升、经济衰退、公司经营状况恶化等。

（8）筹码：指投资人手中持有的一定数量的股票。

（9）大盘：大盘一般指上海证券综合指数。上海证券综合指数是上海证券交易所编制的，以上海证券交易所挂牌上市的全部股票为计算范围，以发行量为权数进行综合评价，上证综指反映了上海证券交易市场的总体走势。

（10）反弹：指股票价格在下跌趋势中因下跌过快而回升的价格调整现象。回升幅度一般小于下跌幅度。

（11）庄家：指能影响某一股票行情的大户投资者，其通常占有50%以上的发行量。

（12）散户：散户指在股市中，那些投入股市资金量较小的个人投资者。

（13）机构：主要是指以证券、股票买卖交易为主要业务，并可以为散户提供咨询、代理操盘等服务的公司或团体。

（14）大户：指的是大额投资人。例如，财团、信托公司以及其他拥有庞大资金的集团或个人。

（15）斩仓（割肉）：指在买入股票后，股价下跌，投资者为避免损失扩大而低价（赔本）卖出股票的行为。

（16）套牢：指预期股价上涨而买入股票，结果股价却下跌了，股票投资者不甘心将买入的股票卖出，只能被动等待获利时机的出现。

（17）坐轿：指预期股价将会大涨，或者知道有庄家在炒作而先期买进该股票，让别人去抬股价，等股价大涨后卖出股票，股票投资者可以不费多大的力气就能赚大钱。

（18）抬轿：指股票投资者认为目前股价处于低位，上升空间很大，于是买进准备坐轿，殊不知自己买进的价位并不低，不见得就能赚钱，其结果是在替别人抬轿子。

（19）对敲：指股票投资者（庄家或大的机构投资者）的一种交易手法。具体操作方法为在多家营业部同时开户，以拉锯方式在各营业部之间报价交易，以达到操纵股价的目的。

（20）股市泡沫：指股票交易市场中的股票价格超过其内在的投资价值的现象。

（21）热门股：指交易量大、换手率高、流通性强的股票，其特点是价格变动

幅度较大。图 1-7 所示为 2015 年 4 月 15 日的冀东装备走势图，其换手率高达
35.51%。已经远超出热门股的范畴，属过热，是即将下跌（即由热转冷）的信号。

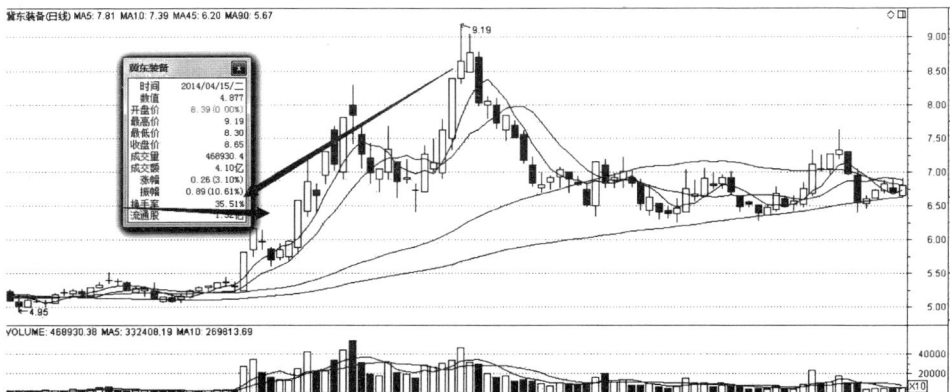

图 1-7　热门股冀东装备走势图

（22）冷门股：冷门股票一般是那些交易量小、周转率低、流通性差、股
价变动幅度小，因而成为较少人问津的股票，这种股票的上市公司经营业绩往
往不佳，对其进行投资有较大风险。对初涉股市者来说一般不要轻易投资冷门
股。但冷门股也不是绝对冷门，当机遇出现时，"爆出冷门"的情况也是有
的。

（23）蓝筹股：指具有稳定的盈利，能定期分派较优厚的股息，被公认为
是业绩优良的公司的普通股票，又称为"绩优股"。

（24）A 股：A 股的正式名称是人民币普通股票。它是由我国境内的公司
发行，供境内机构、组织或个人（不含台、港、澳投资者）以人民币认购和
交易的普通股股票。

（25）B 股：B 股的正式名称是人民币特种股票。它是以人民币标明面值，
并以外币认购和买卖，在境内（上海、深圳）证券交易所上市交易的外资股。
B 股公司的注册地和上市地都在境内（深、沪证券交易所），只不过投资者在
境外或在中国香港、澳门及台湾。2001 年我国开放境内个人居民可以投资 B
股。

（26）H 股：H 股也称国企股，指注册地在内地、上市地在香港的外资

股。（因香港英文名为 HongKong，取其首字母而得名）H 股为实物股票，实行"T＋0"交割制度，无涨跌幅限制。

（27）N 股和 S 股：是指在中国大陆注册，在纽约和新加坡上市的外资股分别叫做 N 股和 S 股。

（28）ST 股：是指对财务状况或其他状况出现异常的上市公司进行特别处理的股票。我国是从 1998 年开始实施 ST 股规则的。通俗地说，如果某只股票的名称前有 ST 字样，就是给投资者一个警告，表明该股票投资风险较大（当然也可能会投资收益也大）；如果前面有＊ST 字样，就是要投资者提高警惕，表明该股票如果连续 3 年亏损就会有退市风险。

（29）开盘价：开盘价又称开市价，是指股票开市后的第一笔买卖的成交价格。世界上大多数证券交易所都采用成交额的最大原则来确定开盘价。

（30）收盘价：收盘价是指某种证券在证券交易所一天交易活动结束前最后一笔交易的成交价格。

（31）吸货：通常指庄家在低价时不动声色地买进股票。

（32）出货：指庄家在高价时，不动声色地卖出股票。

（33）洗盘：指庄家为达到炒作的目的，必须于中途让低价买进但意志不坚定的散户抛出股票，以减轻上档压力，同时让持股者的平均价位升高，以利于施行做庄的手段，达到牟取暴利的目的。洗盘动作可以出现在庄家炒作的任何一个区域内，其基本目的无非是为了清理股市多余的浮动筹码，以抬高股市整体持仓成本。

（34）踏空：指投资者因看淡后市，卖出股票后，该股价却一路上扬，或未能及时买入，因而未能赚得利润。

（35）跳水：指股价迅速下滑，幅度很大，超过前一交易日的最低价很多。

（36）诱多：指股价盘旋已久，下跌可能性渐大，空头大都已卖出股票后，突然空方将股价拉高，误使多方以为股价会向上突破，纷纷加码，结果空头由高价惯压而下，使多头误入"陷阱"而被套牢，称为"诱多"。

（37）诱空：指即主力多头买进股票后，再故意将股价拉低，使多头误认为股价将大跌，故纷纷抛出股票而错过获利机会，形成误入空头的"陷阱"，称为"诱空"。

（38）骗线：指利用技术分析的线条，在想出货的时候，先造成有利的线形，使依靠技术分析的人误以为会涨而买进，称为"骗线"。

（39）阴跌：指股价进一步退两步，缓慢下滑的情况，如阴雨连绵，长期不止。

（40）涨停板：即规定交易价格在一个交易日中的最大波动幅度为前一交易日收盘价之上的百分之几，超过后便停止交易。

（41）跌停板：证券交易当天价格的最低限度称为跌停板，跌停板时的价格称跌停板价。我国沪深证券交易所对股票、基金交易实行价格跌幅限制，跌幅比例为10%，其中ST股票和﹡ST股票价格跌幅比例为5%。

（42）平仓：指投资者在股票市场上卖出股票的行为。

（43）换手率：即某只股票成交的股数与其上市流通股总数之比。它说明该股票交易的活跃程度，尤其当新股上市时，更应注意这个指标。

（44）现手：指当前某一股票的成交量。

（45）平开：某只股票的当日开盘价与前一交易日收盘价持平的情况称为开平盘，或平开。

（46）低开：某只股票的当日开盘价低于前一交易日收盘价的情况称为低开。

（47）高开：某只股票的当日开盘价高于前一交易日收盘价的情况称为高开。图1-8所示为股票高开、平开、低开示意图。

（48）内盘：以买入价成交的交易。买入成交数量统计加入内盘数据。

（49）外盘：以卖出价成交的交易。卖出量统计加入外盘数据。

内盘、外盘这两个数据大体可以用来判断买卖力量的强弱。若外盘数量大于内盘，则表示为买方力量较强；若内盘数量大于外盘则说明卖方力量较强。

（50）量比：指衡量相对成交量的指标。它是指股市开市后平均每分钟的成交量与过去5个交易日平均每分钟成交量之比。

（51）委比：委比是衡量某一时段买卖盘相对强度的指标，委比的取值自

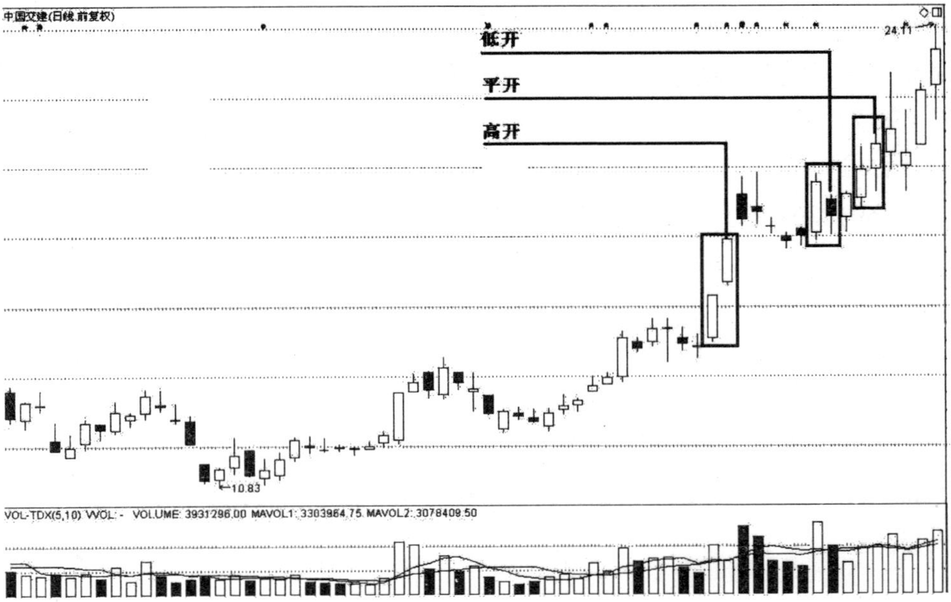

图 1-8　股票高开、平开、低开示意图

-100~100，100 表示全部的委托均是买盘，涨停的股票的委比一般是 100；
而跌停股票是的委比 -100；委比为 0，意思是买入（托单）和卖出（压单）
的数量相等。

（52）均价：指当前买卖股票的平均价格。若当前股价在均价之上，说明
在此之前买进的股票都处于盈利状态。

（53）除权：指由于公司股本增加，每股股票所代表的企业实际价值（每
股净资产）有所减少，需要在发生该事实之后从股票市场价格中剔除这部分因
素而形成的剔除行为。

（54）填权：股票除权后的除权价不一定等同于除权日的理论开盘价，当
股票实际开盘价高于这一理论价格时，称为填权。

（55）多头陷阱：即为多头设置的陷阱，通常发生在指数或股价屡创新
高，并迅速突破原来的指数区且达到新高点，随后迅速滑落跌破以前的支撑
位，结果使在高位买进的投资者严重被套。

（56）空头陷阱：通常出现在指数或股价从高位区以高成交量跌至一个新

的低点区，并造成向下突破的假象，使恐慌抛盘涌出后迅速使股价回升至原先的密集成交区，并向上突破原压力线，使在低点卖出者踏空。

（57）溢价发行：指股票或债券发行时以高于其票面价格发行的方式。

（58）场内交易：指在证券交易所内进行的证券买卖活动。

（59）场外交易：指在证券交易所以外的市场进行的证券交易活动，也称为"柜台市场""第三市场"或"第四市场"交易。

选股有道

新股民进到股市中来，不能急于求成，要脚踏实地的学习，而这些股市常用语只是一些简单的基础知识。只有基础打牢了，才能在股市中盖起属于你的大厦。

第三节　懂得股票的交易及开户

一、股票的交易规则

1. 股票的交易时间

股票的交易时间为周一～周五（法定休假日除外），上午 9：30—11：30，下午 1：00—3：00。

2. 竞价成交

（1）竞价原则：价格优先、时间优先。价格较高的买进委托优先于价格较低的买进委托，价格较低的卖出委托优先于价格较高的卖出委托；同价位委托，则按时间的先后顺序。

（2）竞价方式：上午 9：15—9：25 进行集合竞价；上午 9：30—11：30、下午 1：00—3：00 进行连续竞价。

集合竞价是指在每个交易日上午 9：15—9：25，由投资者按照自己所能接受的心理价格自由地进行买卖申报，电脑交易主机系统对全部有效委托进行一次集中处理的过程。在集合竞价时间内的有效委托报单未成交的，则自动进入9：30开始的连续竞价。

连续竞价是指对买卖申报逐笔连续撮合的竞价方式。连续竞价阶段的特点是，每一笔买卖委托输入炒股软件后，当即判断并进行不同的处理：能成交者予以成交，不能成交者等待机会成交，剩余的部分成交者由系统自动安排其继续等待。

3.交易单位与报价单位

股票交易单位为"股"，100股＝1手，委托买入数量必须为100股或其整数倍；股票以"股"为报价单位，例如：行情显示"深发展A"30元，即"深发展A"股现价30元/股。交易委托价格最小变动单位：A股、基金、债券为人民币0.01元；深B为港币0.01元；沪B为美元0.001元。

4.涨跌幅限制

在一个交易日内，除首日上市的新股外，每支股票的交易价格相对上一个交易日收市价的涨跌幅度不得超过10%，超过涨跌限价的委托为无效委托，"ST"股票的交易日涨跌幅限制为5%。

5."T＋1"交易制度

"T"表示交易当天，"T＋1"表示交易日当天的第二天。"T＋1"交易制度指投资者当天买入的股票不能在当天卖出，需待第二天进行自动交割过户后方可卖出。资金使用上，当天卖出股票的资金回到投资者账户上可以用来买入股票，但不能当天提取，必须到交收后才能提款。（A股为T＋1交收，B股为T＋3交收）

6.申购新股的流程

投资者申购新股的流程分为以下五个步骤。

（1）投资者申购（申购新股当天）：投资者在申购时间内缴足申购款，进行申购委托。

（2）资金冻结（申购后第一天）：由中国结算公司将申购资金冻结。

（3）验资及配号（申购后第二天）：交易所将根据最终的有效申购总量，按每1000股（沪市，深市按每500股）配一个号的规则，由交易主机自动对有效申购进行统一的连续配号。

（4）摇号抽签（申购后第三天）：公布中签率，并根据总配号量和中签率组织摇号抽签，于次日公布中签结果。

（5）公布中签号、资金解冻（申购后第四天）：对未中签部分的申购款予以解冻。

7. 股票的交易费用

买卖股票时需要交纳的费用包括手续费、印花税、过户费。

不同的券商手续费的收取比例各不相同，但国家规定不得超过交易金额的 3‰（每次不低于 5 元）；印花税的收取比例，现在是 1‰，单向收取，只在卖出时收；过户费的收取极低，通常股票交易金额接近 10 万元才收取 1 元，可忽略不计（目前沪市有过户费而深市没有）。

二、股票的开户流程

1. 股票的开户流程

股票的开户流程如下：

（1）到证券公司办理上证或深证股东账户卡、资金账户、网上交易业务、电话交易业务等有关手续。然后，下载证券公司指定的网上交易软件。

（2）到银行开活期账户，并开通银证转账业务，把钱存入银行。

（3）通过网上交易系统或电话交易系统把钱从银行转入证券公司的资金账户。

（4）在网上交易系统或电话交易系统中可以买卖股票。

（5）一般手续费在 100 元左右（每家证券公司是不同的）。

（6）买股票必须委托证券公司代理交易，所以，投资者必须找一家证券公司开户。买股票的人是不可以直接到证券交易所进行买卖的。这跟二手房买卖一样，是必须由中介公司代理的。

2. 办理开户手续的具体程序

办理开户手续的具体程序为：开立证券账户→开立资金账户→办理指定交易。

办理开户手续时需注意以下事项：

（1）需要本人办理开户手续。首先，要开立上海、深圳证券账户；其次，开立资金账户，即可获得一张证券交易卡。然后，根据上海证券交易所的规定，应办理指定交易，办理指定交易后方可在营业部进行上海证券市场的股票买卖。

（2）开立证券账户必须持本人身份证原件及复印件，开立资金账户还必须携带证券账户卡原件及复印件。如需委托他人操作，需与代理人（代理人也必须携带本人身份证）一起前来办理委托手续。

（3）以前一张身份证只能开立一个证券账户，但自 2015 年 4 月 13 日起 A 股市场全面放开"一人一户"限制。这也就意味着，自 4 月 13 日起，自然人与机构投资者均可根据自身实际需要开立多个 A 股账户和封闭式基金账户，上限为 20 户。也就是说，以前只能在一家证券公司拥有一个证券账户的股民，现在最多可以在 20 家证券公司开设 20 个账户。值得注意的是，单一投资者的账户无论有多少个，都只有一个统一的入口——一码通。

第四节　了解影响股票价格的因素

一、股票价格

投资者进行股票投资首先要了解股票的基本情况，股票的价格就是一个基本要素，这里提及的股票价格又叫股票行市，是指股票在证券市场上买卖的价格。其实，股票本身没有价值，但它可以当作商品出售，并且有一定的价格。一般地，在股市的选股投资过程中，可以通过股价特点进行分析，粗略地为投资者找到一个较好的买入点。通常认为，股价的特征一般表现在以下几个方面。

1. 事先的不确定性

该特性一般表现为它总处在不断变动之中，而且这种变动是连续性的、非间断性的，这与其票面价值、账面价值、清算价格和发行价格显然不同。

2. 股票价格波动的偏向性

一般来说，该特性是以在大量企业激烈的市场竞争中被淘汰为代价而获得的。实战当中，通常会有这样的误解，即不理解这一点的投资者往往会简单地从股价波动的偏向性特征中直接推导出长期持有股票的投资战略。不过，必须提醒的是，如果在没有相应的投资风险分散化资金管理措施的情况下，股价波动的偏向性并不能保证投资者获得满意的投资回报。

3. 股票交易价格的市场性

股票交易价格一般不受其发行价格的制约，也不受股份有限公司的直接支配，而是取决于股票市场的供求关系，其随市场供求关系的变化而变化。

4. 股价与其面值的不等性

股票通常带给持有者的现金流入包括两部分：一部分为股利收入和出售时的资本利得，事实上，股票的内在价值是由一系列的股利和将来出售股票时售价的现值所构成，当然，如果股东永远持有该股股票，那么只获得股利，是一个永续的现金流入即这个现金流入的现值就是股票的价值；另一部分为，如果投资者不打算永久地持有该股票，而在一段时间后出售，那么它的未来现金流入就是几次股利和出售时的股价。

二、股票价格的种类

一般来说，股票价格可以分为票面价格、发行价格、账面价格、市场价格等。

1. 票面价格

股票的票面价格即通常所说的面值，是指公司发行的股票票面上所标明的金额。股票票面价格是股票发行价格、市场价格、账面价格等价格的重要参照基准。

投资者需要注意的是，股票上市后，股票价格受市场供求变化的影响，往往和票面价格偏离，有时甚至偏离的程度很大，票面价格在市场中的重要性就显著降低了。

2. 发行价格

发行价格是指公司发行股票时所制定的股票出售价格。原始股的发行价格一般以票面价格作为基准，并考虑发行时股市的供求状况和发行策略，可分为平价发行、溢价发行、折价发行、设定价格等几种方式。

《中华人民共和国公司法》（以下简称《公司法》）规定，股票发行价格可以按票面金额，也可以超过票面金额，但不得低于票面金额；同时，任何单位或个人所认购的股份，每股都应当支付相同的价格。因此，我国公司股票发行价格只能在平价或溢价中选择。

新股上市后，价格较发行价上升 5% ~ 10%，则可认为发行价位为合理价位；如果价格上升超过 15% 或者下跌，则发行价可能过低或者过高。需要注意的是，这并不是绝对的标准。发行价格并不一定是投资者认购股票的成本，在很大程度上，认购成本的高低取决于发行方式，如图 1-9 所示。

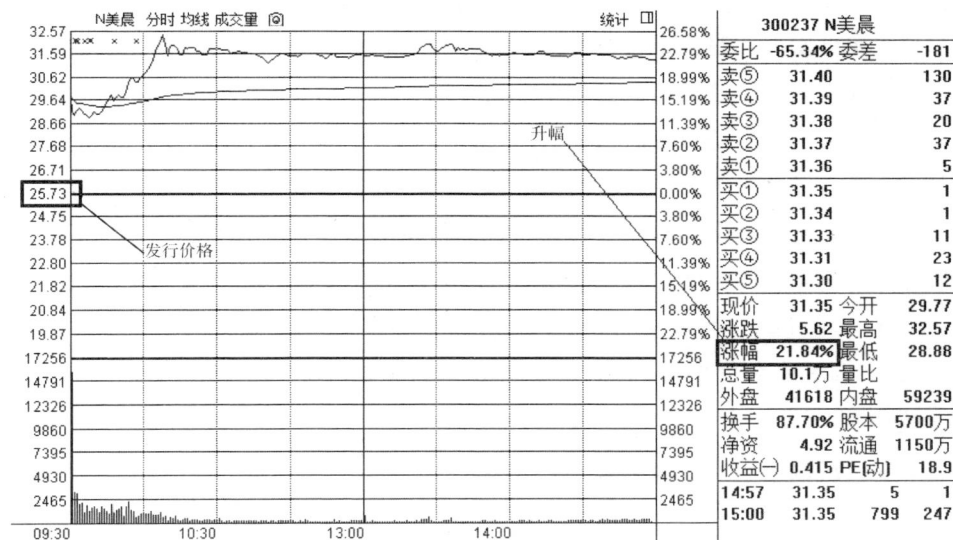

图 1-9　发行价格与涨幅示意图

股票发行价格的确定主要由两种方式：一种是由股票发行公司与承销商议定发行价格和承销价格的"议价法"；另一种是由各承销商以投标的方式竞争股票承销业务，出价最高者中标，该出价方法就是股票发行价格的"竞价法"。

3. 账面价格

股票账面价格又称股票净值，是指普通股所代表的公司净资产。它表示股东在理论上持有的公司财产。它是公司总资产净值减去优先股总面值后的余额与普通股总股数之比。

4. 市场价格

市场价格也就是通常所说的股价、市价，即股票在市场交易过程中实际成交的价格，这是证券投资者最为关注的价格。

股票的市场价格完全由市场上供求双方的关系所决定，与票面价格、账面价格等基本上没有直接联系，因而股票的市场价格经常被动。

股票市场价格从理论上看直接取决于股票的预期股息收益和金融市场利率这两个基本因素，它与预期股息收益成正比，与金融市场利率成反比。

例如，一张票面价格为100元的股票，如果预期年底可得股息12元，即收益率为12%，而同期市场利率为10%，则该股票的价格从理论上说应为120元。

然而事实上，股票市价同"理论上的价格"常常不一致，甚至有较大的差距，这是因为股票的市场价格的实际形成，取决于当时市场上的供求状况，而影响供求的因素是多方面的，它们可能长期、中期或短暂地作用于市场，决定或改变市场的供求关系，从而造成股票的市场价格变化不定。

在一个交易日中，有五个较为特殊的价位值得注意：开盘价（交易日中开始时第一笔交易的成交价）、收盘价（交易日结束时最后一笔交易的成交价）、最高价（当日最高的成交价格）、最低价（当日最低的成交价格）及平均价（当日平均的成交价格）。它们是分析股票的短期市场行情的基本数据，如图1-10所示。

三、影响股票价格的因素

股票的市场价格由股票的价值所决定，但同时会受许多其他因素的影响。一般来看，影响股票市场价格的因素主要有以下几个方面。

1. 宏观经济因素

宏观经济因素，即宏观经济环境状况及其变动对股票市场价格的影响，包括宏观经济运行的周期性波动等规律性因素，以及政府实施的经济政策等政策性因素。股票市场是整个金融市场体系的重要组成部分，上市公司是宏观经济运行微观基础中的重要主体，因此股票市场的股票价格理所当然地会随宏观经济运行状况的变动而变动，会因宏观经济政策的调整而调整。例如，一般来讲，股票价格会随国民生产总值的升降而涨落。

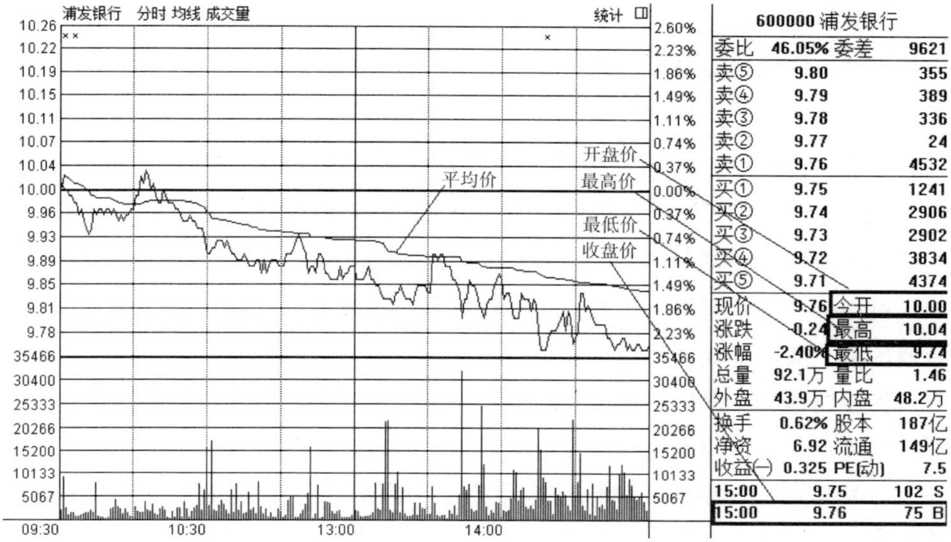

图 1-10　五个特殊价位

2. 公司因素

公司因素，即上市公司的运营对股票价格的影响。上市公司是发行股票筹集资金的运用者，也是资金使用和投资收益的实现者，因而其经营状况的好坏对股票价格的影响极大。而其经营管理水平、科技开发能力、产业内的竞争实力与竞争地位、财务状况等无不关系着其运营状况，因而从各个不同的方面影响着股票的市场价格。由于产权边界明确，公司因素一般只对本公司的股票市场价格产生深刻的影响，是一种典型的微观影响因素。

3. 产业和区域因素

产业和区域因素，主要是指产业发展前景和区域经济发展状况对股票市场价格的影响。它是介于宏观和微观之间的一种影响因素，因而它对股票市场价格的影响主要是结构性的影响。

（1）在产业方面，每一种产业都会经历一个由成长到衰退的发展过程，这个过程称为产业的生命周期。产业的生命周期通常分为四个阶段，即初创期、成长期、稳定期、衰退期。处于不同发展阶段的产业在经营状况及发展前景方面有较大差异，这必然会反映在股票价格上。蒸蒸日上的产业，其股票价格呈上升趋势；日见衰落的产业，其股票价格则逐渐下落。

（2）在区域方面，由于区域经济发展状况、区域对外交通与信息沟通的便利程度、区域内的投资活跃程度等的不同，分属于各区域的股票价格自然也会存在差异，即便是相同产业的股票也是如此。经济发展较快、交通便利、信息化程度高的地区，投资活跃，股票投资有较好的预期；相反，经济发展迟缓、交通不便、信息闭塞的地区，其股票价格总体上呈平淡下跌的趋势。

4. 机构大户的操纵因素

机构大户经常利用中小散户的直线思维来操纵股价，直线思维指的是看到股票价格上涨以后就认为它还会涨，而看到股价下跌时认为它还会跌。而机构大户将股票炒到一定价位必然要抛，将股价打压到一定程度后必然要买。

在股市中，机构大户操纵股价的常用手段有以下几种：

（1）垄断。一种方式是机构大户为了宰割散户，常以庞大的资金收购某种股票，使其在市面上流通的数量减少，然后放出利多消息，引诱散户跟进，哄抬市价，待股价达到一定的高度时，再不声不响地将股票悉数抛出，从中牟利。而由于机构大户持有的股票数量较多，一旦沽出，必定导致股价的急剧下跌，造成散户被套牢。另一种方式就是机构大户先卖出大量的股票，增加市面股票的筹码，同时放出利空消息，造成散户的恐慌心理，跟着大户抛售，形成跌势，此时大户再暗中吸纳，高位再卖出，以获取利润。

（2）串通。指的是两个以上的机构大户在私下串通，同时买卖同一种股票，来制造股票的虚假供求关系，以影响股票价格的波动。

串通通常有两种方式：一是联手的大户同时拿出大量的资金购入某种股票或同时抛出某种股票以使其价格上涨或下跌；另一种方式就是以拉锯的方式进行交易，即几个大户轮流向上拉抬价格或向下打压价格。如大户 A 先以 10 元价格买进，大户 B 再以 11 元的价格买进，然后大户 A 再以 12 元的价格买进，轮流将价格往上拉。

（3）对敲。两个机构大户在同一支股票上作反向操作，一方卖，另一方买，从而控制股价向对自身有利的方向发展，当股价到达其预定的目标时，再大量买进或抛出，以牟取暴利。

（4）声东击西。机构大户先选择易炒作的股票使其上涨，带动股市中大量的股票价格上升，从而对不易操作的股票施加影响，使其股价上涨。

（5）倒账。一个机构大户同时在多个券商处设立账户，一个账户卖，另一个账户就买。通过互相对倒的方法进行虚假的股票交易，制造虚假的股市供求关系，从而提高股票价格予以出售，或降低股票价格以便买进。

（6）诱多（空）。机构大户散布有利于股票价格上升的假消息，促使股票价格上涨，诱使众多的股票散户盲目跟进，而机构大户在高价处退出，导致股票价格无法支撑而下跌。反之，空头大户用套杀多头的方法，又可使股票价格一再上涨。

5. 政治因素

政治因素，即影响股票市场价格变动的政治事件、法律规范状况和军事因素。一国的政局是否稳定对股票市场有着直接的影响。一般而言，政局稳定则股票市场稳定运行；相反，政局不稳则常常引起股票市场的价格下跌。除此之外，国家的首脑更换、罢工、主要产油国的动乱等也对股票市场有重大影响。

一般来说，法律不健全的股票市场更具有投机性，其震荡剧烈，涨跌无序，人为操纵成分大，不正当交易较多；反之，法律法规体系比较完善，制度和监管机制比较健全的股票市场，证券从业人员营私舞弊的机会较少，股票价格受人为操纵的情况也较少，因而表现得相对稳定和正常。总体上说，新兴的股票市场往往不够规范，而成熟的股票市场法律法规体系则比较健全。

军事冲突是一国国内或国与国之间、国际利益集团与国际利益集团之间的矛盾发展到无法采取政治手段来解决的结果。军事冲突小则造成一个国家内部或一个地区的社会经济与生活的动荡；军事冲突大则会打破正常的国际秩序。它使股票市场的正常交易遭到破坏，因而必然导致相关的股票价格的剧烈动荡。例如，海湾战争之初，世界主要股市均呈下跌之势，而且随着战局的不断变化，股市均大幅震荡。

6. 文化因素与自然因素

就文化因素而言，一个国家的文化传统往往在很大程度上决定着人们的储蓄和投资心理，从而影响股票市场资金流入、流出的格局，进而影响股票市场的价格；证券投资者的文化素质状况则从投资决策的角度影响着股票市场。一般文化素质较高的证券投资者在投资时相对较为理性，如果证券投资者的整体文化素质较高，则股票的市场价格相对比较稳定；相反，如果证券投资者的整体文化素质偏低，则股票的市场价格容易出现暴涨暴跌。在自然因素方面，如发生自然灾害，生产经营就会受到影响，从而导致有关股票价格下跌；反之，如进入恢复重建阶段，由于投入大量增加，对相关物品的需求也会大量增加，从而导致相关股票价格的上升。

第五节　把控股票投资心理

在选股时，心理因素往往对决策起着至关重要的作用。新股民往往是怀着期待入市，他们期待有天天涨停的股票，就像期待天天捡到钱包，甚至梦想一夜暴富一样。因此，股市中的跟风、踩踏、恐慌、马太效应、羊群效应都与此有关。而庄家们个个都是心理学家，非常善于利用股民的心理进行诱多、诱空，为自己谋利。投资者要想在股市中赚钱，就要跳出心理误区，战胜贪婪和恐惧，才能成为最终的胜利者。

一、从众心理

从众心理是指人们具有与他人保持一致、和他人做相同事情的本能，是一种比较普遍的社会心理和行为现象。通俗地解释就是"人云亦云""随大流"。这种心理特征并不是人类所独有的，在自然界中，动物们也具有明显的从众行为。人类的这种心理特征也是一种进化过程中的产物，集体狩猎成功的概率大于单独狩猎的概率、和别人做相同的事可以节约大量时间，等等。股市中的从众心理指的是投资者在毫不了解市场行情及股票情况的状况下，盲目依从他人跟风操作和追涨杀跌。由新股民的从众心理表现出来的从众行为主要体现在以下几点：

（1）好像跟自己的现金有仇似的，只要卖了股票有钱了，立马将钱换成股票。现金不换成股票就全身不舒服。

（2）赚了一些钱了，股票价格越高，持股信心反而越强。喜爱"站岗"也是从众心理的一种表现。

（3）总喜欢跟别人买的股票一致，不爱动脑筋自己思考，喜欢按炒股软件的指示操作，不是人在炒股，反而是计算机在炒股。

从众心理对股价主要起着放大的作用。在牛市阶段，有些股民看见别人购进股票，就轻易地认为股票行情一定看好，在对市场前景毫无把握的情况下就急忙购进，从而导致股票价格上涨。由于受买入股票盈利的影响，越来越多的股民受他人的影响，也不管实际的宏观经济形势如何，对上市公司的经营也不作分析研究，就开始买进股票，从而推动股价的进一步上涨。随着炒股发财效应的逐渐扩大，入市的股民就越来越多，最后连一些平常对股市和金融漠不关心的市民都入市炒股了，从而将股价推向一个不合理的高度，形成一个短期牛市。在牛市向熊市的转换阶段，一些较为理智的股民会率先将资金从股市上撤出，引起股价的下跌，其他股民看见别人卖出股票，又认为股市行情一定看跌，深怕自己遭受损失，立刻跟着别人作出售出的决定。随着股票下跌幅度的进一步加大，越来越多的股跟着卖出股票，最后引起股市的暴跌。

例如，2007 年大牛市时，上证指数一路飙升，3000 点、4000 点、5000 点及 6000 点都被连续突破，更有甚者提出了"黄金十年""万点论"。在赚钱效应的影响下，几乎"全民炒股"，新股民要开户，竟然需要提前预约，证券公司的营业大厅不管大小，都人满为患。结果在 6124.04 点见顶后，上证指数又一路狂跌，一年时间跌幅超过 70%，跌幅达九成的股票比比皆是，一些还没弄明白股市是什么的投资者，就这样把自己辛辛苦苦攒下的积蓄全都扔在股市中了，如图 1-11 所示。

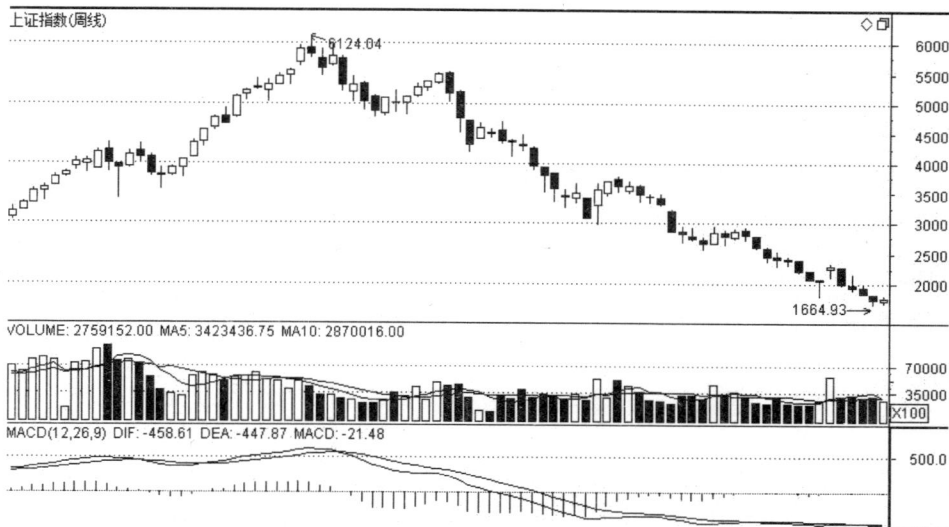

图 1-11 上证指数周 K 线走势图

二、预期心理

预期心理是指股民对未来股价走势以及各种影响股价因素变化的心理预期。预期心理会对股价产生影响。熊市时，股价已跌至每股净资产以内，但绝大多数股民都对此无动于衷，持谨慎观望的态度，致使股价进一步下跌。而一旦行情反转，股民在预期心理的作用下，却愿以较高的价格竞相买入股票，结果促使股价一路上扬。相反，在股价的顶部区域，股民都不愿出售，等待股价的进一步上涨，而当股价开始下跌时，又认为股价的下跌空间很大，便纷纷加入抛售的队伍。

由于股民对股价的未来走势过于乐观，就可能将股价抬高到空中楼阁的水平，比如将股价抬高到平均净资产的 3 倍甚至 5 倍的水平，使股价明显脱离其内在价值。

三、盲目心理

因为炒股而忘乎所以，很多人因炒股而放弃了旅游、换车甚至是周末吃大餐的习惯，并且坚信付出多少就能得到多少，根本就不考虑获利之前应保证资金的安全，也不考虑该拿出多少资本投资股市比较合适，这笔钱是否是在 2 ~ 3 年内不会动用的闲钱，失去它会不会直接影响自身的生活质量。更有甚者还会借钱炒股、抵押房产炒股等。

四、偏好心理

偏好心理是指股民在投资的股票种类上，总是倾向于某一类或某几种股票，特别是倾向于自己喜欢或经常做的股票。当机构大户偏好某种股票时，由于其购买力强或抛售的数量多，就会造成股票的价格脱离大势，呈现剧烈震荡的现象。如沪市某些股票，其每年的税后利润也就 0.1 元左右，由于一些机构大户的偏好，将股价拉到接近 30 元的价格，而一旦大户核，其价格便大幅下跌，导致一些跟风的散户惨遭损失。

五、侥幸心理

新股民总是存在侥幸心理，往往是凭运气来选股，并在心里对自己说，说不定就能怎么怎么了。其实，侥幸心理是股民的一个大敌。股市虽有点儿像赌博，但是毕竟不是赌博，更何况股市有其内在的规律。切记，天上不会掉馅儿饼，股市中也没有免费的晚餐。

六、贪婪心理

贪婪是人类的恶习，更是致命伤！投资者入市，都是抱着赚钱的目的，新股民当然也不例外，但是过分贪心却是一般投资者在股市实战之中的共同心理。买股票自然都是为了赚钱，但切不可太贪心，否则常常会造成"扭赢为亏"的局面。克服贪婪是人生的精深学问，要做到"富贵不能淫"，投资者必须要提高自身的修行，做到从容平静。别期望在一支股票的最高点卖出，至少在涨得让你手软时先卖掉一半（或者卖掉本金，拿着纯利润去炒股），好的卖点全部是在涨势中出现的。

例如中国南车（现已改为中国中车），该股自4月7日开始的9个交易日内拉出了8个涨停，至4月17日，该股创出35.88元的新高。已经出现见顶迹象，而该股在创出新高后，明显出现量价背离之势，很多投资者对此视而不见，不能克服自己的贪婪心理在高位减仓，相反纷纷在下一个交易日4月20日以涨停价高位抢入，结果可想而知，该股在此后一路下跌，仅三个交易日就下跌了23.5%，如图1-12所示。

七、赌博心理

大多数新股民存在一种赌博的心理，把炒股当赌博，选择购买一只股票自己都搞不清楚原因，而是抱着赌一把的心态。即便是判断失误，也不知道采取积极的应对办法，而是把所有的资金、希望以至身家性命都押在一只股票上。

八、偏执心理

新股民往往有希望把复杂问题简单化的意愿，因为他们刚刚入市知识欠缺，只认死理、不肯变通，要么光听消息跟风炒短线；要么全仓杀入一只股票，死守到底。其实，牛市的总体节奏是"进二退一"，最好是一半长线一半短线。

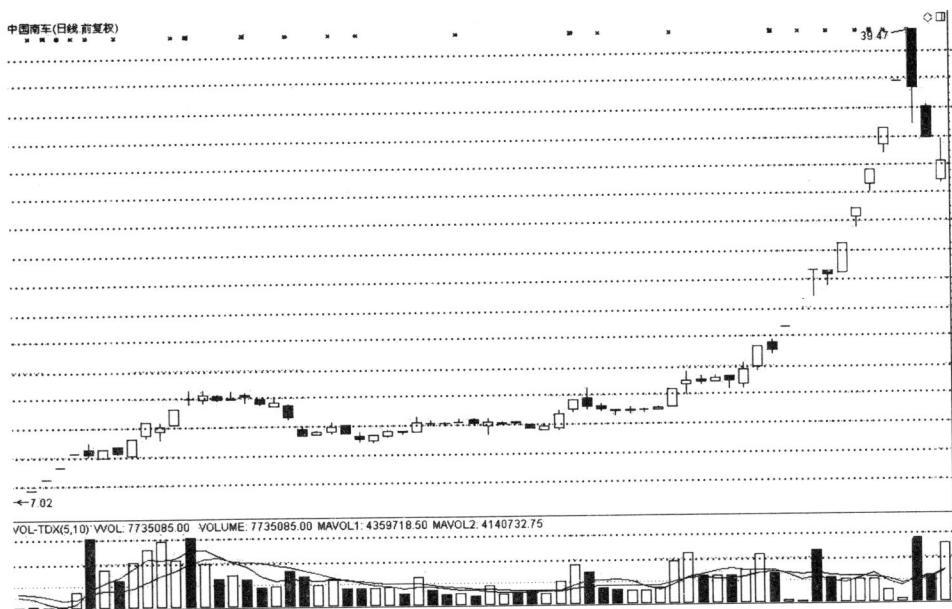

图 1-12　中国南车日 K 线走势图

九、后悔心理

虽然人人都知道世上没有后悔药。但是常常会后悔是新股民的特殊心理。后悔是因为贪心，贪心所以后悔，这两者一般都是同时出现在股民的实际操作过程中的，极容易使投资者产生患得患失的心理，诱发出较为严重的精神抑郁症。现实中的经济不是书本上的经济学，现实生活中根本没有所谓的"安全信息"，投资者也不可能是完全的"经济人"，既然如此，我们何必明知不可强求而偏偏强求，自寻烦恼呢？

十、犹豫心理

新股民在入市之前也许原本在买卖股票之前已制订好了计划，但当步入股市后却一有风吹草动就心猿意马，不能按计划实施。举棋不定者往往易受周围环境的左右，朋友的不同意见或其他股民的不同做法都会使他改变初衷。其实，只要新股民把做方案的工夫花在前面（涨跌都有应对之策），后面按照机器人的方式严格操作，这样才能不被市场欺骗。通常一次大牛市，股指可以翻

3～5 倍，多数优秀个股可以翻 5～10 倍。在牛市到来的时候，低价买入大部分，不要害怕中途 20%～30% 的震荡，一直持有到牛市结束，是最好的策略。但因为震荡始终存在，基本上大盘大幅上涨的交易日占 30%，剩下的是整理和巩固，调整也分为强势和弱势，所以往往新股民会顶不住压力，放弃最初的长线投资计划，在目标价位没到时就过早退出。股民要在股市上得心应手，必须要有潇洒的心态。如果思想包袱过重，那将如何在股市中获取收益？表 1-1 为近年来高涨幅股票一览表，以 2014～2015 年部分热门股为例，一年来的涨幅均高达 400% 以上，如果股民看好其中的一只股票并长期持有，定将获得不菲的回报。但是可惜，由于经不住压力和外界的诱惑，很少有人能长期坚守和持有。

十一、轻信心理

新股民常常会毫无主见，常常意识不到市场上充满博弈，消息到自己手里或许早过时了。轻信股评家的话，对于报纸上的推荐也不知道要三思而后行。事实上，这个世界没有这么简单，成功的人没有一个不是独立思考的。甚至连经济学大师和监管部门的话，也不要完全盲从。

表 1-1　高涨幅股票一览表（节录）

区间分析报表-涨跌幅度 市场: 沪深A股 区间: 2014-09-15 — 2015-04-20　前复权，点右键操作

代码	名称	涨跌幅度↓	前收盘	最高	最低	收盘	振荡幅度	成交量	总金额	市场比%	换手率%	5日量变%
1 603169	兰石重装	30.96 1532.67%	2.02	32.98	2.66	32.98	30.32 1139.85%	22.52亿	484.5亿	0.09	2252.28	51870.32
2 603019	中科曙光	91.51 1200.92%	7.62	99.13	8.38	99.13	90.75 1082.94%	6.48亿	338.5亿	0.06	864.27	44839.16
3 300399	京天利	163.45 1124.14%	14.54	189.92	17.72	177.99	172.20 971.78%	3.09亿	212.8亿	0.06	1546.27	27309.96
4 300364	中文在线	64.13 784.94%	8.17	91.18	10.79	72.30	80.39 745.04%	1.99亿	133.0亿	0.04	661.68	131911.80
5 002747	埃斯顿	57.75 707.72%	8.16	65.91	10.77	65.91	55.14 511.98%	298.8万	1.96亿	0.00	9.96	9325.94
6 601299	中国北车	32.32 610.96%	5.29	42.31	5.03	37.61	37.28 741.15%	171.7亿	2233亿	0.42	169.55	456.61
7 601390	中国中铁	16.85 571.19%	2.95	19.80	2.93	19.80	16.87 575.77%	472.8亿	3569亿	0.66	276.63	1684.39
8 601766	中国南车	30.05 563.79%	5.33	39.47	5.06	35.38	34.41 680.04%	215.5亿	2745亿	0.51	182.92	868.45
9 600862	南通科技	15.42 508.91%	3.03	19.24	3.33	18.45	15.91 477.78%	28.45亿	338.6亿	0.06	445.92	290.55
10 300431	暴风科技	47.72 506.04%	9.43	57.15	11.31	57.15	45.84 405.31%	126400	705万	0.00	0.42	1085.84
11 601016	节能风电	12.90 496.15%	2.60	15.56	3.43	15.50	12.13 353.64%	24.45亿	268.6亿	0.05	1375.50	18792.65
12 601800	中国交建	19.19 459.09%	4.18	24.11	4.16	23.37	19.95 479.57%	205.9亿	2170亿	0.40	175.24	504.98
13 300406	九强生物	40.08 449.33%	8.92	54.70	11.09	49.00	43.61 393.24%	2.08亿	180.9亿	0.05	425.67	71107.98
14 300033	同花顺	114.18 447.41%	25.52	144.50	20.61	139.70	123.89 601.12%	11.64亿	692.9亿	0.18	888.72	79.75
15 601519	大智慧	26.69 446.32%	5.98	32.67	6.58	32.67	26.09 396.50%	48.00亿	1167亿	0.22	241.49	894.30
16 300422	博世科	53.55 446.25%	12.00	70.99	15.84	65.55	55.15 348.17%	4620万	27.5亿	0.01	298.09	153674.97
17 601069	西部黄金	18.68 436.45%	4.28	23.06	5.65	22.96	17.41 308.14%	8.37亿	132.9亿	0.02	664.22	96111.37
18 002625	龙生股份	29.14 434.93%	6.70	35.84	6.43	35.84	29.41 457.39%	2.69亿	36.1亿	0.01	147.19	-64.42
19 300085	银之杰	110.57 434.46%	25.45	136.02	21.24	136.02	114.78 540.40%	5.09亿	271.6亿	0.07	408.48	-6.22
20 300400	劲拓股份	42.14 428.25%	9.84	53.65	12.03	51.98	41.62 345.97%	2.54亿	91.0亿	0.02	1270.09	18450.21
21 002568	百润股份	82.99 423.63%	19.59	107.80	21.58	102.58	86.22 399.54%	2.34亿	104.1亿	0.03	215.50	59.94

十二、恐慌心理

在股市中保持警觉十分必要，但这并不意味着听风就是雨。股市中的消息很多，不乏别有用心者造的假信息。在这里强调的是对消息的分析，以及要保持独立思考的心态，股市赚大钱的永远是少数人，大家意见一致时，新股民一定要学会冷静、谨慎。

在充满竞争的股市中没有常胜将军，但许多人总是赢得起输不起，这样反而会输得更惨。失败来临时如果想把损失减到最小，就必须设置止损位，遇到损央及时平仓。新股民往往都要经过先赔钱再盈利的过程。必须提醒新股民的是，一开始技术不好，先进行模拟训练或者用小部分资金操作，如果一上来就满仓，又赔到伤筋动骨，以后就不好办了。短线操作时可以反复进行操作，跌了买涨了卖，但只有操作自己熟悉的股票，反复做一两只股票时，你才会对股票价格的波动更熟悉，也更有把握。如果一听消息就动心，在好多只股票之间来回折腾，结果往往会得不偿失。

选股有道

俗话说，"炒股就是炒心"，技术不是万能的，有了高超的技术而没有一个良好的心态，想在股市中赚钱无异于天方夜谭。

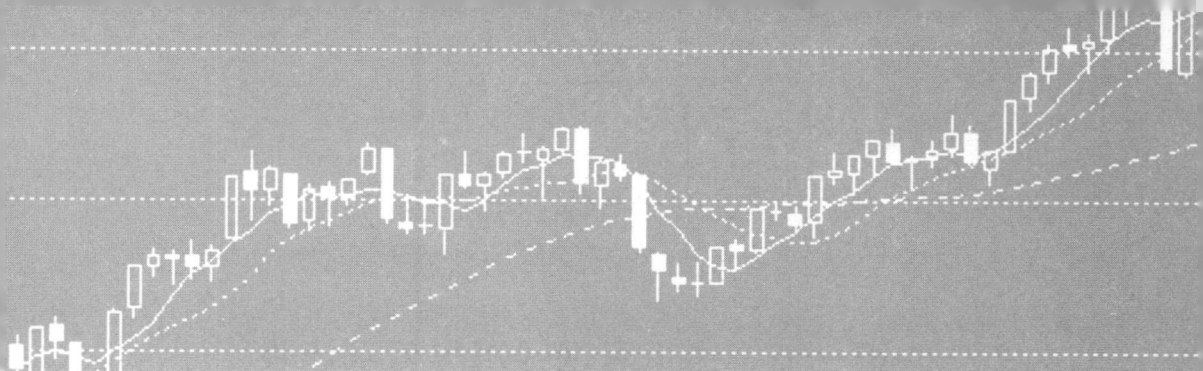

第二章
基本面分析选股

第一节　透析宏观经济形势来选股

众所周知，股市中流传最广的一句谚语——"股市是宏观经济的晴雨表"，那么"宏观经济就是股市的风向标"。其实就是这样，宏观经济是一种具有战略性的发展趋势，它决定经济发展的大方向。炒股也是一种经济行为，自然逃不脱宏观经济对其的影响。

一、宏观经济对股票市场的影响

股票市场是市场经济的高级组织形态，是生产力发展的必然产物。宏观经济的运行状况决定股市的基本走势。宏观经济是从下面几个方面决定股票市场的基本走势的。

1. 与宏观经济走势相关的货币供应状况影响股市

当宏观经济运行良好时，货币供应适度宽松，股市资金相对宽裕，股市需求就会增加，交投随之活跃，股价就呈上升态势。

2. 上市公司的经济效益直接受宏观经济形势的制约

当宏观经济状况良好时，社会投资多、消费高、出口需求旺盛，企业销售增加、效益上升，公司价值提高，其股价必然上涨。

3. 宏观经济本身的影响

在宏观经济向好的情况下，经济发展景气，就业面扩大，员工收入增加，对金融资产需求也会相应的增加；投资者人数增多，股市人气兴旺，就会呈现强势特征。反之，投资人数就会减少，股市人气就会衰弱，就会呈现弱势特征。

4. 宏观经济通过外来投资对股票市场产生影响

国内宏观经济形势向好，市场需求旺盛，外来投资就会增加，其中一部分外来资金将通过各种形式介入股市、参与投资。也就是说，宏观经济发展良好，股市绝不可能长期低迷；宏观经济发展不佳，股市也绝不可能持续上涨。

二、分析宏观经济选股

这里所谓的宏观经济分析，就是分析整体经济与证券市场之间的关系，其主要目的是分析将来的经济发展情况及发展前景是否适合进行股票投资。通常来说，投资者要想通过分析宏观经济来进行选股投资，一般要从以下几个方面入手。

1. 经济景气度

这是一种能够预测未来经济发展、变化趋势的指标。譬如，当经济由低谷向复苏阶段过渡时，投资者的信心开始大增，股票市场开始活跃，股价开始回升，此时就是选股、投资的大好时机。同时，当在经济复苏阶段后期，股价的升温甚至比经济的实际复苏还要快；在经济进入繁荣时期的初期和中期时，其预期收益更高，股价就会进一步上升，建议投资者应该果断出击，大胆介入。但是倘若到了繁荣时期的后期，利率上升，企业收益相对减少，股价涨势就停止了，并开始下跌；在危机阶段，投资收益明显减少，金融环境趋紧，股价会进一步下跌。

2. 通货膨胀率

通货膨胀率会对社会经济产生很多负面影响。通常来讲，货币供应量增加的初期往往可以刺激经济的发展，从而增加企业利润，最终推动股票价格上升。但是，需要提醒股民的是当通货膨胀发展到一定程度时利率会上升，从而又会使股票市场收缩，股票价格下跌。此外，为了更清晰地阐述这一点，可以把年通胀率低于10%的通货膨胀称为温和的通货膨胀，达到两位数的通货膨胀被称为严重的通货膨胀，恶性通货膨胀则指三位数以上的通货膨胀。

3. 利率

当经济萧条、市场疲软时，利率下调到一定程度，部分资金会流入股市。不过在成熟股市，降息通常是重大利好。分析起来，其原因不外乎有两个：首先，降息可以直接促进上市公司经营状况的改善，利息的降低往往会大大减少企业的利息支出，从而增加企业的利润；其次，利率降低，存款利率所对应的市盈率将提高，这意味着即使在公司平均每股收益不变的前提下，股价也会升高。

4. 国际收支

国际收支是经济分析的主要工具,当国际收支处于逆差状态时,政府为平衡收支将控制进口、鼓励出口,致使国内一部分投资从股市中流失,股票价格下跌。反之,股价将看涨。因此,认真全面地对国际收支平衡表进行分析,对了解国内外经济状况,制定相应的选股投资策略具有极其重要的意义。

选股有道

我国股票市场产生伊始,由于各方面条件很不成熟,经常出现背离经济形势的暴涨暴跌现象,股市作为国民经济晴雨表的作用尚不能发挥出来。随着股市规模的扩大、法规的逐步完善,股市的运行态势与宏观经济走势的相关性越来越明显地表现出来。

第二节 透析行业背景来选股

行业在国民经济中地位的变更、行业的发展前景和发展潜力、新兴行业引来的冲击,以及上市公司在行业中所处的地位、经营业绩、经营状况、资金组合的改变及领导层人事变动等,都会影响相关股票的价格。

行业分析是指根据经济学原理,综合应用统计学、计量经济学等分析工具对行业经济的运行状况、产品生产、销售、消费、技术、行业竞争力、市场竞争格局、行业政策等行业要素进行深入分析,从而发现行业运行的内在经济规律,进一步预测未来行业发展的趋势。中国证券市场逐渐成熟与规范最突出的特征是崇尚价值投资。而且价值投资理念已经越来越成熟,已经不是当初那种看看每股收益那么简单了。事实上,价值投资并不一定意味着钢铁、石化、有色金属等低市盈率的个股会得到资金关注,而是指那些行业空间有望持续拓展的个股。

行业分析的主要内容包括三大部分：行业的市场类型分析、行业的生命周期分析、行业变动因素分析等。

（1）行业的市场类型分析侧重于行业的竞争程度分析，竞争程度越是激烈的行业，其投资壁垒越少，进入成本低，但风险大；竞争程度低的行业，风险小、利润丰厚，但投资壁垒多，进入成本高。

（2）行业的生命周期分析主要是对行业所处生命周期的不同阶段进行分析，行业的生命周期分为四个阶段：初创期、成长期、稳定期和衰退期。当行业处于稳定阶段时，涉足该行业的公司股票的价格往往会处于稳中有升的状态，当行业处于成长阶段时，股市不太稳定，有大起大落的可能性；当行业处于衰退期时，股票价格会下跌。

行业的经济结构不同，变动规律不同，所处生命周期的阶段不同，其盈利水平的高低、经营的稳定状况也不同。这是通过行业背景选股时要着重考虑的因素。

（3）行业变动因素分析主要是指政府有关产业政策变动分析和相关行业发展变化分析。由于我国幅员辽阔，各地经济形势的发展与当地的实际情况密切相关，不同的区域就会呈现不同的经济发展势头。所以，对这些股票的分析一定要结合当地的经济发展形势进行。

对于个股而言，行业变动因素分析是将整个宏观经济形势分析的具体化。投资者在分析宏观经济形势时，根据各项宏观经济的指标可以知道或预测某个时期整个国家经济的发展状况。但是整个宏观经济的状况与各个行业的状况并非完全吻合。上市公司所处的行业，在一定程度上会影响后市股票的炒作力度。因此，股票背后的行业背景，投资者在决定选股时不可不察。

互联网行业在中国发展迅速，所以"触网"的企业都跟着分享红利。图2-1所示为海虹控股走势图，每逢炒作互联网概念时，股价便应声上涨。

图2-1　互联网行业关联概念股——海虹控股走势图

选股有道

　　上市公司所处的行业，在一定程度上会影响后市股票的炒作力度。因此，股票背后的行业背景，投资者在决定选股时不可不察。

第三节　透析政策面来选股

　　透析国家政策方面进行选股时记得有句歌词唱得好——"戴花要戴大红花，听话要听党的话"。众所周知，在我们国家若要做好一件事情，尤其是关系到自己生存和发展的大事，一定要听党的话，把握国家政策的发展方向。对于股民来讲，你若平时多听听党的话，就有可能做到多盈少赔，而如果自己闷头一意孤行，是很难炒好股票的。因此，从某种意义上说，股市基本分析方法无论有多少种，对于中小股民来讲，一定要先对于党和政府的重大经济政策有深刻的理解，根据国家政策来进行选股。只有对政策方向把握对了，我们刚刚入市的股民才能制定出一个正确的投资策略。如果在选股时失去了方向，不知道所选的股票在政策上有什么优势，是否具有黑马的潜力，最后很可能在主力的震仓洗盘下，将筹码轻易地抛掉了。

一般来说，政策面是指对股市可能产生影响的有关政策方面的因素。例如股市扩容政策、交易规则、交易成本规定等。

通常来讲，政策面可以分为三个方面：首先，宏观导向。如政府经济方针、长远发展战略以及体制改革和国企改革的有关思路与措施。其次，经济政策，包括政府财政政策、税收政策、产业政策、货币政策、外贸政策方面的变化。最后，根据证券市场的发展要求而出台的一些新的政策法规。如涨跌停板、投资基金管理办法等。

事实上，进入股票市场，投资者需要关注政策。通俗地讲，也就是价值投资。价值投资首先看的就是政策面的变化。政策救市、救经济之时，股市就有投资价值；反之，政策打压股市、调控经济，股市就没有投资价值。从政策面分析选股的第一要领：把握住新政策的导向、把握住原有政策的导向，就能抓住市场的机会。历史上"5·19"行情、"6·24"行情都是在政策推动下产生的，而板块和个股的投资机会也蕴含在新政策之中，从政策面寻找最佳的投资机会也就成为我国证券市场中比较独特的选股思路。

股市是一个博弈的场所，但是博弈要遵循大方向，尤其是当外力的影响足够强劲的时候，博弈本身的环境也会相应发生改变。对于投资者来说，需要做的就是摆脱怀疑，坚定信念，紧紧地跟随这种外力（大多是政策）的风向标。

在具体选股操作方面，当市场出台利好政策时，仓位较轻甚至是空仓的投资者要及时买入；在具体选择品种方面，不要过分在意个股的绝对涨幅，而要重视个股的中长线投资潜力。对于一些价值发掘较充分，已经从价值投资领域进入价值投机领域的蓝筹股不要盲目追涨，以免在高位被套牢。半仓持股的投资者应该适应股市的发展，逐渐增加仓位；满仓或重仓持股的投资者要乘大盘短线震荡的机会，调整持股方向。

对于投资者而言，政策指向哪，就应该打向哪。一般来说，政策扶持的行业必然会有后续政策和扶持资金跟进，而这也是主流资金建仓的方向。不要说A股是个政策市，任何国家的股市都是政策市，原因在于政策会影响实体经济，影响多数投资者对股市的预期，进而影响股市的涨跌。而政策扶持的行业必然会迎来较好的发展机遇。因此，选股票首先就要看政策，选政策扶持的朝阳行业。例如，2014年11月24日，国务院总理李克强去水利部考察并主持召开座谈会。李克强在座谈会上强调，"集中力量建设重大水利工程"，于是相关的水利概念股应声大涨，如图2-2所示为钱江水利的日K线走势图。

图2-2　钱江水利日K线图

另外，如果说跟庄战术、短线技术、买卖战术如同"倚天剑"一样锋利，那么根据政策面变化炒股则可以算作一把"玄铁重剑"，厚重无锋却有强烈的震撼力，越是平淡无奇的剑招，越难以抗御。概括地说，根据政策面变化炒股，追求的不是风险的刺激性而是机会的确定性。然而，部分投资者总是不屑于对明显的利好多加关注，是因为人的独享心理在作祟。事实上，投资者经常会犯的一个错误就是宁愿相信小道消息和提前透露的消息，而不愿意去相信那些最基本、最可靠的消息。

选股有道

在具体选股操作方面，当市场出台利好政策时，仓位较轻甚至是空仓的投资者要及时买入；在具体选择品种方面，不要过分在意个股的绝对涨幅，而要重视个股的中长线投资潜力。

第四节　透析公司年报来选股

年报将会披露一个公司业绩的好坏，公司业绩的好坏将对股价形成明显影响。一些年报业绩优良的股票往往表现强劲，如贵州茅台（600519）等，所以，充分利用年报的信息，对上市公司的年报进行深入分析与研究，这样投资者就可以判断公司的价值，才能够把握好现阶段的获利机会，从而找出值得自己投资的股票。

一年一度的年报是上市公司在一定的时段内经营情况的总结，也是上市公司财务状况对外披露的途径，可以说财务报表是投资者了解企业的一个窗口，而基本情况会透露出企业的未来价值，那么投资者就可以根据年报披露的公司情况确定是否购买该公司的股票。投资者需要关注的年报内容如下。

一、董事会报告中的"管理层讨论与分析"

这一部分内容充分分析了国内外市场的形势变化、信贷政策调整、汇率及利率变动、成本要素和价格变化及自然灾害等，对企业本年度、未来财务状况和经营成果的影响，投资者通过分析这一部分的内容，不仅可帮助投资者找到上市公司业绩变动的成因，还有利于判断该公司未来业绩的发展趋势。

二、关注会计数据摘要

通过会计数据可以看到最常用的每股收益、每股净资产、净资产收益率。从而了解公司的基本盈利能力。在会计数据中有一条叫"每股经营活动所产生的现金流量净额"，这一指标可以体现出公司在经营过程中是否真的赚到了利润。图2-3所示为全通教育的日K线图，全通教育2015年4月9日晚间发布2014年度报告，报告期内该公司实现营业收入为19 257.38万元，比上年同期增长11.80%；合并净利润为4 487.74万元，比上年同期增长6.87%。该报告发布后，股价上涨。

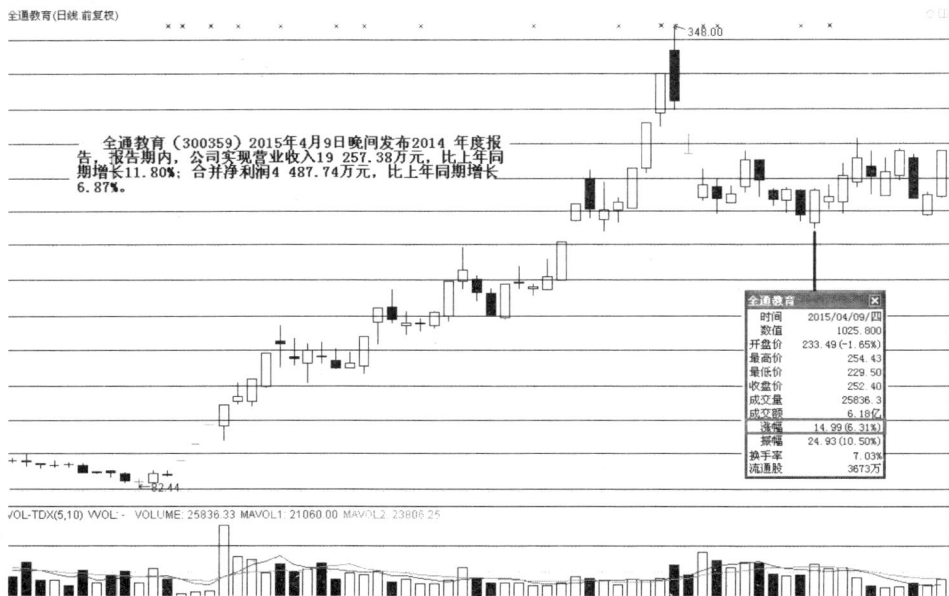

图2-3 通过公司年报选股——全通教育日K线图

三、年报中公司的分红政策

投资者通过了解上市公司的现金分红政策、其未分配利润的用途和使用计划，从而有助于投资者了解上市公司的真实盈利能力，判断上市公司究竟是"纸上富贵"，还是有银子不分的"铁公鸡"，由此做出投资决策。

四、关注股本变动及股东情况

投资者可以从股东人数的变化中寻觅主力活动的蛛丝马迹。还可以用流通股数量除以股东人数，看看每一个股东的平均持股量，从而了解是否存在主力活动，决定是否介入，以及采用什么样的幅度介入。

五、关注小非和高管持股的情况

一般情况下大非往往不会大量卖股票，小非则不然。目前情况下，一家能够让小非不愿减持而继续持股的公司，也许未来的发展前景良好，是一家能给股东带来回报的公司。同样道理，高管持股也应特别关注。如果一家上市公司的高管都在减持本公司的股票，那投资者更应敬而远之。

当年报公布的时候，从某种角度上讲，也是所有上市公司又回到了同一条起跑线的时候。在投资者掌握了年报中的上述资料之后，要进行选股投资可以参考以下选股策略。

1. 选扩张有度的股

事实上，在每年的年报中往往不乏因上年大比例扩张后从绩优股沦落为垃圾股的例子。所以，从这个角度讲，一些扩张有度（如每年分一两股红股的，就属于这里讲的扩张有度的概念），而效益却持续稳定增长的公司，是值得散户投资者关注的。

2. 选公司利润高的股

要注意重视上市公司利润的构成。通常在利润总额中，主营利润所占的比重不同，那么对企业前景的评估也应有所不同。所以，面对上市公司会计数据和业务数据，建议不能只看净利润、每股收益，更不能以此作为投资的重要参考依据。

3. 选财务状况良好的股

所谓财务状况良好，是指年报揭示的财务状况比较好。概括地讲，就是选择那些财务报表中的应收账款数量少的，存货较少的，货币资金绝对数较大的公司进行投资。

4. 选"巨亏"的那些公司的股

一般来说，股市中的投资者通常容易犯的错误是往往只关注市场上人尽皆知的"绩优"的上市公司，而忽视一些亏损、特别是"巨亏"公司的投资价值。事实上，即使是"巨亏"公司也往往有较好的投机机会。那些一次性清理公司历年包袱、轻装上阵的亏损公司就更值得关注。

由于目前上市公司已多达近 2700 多家，如果一家一家地看，必然会耗费大量的精力，为了提高效率，投资者可以选取每股收益增长排行榜的前 100 名来作为观察对象，或者列出具体的成长性指标进行筛选；然后再根据重点公司未来的业绩增长潜力、流通股本、市盈率，以及新主力资金入驻情况来仔细分析，优胜劣汰，选出真正的金股。

选股有道

财务报告首先是注意观察第一部分的"重要提示"，这是整个报表的提要，是报告期内重大事件的披露内容，需要重点关注。同时在阅读报表时需要注重的指标为销售比例、价益比、现金状况、负债率、账面资产、股息、现金流量、存货、净资产收益率等。

第五节　看股东变化选股

大股东的更换通常意味着公司经营范围、方式的改变，特别是在中国现有的股市条件下，大股东的更迭往往成为股市炒作的导火索。尤其是当庄家知道散户投资者会根据股东的变化情况来判断股市的动向时，更会采用使用多个账户，制造股东人数增加、筹码分散的假象，以此来掩护庄家悄悄建仓。因此，我们必须学会用"魔高一尺，道高一丈"的办法来对付股市庄家，这样选股才可能立于不败之地。

这个"魔高一尺，道高一丈"的办法是悉心观察个股前十名股东的持股情况，看有什么变化，有什么文章可做。因为是前十名，他们的资料就难以隐藏，投资者完全可以从中发现庄家的动向。

上市公司的年报、中报、配股或增发后的股份变动公告均会公布前十大股东的持股情况，有少数公司在发生股权转让时也会公布新十大股东的持股情况，并且从很多证券公司提供的网上股票交易软件中也可以查到公司股东的情况，一般用快捷键"F10"进行查询。

我国有不少公司除了前几名，或者第一名大股东所持的股票是非流通股外，其余均为流通股的股东，计算这些流通股股东的持股合计数量占总流通盘的比例等，可以让我们大致推测筹码的集中程度。一般来说，前十大股东所占的流通股比率呈显著增加趋势，说明筹码在迅速集中，演变成强庄股的可能性就很大，将来这类股票涨幅就比较可观。图 2-4 所示为振华重工 2014 年的股东增减变动情况。

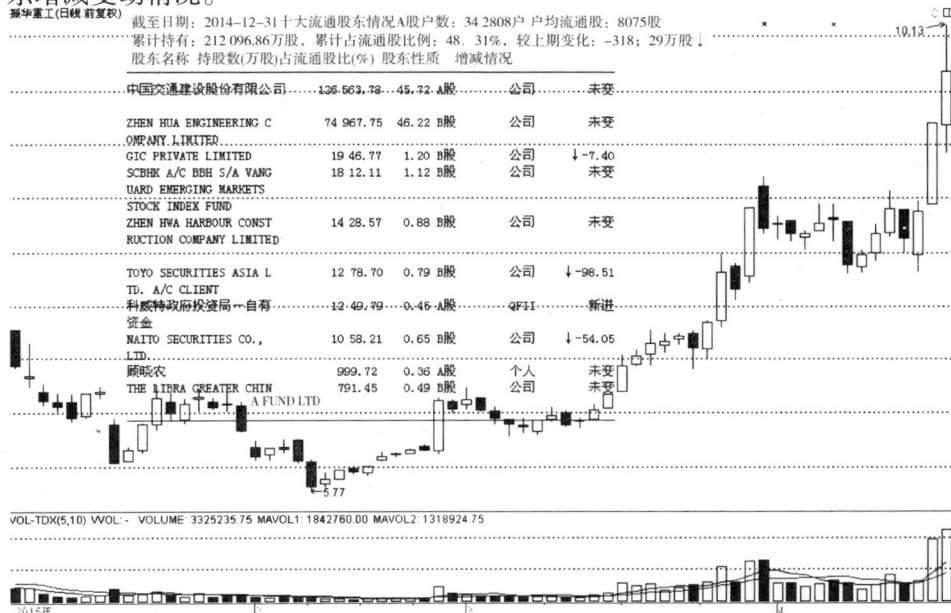

图 2-4　振华重工 2014 年股东变化情况

K 选股有道

一个上市公司前十名股东的变化情况是我们观察某支股票是否有市场主流资金感兴趣的非常重要的指标，同时它也是主流资金难以完全被掩饰的指标。

第六节　利用公司股本规模和分红记录选股

所谓股本就是按照面值计算的股本金。股本规模是指公司的总股本，是国有股本规模与股本发行规模之和，又称股本总规模。国有股本规模是指根据企业重组模式以发起方式设立的股份有限公司的资产按其效益情况及某些上市要求折算成上市公司的股份数额；股本发行规模则是指上市公司向公众投资者发行的股份数额。上市公司与其他公司比较，最显著的特点就是将上市公司的全部资本划分为等额股份，股东以其所认购的股份对该公司承担有限的责任，股份是很重要的指标；股票的面值与股份总数的乘积为股本，股本应等于公司的注册资本，所以股本也是很重要的指标。

股本规模的大小直接关系着股东的利益，因此，股本规模是股东关心的一个非常重要的因素，也是选股时所考虑的重要指标。业绩增长是选股的一个重要依据，而分红记录又是业绩增长的直接显示，所以分红记录是投资者选股时必须考虑的。

分红记录在考察一家公司的过程中往往可以起到"信号灯"的作用。公司当期派现的多少，是检验公司盈利真实性、分析公司是否关心股东权益的最重要的指标，公司派现的多少是公司当期经营业绩的直接反映，同时也是公司经营管理层对公司未来发展信心的体现。据统计分析，具有稳定分红记录的公司往往是绩优公司，所以依据分红记录选择上市公司发行的股票是一种切实可行的选股方法，如表2-1所示。

表 2-1　2014 年 A 股分红情况一览表（节录）

排名	证券代码	证券简称	每股分红（元）
1	600519	贵州茅台	2.3
2	002399	海普瑞	2
3	300078	中瑞思创	1.5
4	002293	罗莱家纺	1.42
5	000869	张裕 A	1.4
6	300134	大富科技	1.23
7	300124	汇川技术	1.2
8	000568	泸州老窖	1
9	002412	汉森制药	1
10	002489	浙江永强	1
11	300074	华平股份	1
12	002503	搜于特	1
13	300119	瑞普生物	1
14	300146	汤臣倍健	1
15	601558	华锐风电	1
16	002520	日发数码	1
17	002444	巨星科技	1
18	601699	潞安环能	1
19	002304	洋河股份	1
20	002393	力生制药	0.9
21	600395	盘江股份	0.85
22	600971	恒源煤电	0.8
23	002335	科华恒盛	0.8
24	002493	荣盛石化	0.8
25	002028	思源电气	0.8
26	002353	杰瑞股份	0.8
27	300155	安居宝	0.8

排名	证券代码	证券简称	每股分红（元）
28	300171	东富龙	0.8
29	002315	焦点科技	0.8
30	002254	烟台氨纶	0.8

从每股派现金额来看，贵州茅台多年蝉联"派现王"。从 2006 年的每 10 派 7 元开始，贵州茅台在保持每股收益年年攀升的同时，其每股现金分红也是逐年走高，2012 年每股分红 6.42 元，创造了上市公司高分红的纪录。图 2-5 为贵州茅台走势图，由于该股连续分红，导致对该股 2014 年的预期，所以该股在 2014 年 9 月~12 月走势相当强劲。

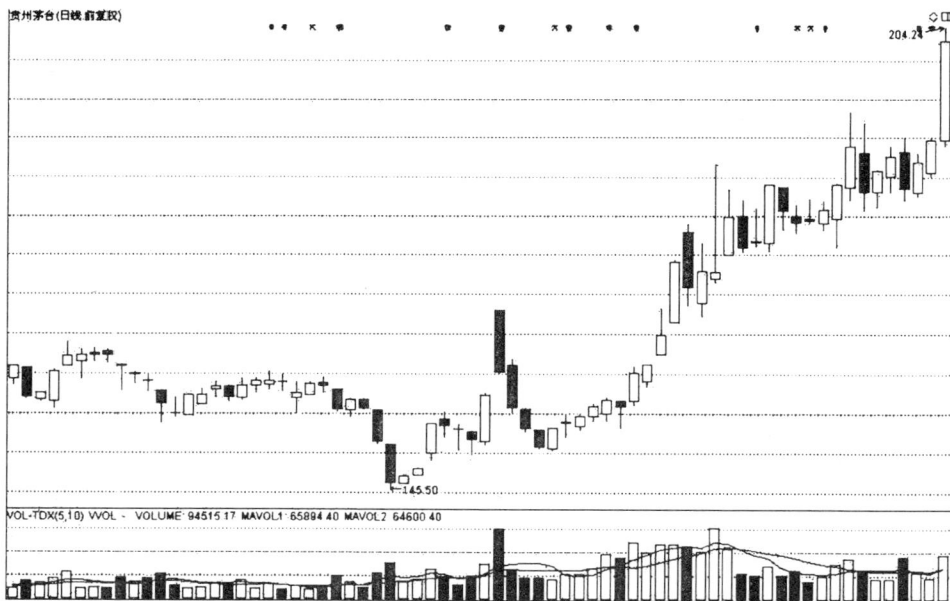

图 2-5　贵州茅台日 K 线走势图

选股有道

一般情况下，股市现象有以下几个规律：

（1）股本规模越小，送配能力就越强，因而投资价值就越高。

（2）流通股数越小，越容易被主力所控制，股价波动幅度相对较大，机会就越大。

（3）黑马多出自小盘股。

（4）小盘股成长性较好。

另外，在分析股本规模时，还要了解流通股所占总股本的比例。一般此比例越高越好，即投资价值越高。

第七节　利用市净率市销率选股

一、利用市净率选股

因创立资产组合理论而获得 1990 年诺贝尔经济学奖的美国著名财务金融学家哈里·马科维茨教授，在其资产组合选择理论中认为，"股票净值是股市投资最可靠的指标，投资者更应注意股价与每股净值的比值（市净率＝每股股价/每股净资产），而不是人们通常所使用的股价与每股税后利润的比值（市盈率＝每股股价/每股税后利润）"。

由上面一段话，我们可以推出市净率的计算公式为：

$$市净率 = \frac{每股股价}{每股净资产}$$

股票净资产即资本公积金、资本公益金、法定公积金、任意公积金、未分配盈余等项目的合计，它代表全体股东共同享有的权益。每股净资产亦称每股净值。净资产的多少是由上市公司的经营状况决定的。上市公司的经营业绩好，其资产增值就快。利用市净率来衡量股票的发展前景越来越被广大投资者所认同。

市净率可以看成是表达投资活动安全性的指标，在其他条件相同的情况下，市净率越小，表明该股票越安全，投资者应该马上买入；市净率越大，表明该股票的投资价值越低，投资者宜马上卖出。

另外，投资者也可通过计算全部上市公司的平均市净率，对各个不同时期的平均市净率进行比较，从而判断现在的股价是处于较高水平还是较低水平，以决定买进该股票还是卖出该股票。因而说市净率是您投资决策的好帮手。

选股有道

以市净率来选股，体现的投资价值比较合理。但是要注意的一点是，市净率低于1的股票不一定会马上反弹上升，也不一定跌到净股价以下就会止跌。因为能跌到净股价以下肯定有其内在的原因，所以，以此选股必须具备投资的长远眼光，不能急功近利。

例如，南京高科的营业收入在房地产业全行业排名第5位，净利润增长率为446.96%，在全行业排名第一位，表现出较强的成长性。如表2-2所示。由于有不错的业绩支撑，南京高科股价走势良好，如图2-6所示。

表2-2　南京高科与同行业的企业财务数据表对比（节录）

【截止日期】2015-03-31

代码	简称	总股本（亿股）	实际流通A股（亿股）	总资产（亿元）	排名	营业收入（亿元）	排名	净利润增长率（%）	排名
600064	南京高科	5.16	5.16	205.02	8	7.94	5	446.96	1
000671	阳光城	12.84	10.36	503.33	3	18.59	2	29.66	2
600340	华夏幸福	13.23	13.23	1233.41	1	32.97	1	12.32	3
000631	顺发恒业	10.46	10.46	123.24	10	10.01	4	4.03	4
600223	鲁商置业	10.01	10.01	305.99	4	7.80	6	3.36	5
600053	中江地产	4.34	4.34	26.21	12	0.79	12	2.84	6
600890	中房股份	5.79	5.79	3.99	13	0.01	14	1.79	7
000667	美好集团	25.60	25.60	168.01	9	2.24	11	-4.98	8
000718	苏宁环球	20.43	14.70	222.00	7	3.83	9	-17.48	9
600565	迪马股份	23.46	7.20	246.42	5	5.56	8	-25.77	10
000656	金科股份	13.79	9.19	886.43	2	15.09	3	-42.19	11
600094	大名城	20.12	13.13	225.06	6	6.62	7	-61.75	12
600684	珠江实业	7.11	7.11	66.02	11	3.62	10	-73.45	13
000502	绿景控股	1.85	1.83	2.66	14	0.04	13	-226.40	14

南京高科(日线 前复权)

30.18

15.80

VOL-TDX(5:10) VVOL: 262346:09. VOLUME: 262346.09 MAVOL1:152478.00 MAVOL2:143071:00

图 2-6　南京高科日 K 线图

市净率低于 1 的情况一般只出现在大股灾中，或者公司基本面出现问题的时候，所以市净率接近 1 其实也算是一个比较合理的表现。

二、利用市销率选股

市销率 = 公司在证券市场的售价 ÷ 年销售收入

公司在证券市场的售价 = 当前股价 × 总股本

市销率的基本运用方法是，市销率越低，说明该公司股票目前的投资价值越大。

利用市销率选中了备选股票后，不等于这些股票都值得买，它离最终确定其为投资目标还有一段距离。投资者还要考察备选股票的其他情况，如公司是否具备从困境中走出来的可能性，及可能性有多大？公司采取了什么新的措施？行业出现了什么新的转折点，等等。

选股有道

市销率指标同市盈率指标一样能够反映中国股票市场的部分特性。但是历史检验结果表明，单纯利用市销率作为选股指标并不完善。低市销率和低市盈率相结合的选股指标体系，可以获得明显的超额收益。

第八节　利用高送配选股

我国上市公司的分配方式有派现、送红股、转增股本或几种方式相结合。派现和送红股的来源都是未分配利润，转增股本则不是利润分配方式，而是将属于全体股东的资本公积金转为股本，而资本公积金的主要来源是募集资金过程中超过股票面值的超募部分。

上市公司在准备分配方案时，必须考虑公司当期的盈利状况、以前积存的未分配利润、资本公积金以及公司将来的发展速度等。一般来说，当一家公司的盈利能力非常强，现金回流情况良好时往往会考虑用派现的方式直接回报股东。派现的方式比较灵活，可以根据公司的实际情况来执行。如果这家公司不但当期盈利能力较强，而且预期今后几年的发展速度很快时，可能会考虑用送红股或转增股本的方式实施规模和股本的同步扩张。

一、容易推出高送转方案的个股特征

实际上，高比例送红股或用公积金转增股本，不过是上市公司的一种数字游戏而已，它对上市公司的现金流不产生丝毫影响，投资者也没有任何现金收入，但是却非常受投资者的欢迎。因为高比例送转股降低了上市公司的股价，打开了个股的炒作空间。同时，这也是受上市公司欢迎的分配方式，因为，高送转有利于相关上市公司未来的再融资规划。由于配股和增发相关规定的限制，股本扩张可以给未来扩大融资规模提供便利。高送转概念股曾经造就了许多辉煌一时的黑马股，在中国股市中是长盛不衰的炒作题材，如图 2-7 所示。

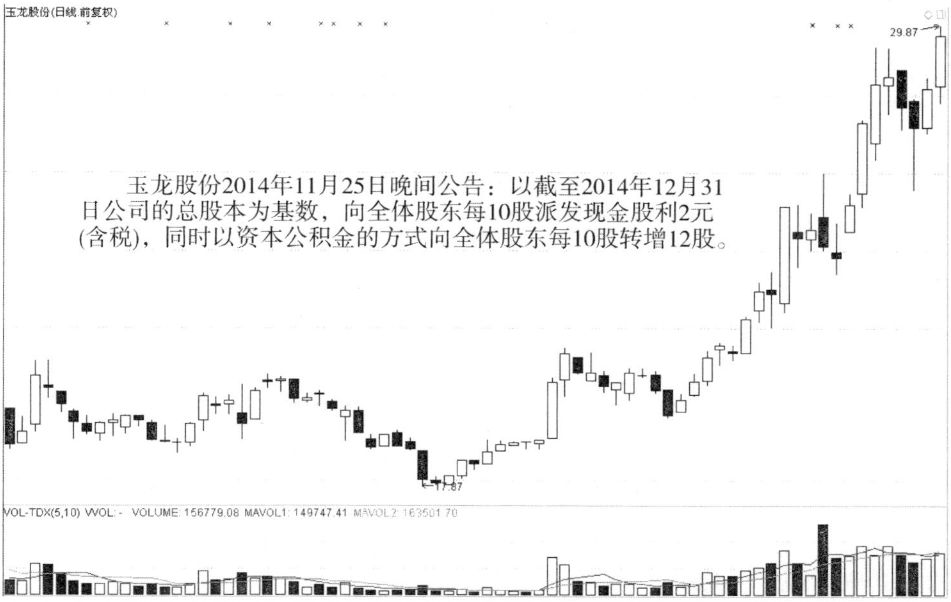

图 2-7　玉龙股份日 K 线走势图

那么，高送转股中的黑马股一般容易在哪些个股中产生呢？据研究，容易推出高送转方案的个股往往具有以下几个方面的特征：

（1）股本小。总股本一般小于 1.5 亿股，流通股本一般小于 6000 万股。

（2）次新股。一般上市时间不足两年，尚未实施二次融资的次新股。

（3）上一会计年度未进行过高比例送转的个股。

（4）有充足的资本公积金和滚存的未分配利润，这是实施高送转方案的物质基础。

（5）由于受增发或配股的比例限制，净资产值高、业绩优秀，而且日后希望获得更多融资的公司，往往会积极实施高送转方案。

（6）庄家介入程度较深，建仓比较充分的个股，常会借助高送转题材炒作或出货。

二、高送转股选股注意事项

要想在高送转股中选黑马股，就必须先对高送转股的特征有详细的了解，了解了它的特征之后，才能总结出选黑马股的技巧。随着从高送转股中选黑马股的常见模式的普及，近年来主力的操作手法明显改变，经常是先提前炒作到位，等公布高送转消息时，利用散户盲目炒作高送转题材，乘机配合主力出货。因此，不是每个有送转方案的股都能转化为黑马股，在炒作该类题材股时要掌握一定的筛选技巧，才能寻觅出真正的黑马股。下面这些方面都是在选黑马时必须看清的事项。

1. 了解股价前期涨幅

对于那些前期已经有可观涨幅的个股，即使上市公司公布大比例送转消息，投资者也要敬而远之。这样的个股往往在方案公布后，便迅速转入短期调整。这并非说明涨幅大的个股公布送股方案时就一定是主力出货，仅说明这类个股存在较大的主力出逃的可能性。相反，除权前涨幅不大的个股，由于离主力建仓成本接近，其后市填权的可能性较大。

2. 警惕股东人数的变化

当上市公司公布大比例送转方案，而同期的中报或年报显示股东人数大幅度减少时，要特别提高警惕。股东人数的减少程度往往说明主力建仓的程度，如果股东人数减少到极限的同时股价前期又暴涨过，就要特别当心。因为，这说明主力已经完成建仓和拉高环节，此时公布送转方案的意图可以说是昭然若揭。

3. 了解是否有后续题材

上市公司高送转后是否还有后续题材，以及后续题材是否能及时跟进，都将直接影响到高送转后是否能填权。

4. 明晰大盘运行趋势

送转股除权后其价格走势受大盘运行趋势的影响很大，当大盘处于阶段性的牛市时，股价常常会填权；而当大盘处于阶段性调整时，股价贴权的概率很高，一般这时不适宜炒作高送转题材股。

5. 除权前要细心地进行横向比价

在高送转除权前用假设已经除权后的个股价值进行横向比价，具体分为投机价值比较和投资价值比较。主要通过除权后的股价、被稀释的业绩、流通股本、市盈率水平等方面和市场中同类股票进行比价，评判该股除权后是否还有进一步炒作的价值，据此决定是否参与该股送转题材的炒作。

6. 关注除权后量价变化情况

除权后应重点关注量价变化，识别主力是真填权还是假填权，如果股价缓慢地上涨，走出试图填权的形态，但价格累计升幅不大，量能却持续性地放大，则可以判断为假填权。凡是遇见假填权或无力填权的送转除权股，投资者都必须及时果断地收场，切不可贪心。

选股有道

大比例高送转题材往往是在高收益中蕴含着高风险，所以，在炒作该类股票时，一定要建立风险控制机制，设置止损价位，一旦发现自己操作失误，就要迅速撤离，避免深陷其中不可自拔。毕竟机会无限而资金有限。

在投资高送转股时，投资者要注意控制风险，掌握高送转股的卖出技巧：

（1）当上市公司在未公布高送转方案时，股价就已经大幅飙升的，一旦公布具体的高送转股方案时，投资者要谨防"利好出尽是利空"，要坚决逢高卖出。

（2）当上市公司公布高送转股方案时，如果个股涨幅不大、股价不高、未来还有上升潜力的股票，投资者可以等到除权前后，再择机卖出。

第九节 透析财务报告来选股

看财务报告、分析财务报告是选股的基础，财务报告里面的数据为投资者成功做到选股投资提供了重要的依据。

一、财务报告包含的内容

一般而言，上市公司的财务报告均包括以下一些内容：

1. 资产负债表

资产负债表是反映公司在某一特定日期（往往是年末或季末）的财务状况的静态报告，反映了某企业的资本结构和财务基本状况。通常从资产负债表可以判断公司权益和负债的合理性，偿债能力是否强等状况。同时，需要说明的还有，资产负债表由资产和负债两部分组成。其中，资产部分表示公司所拥有的，以及其他公司所欠的各种资源或财产；负债部分包括负债和股东权益两项。

2. 利润表

通过利润表，可以反映某企业的收支情况和盈利情况。即实现的主营业务收入有多少、实现的其他业务收入有多少、实现的投资收益有多少、实现的营业外收入有多少，等等；可以反映一定会计期间的费用耗费情况。投资者可以通过利润表来了解某企业的每股收益、每股净资产等财务数据，为选股投资提供必要的前提条件。

3. 现金流量表

现金流量表是以收付实现制为编制基础，反映公司会计期间运用资金（或现金）的变动及其原因，即资金的来源及其用途的报表，亦即筹资和投资的活动及其方针的总括性的动态报表。一般来说，要想通过对现金流量表进行分析来确定选股投资方案，就要掌握该表的结构及特点，并分析其内部构成，又要结合利润表和资产负债表进行综合分析，以求全面、客观地评价企业的财务状况和经营业绩。

4. 流动资产和流动负债

企业要发展和扩大，与流动资产的数量是分不开的。同时，资金是否充裕也反应了企业的经营状况。因此，在选股投资的过程中，流动资产项的数据也是值得关注的。

二、利用财务报告选股的技巧

投资者通过对上市公司的财务报告所提供的内容信息来寻找中意的股票，可以参考以下几方面的选股技巧。

1. 分析每股税后盈利和净资产收益率

通过公司财务报告提供的信息，对每股税后盈利以及净资产收益率进行同行业之间的横向比较分析，以及当年与历年的同比增长率的纵向分析；如果同行业分析名列前茅或纵向同比增长明显加快的公司，其股票就有可能是潜力股，可以关注并适时介入。

2. 分析公司的每股净资产

投资者根据财务报告提供的信息，通过比较上市公司的每股净资产和公积金比率，可以判断该公司股票的含金量。通常情况下，一个上市公司具有发售配送股的可能性的大小与该公司的净资产和公积金比率的大小成正比。如果两者比率较高，就有潜在的送配股的可能性，成为含权股票。事实上，股票含权的高低也与该股票成为绩优股的概率成正比。

3. 分析公司的资产结构和财务状况

对公司的资产结构和财务状况进行分析，如果是资产负债率高的公司，在遇到降息的经济政策时，该公司将会受益，盈利的可能性增加，其股票就有可能成为黑马股。

4. 分析主营业务收益占总盈利的比重

一个家公司的主营业务收益占总盈利的比重大小与该公司的长线投资价值的大小成正比。如果该公司的主营业务转向收益更高的产业，也会为该公司股票成为黑马股提供契机。

5. 分析公司股本结构的变化

投资者可以从股本总量和股东两个方面来分析公司股本结构的变化。分析公司股本总量的变化，股本总量小、业绩优良的公司，其潜在的扩张性较大，成为黑马股的可能性就大；分析大股东的变化，公司控股权的变化往往是资产重组或经营方向发生转变的开始，黑马股也往往产生在这些有题材的公司之中。

选股有道

有一句描述投资理论的话为"价值决定价格，价格围绕价值波动"，看一家公司的财务报表，就是要使投资者能得到"知己知彼，百战不殆"的效果。

第十节　透析现金流量表来选股

从1998年中期开始，我国国内上市公司首次披露现金流量表，到目前为止已经有13年的时间了，但由于一般投资者对现金流量表比较陌生，在实际投资的过程中对此还利用得不充分。实际上，现金流量剔除利润在各年的分布受折旧方法等人为因素的影响。因此，通过现金流来评价一家公司的价值是一种比考察公司利润更为客观的方法。投资者投资股票，其股票价值即等于预计未来股利的净现值，而现金流量表是反映公司现金来源和运用的报表。因此，投资者应该关注公司的现金流量表，尤其对那些关注上市公司基本面的投资者来说，更应对此加以关注。

现金流量主要有三个组成部分：经营活动产生的现金流量、投资活动产生的现金流量和融资活动产生的现金流量。同时，投资者选股的角度也从仅重视每股收益开始逐渐转向关注会计利润、经营性现金流量等多项会计指标。因此，不难看出，经营性现金流量已成为投资者挖掘未来潜在优质股的一个新的视角。

一般来说，利用现金流量表选股通常可从以下几个方面入手。

一、选择净现金流量为负值的公司

净现金流量为负值通常是由于投资活动的频繁造成的。这里的投资活动是指企业长期资产的购建和不包括在现金等价物范围内的投资及其处置活动。因为，投资活动往往在一定程度上反映了管理层的进取心，频繁的投资活动说明企业能够不断扩大其经营规模，产生新的利润增长点。所以，从企业长远发展的角度看，投资活动的净现金流量一般以负值为佳。

二、选择现金流增速快的公司

在股市中不难发现，现金流增速反映出的是公司质量。如果公司经营性现金流量净额远远超过净利润，就意味着该公司获得现金的能力极强，公司未来业绩增长有较大保障。所以，选股的时候，就需要选择那些现金流增速快的公司进行投资。

三、选择流动资金使用效率高的公司

一般来说，流动资金的使用效率高、低与主营收入含金量有着密切的关系。正常情况下，主营收入含金量越高，意味着企业的货款回收越快，流动资金的使用效率越高。该项指标反映的是企业在收付实现制下当期主营业务收入的资金回笼情况。

四、选择业绩良好的公司

一般来说，从企业经营的角度来看，企业销售产品获得的主营业务收入，理论上会带来现金流入，经过与费用、成本的核算后，形成净利润，而费用与成本往往涉及现金流出。由此可见，在一定程度上净利润与经营性现金流量存在着正相关的关系。所以，选股投资应该选择业绩良好的公司。

五、结合企业的经营流程选股

因为经营性现金流量净额是可以调节的，所以，这里建议投资者不能过分迷信一个会计数据的推导过程，而是应该结合整个企业的经营流程来判断。因此，在选股投资的过程中对经营性现金流量的研判分析，也需要考虑企业的经营流程。

选股有道

一家公司是否有足够的现金流入是至关重要的，这不仅关系到其支付股利、偿还债务的能力，还关系到公司的生存和发展。

第十一节　透析资产重组来选股

事实上，该过程往往是企业资产的拥有者、控制者与企业外部的经济主体共同进行的，对企业资产的分布状态进行重新组合、调整、配置，或对设在企业资产中的权利进行重新配置等一系列活动。经常炒股的人应该知道，随着国家经济结构调整力度的加大，大多数传统产业已经面临着巨大的生存压力，这些都将为企业的资产重组股的炒作提供丰富的题材。因此，资产重组作为证券市场永恒的题材，必将得到市场的充分开发。下面就结合资产重组来谈谈关于选股投资的技巧，一般来说，通常有以下几方面的技巧可供参考。

一、警惕重组信息的利好公告

通常来讲，如果重组信息公告前股价涨幅已超过100%，则重组消息公告前后往往成为庄家乘机拉高股价出货的良机，对这类个股，原则上不要碰。

二、选择"有问题"的企业

股市中经常有这样的事实出现，"有问题"的企业往往会加大重组的力度，因此这个板块的长线有很大的炒作潜力。此外，这些有退市嫌疑的股票通常会跌得惨不忍睹，股价偏低，有很大的获利空间。而且随着整个经济环境的改善和各级政府对资产重组的支持，许多问题股也会置之死地而后生。

三、关注公司的业绩

值得投资者关注的是，应该认真研究重组后其业绩是否会持续上升，如果重组后只能带来一时的利润增长，则不能进行中长线投资，只能以炒短线为主。

四、选择基础好的企业

所谓基础好的企业，是指资产重组的条件比较好。如负债少、包袱轻，容易被别的大型企业看中，收购兼并、买壳或借壳上市。换句话说，容易实现资产重组。通常关注这些企业，往往能够抓住重组题材中的大黑马。

五、关注是否有大股东介入

如果重组的部分在公司的资产债务中所占比重较低，则不易介入；如果重组后有实力雄厚的新的大股东介入，则应重点关注，逢低介入。

六、第一波行情宜舍弃

一般而言，第一波行情宜舍弃，因为其后往往会出现一次急跌的过程。通常第一波行情属于重组行情的"预演"，为知道内幕的人士哄抬筹码将股价抬高所致，所以随后必然会出现一次急跌洗盘的过程。

七、选择中小盘中低价的垃圾股

根据经验分析，股市中通常是中低价、中小盘的垃圾股最容易进行重组，并且重组后往往都会有非常出色的表现。而大盘、高价、绩优的公司重组的可能性相对较小，所以投资重组股建议应主要以中小盘、中低价的垃圾重组股为主。

八、把握好第一波行情冲高之后的急跌时机

一般地，第一波行情冲高之后的急跌，往往是股民参与的时机。分析可知，股市中通常是伴随着基本面的利空消息，如公布亏损的报表。急跌之后才是真正的投资时机，实际上，这也是最后的利空消息，公司往往让报表一次亏个够，为日后的旧貌换新颜打下基础，股价因此出现急跌，成为股民参与的最佳时机。

选股有道

收购重组是企业发展的必然趋势，重组股也是股市上长盛不衰的题材，常常在重组股中诞生涨幅令人瞠目结舌的黑马股，但是重组失败甚至退市的个股也比比皆是，这就要求投资者在选择重组股时一定要慎重。

第十二节　挑选受到政策支持的股票

一个国家的政策取向对于国民经济的运行态势及产业结构的调整具有决定性作用。反映到股市当中，受到国家产业政策支持的行业，容易得到股市的认同。中国股票市场的供需矛盾、结构矛盾以及市场参与者的不成熟等原因，使政府加强了对股票市场的监管和调控，政策干预及调控成为股市波动的一个主要影响因素，中国股市一直有所谓的"政策市"之称，呈现出一种特殊的游戏规则。股市政策较大程度影响了中国股市的板块轮动，股市运行受短期政策

的影响极大。

从近年大红大紫的新能源板块，到近期一直在市场上保持高度活跃性的
3G 板块，如图 2-8 所示，贯穿其中的唯一主线就是政策扶持。例如，垄断行
业由于受国家政策的保护，所以发展稳定，前景看好，股民应当予以注意，能
源、通信等公用事业类和基础工业类股票即是一种较好的选择。再比如，金融
业目前在我国尚属一个政府管制较严的行业，现时就金融企业整体而言能获取
高于社会平均利润率的利润。只要获得了政策上的支持，某一行业或某一板块
就必然会成为股市中的宠儿。

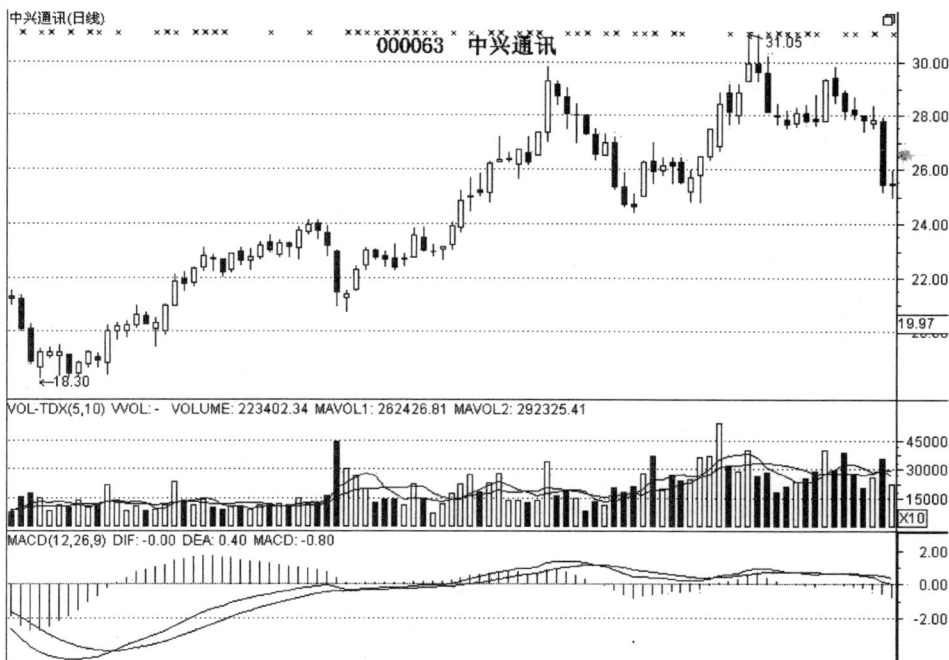

图 2-8　3G 概念股——中兴通讯走势图

因此，投资者在挑选股票的时候，应该注意挑选一些有政策支持的股票。
内地资本市场经历了积极而深刻的变化，正处于重大的历史转折点，并迎来一
个新的发展时期，主要表现包括以下六个方面：

（1）中国资本市场的股权分配改革取得了重大进展。

（2）中国内地上市公司的质量得到了很大提高。

（3）中国资本市场的风险化解能力进一步提升。

（4）国内资本市场的机构投资者发展迅速并日益多元化。

（5）中国资本市场的法制基础不断巩固。

（6）中国资本市场包括期货市场的基础性制度建设取得了一定的进展。

因此，从上面所述的六点来看，反映在股市中，投资者在选择股票的时候应该注意以下几个方面的股票。

一、农业类股票

中国是一个农业大国，也是一个产粮大国，历来对农业问题都相当重视，从国家粮食安全考虑，在相当一段时间内，粮食生产都将成为政府的"重中之重"，其政策也会给予倾斜、支持。近些年来，在支农惠农政策的鼓励、引导下，中国粮食连年丰收。种种利好将推动农业股票（以及与农业相关的化肥、农村基础设施建设、农村医疗等股票）越发展越好，如图2-9所示。

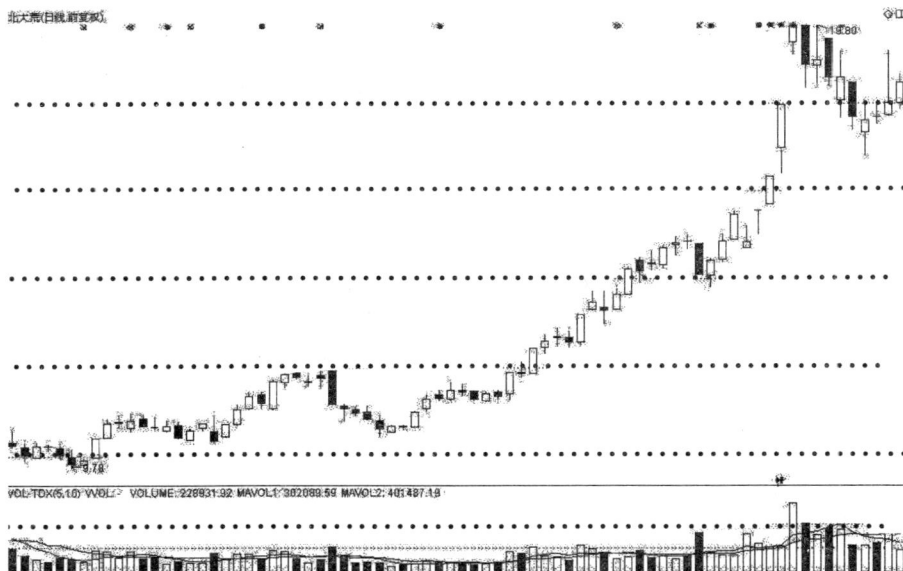

图2-9　农业股——北大荒

二、与消费升级有关的股票

"十二五"规划提出，坚持扩大内需战略，建立扩大消费需求的长效机制，着力保障和改善民生，合理调整收入与分配的关系。随着规划的逐步实施，制约消费增长的因素将发生根本性的改变，内需将获得极大的释放，消费行业将进入黄金发展时期，逐步成为我国经济增长的重要引擎。

历史上每一次消费升级的代表性商品，其实就意味着一批相关产业的升级和发展。如汽车和住宅的发展会带动钢材、石化、建材等行业的发展，进而加速中国重工业化的演化进程。也就是说，消费结构的不断升级，带动了产业结构的升级。

如果说其他题材的活跃带有一定的投机炒作性质的话，那么有着坚实政策背景支撑的消费升级概念并不仅仅是炒作性质，"十二五"规划将引导产业结构的调整，作为"十二五"的重点，该板块的投资机会也将为主力资金所充分挖掘，相应地，消费升级概念也具备了中线走强的基础。展望"十二五"规划，加快城镇化进程，完善农民工的"新市民"认同过程，将形成大量新增需求，也构成消费行业的增长基础。加快消费结构升级，进而引导制造和服务产业的升级，为以后培育更多的社会总需求。因此，消费板块将成为"十二五"期间长期关注的焦点。

从我国现阶段的消费现状和发展趋势来看，城镇居民在完成了从衣食向住行消费的过渡之后，正处在住行消费的推广阶段，加速推进住房、汽车等消费，同时完成阶段消费的升级换代。因此，投资者完全可以从消费升级来挖掘股票。因为扩大消费几乎涵盖了包括家电、医药、零售百货、服装、食品饮料等众多产业。但主流热点主要由少数个股组成，多数题材个股只是短期的炒作，难以持续。因此，投资者必须能够找出符合市场条件的个股，主要包括以下两个条件：

（1）以消费升级展开的主业，对其自身的经营利润有重大影响，目前市场活跃的个股都以对未来的预期为主，是看好其以后的成长潜力。

（2）必须要有业绩支撑，如果仅仅是题材炒作，或者确实有核心技术，但不能转换成实实在在的经营业绩，则股价表现也将是昙花一现，至少其目前要有业绩增长的势头，如图2-10所示。

三、有色金属类股票

我国铅、锌、铝、铜、钒、钛、钢等矿产蕴藏量位居世界前列，拥有比较丰富的金属、稀有金属资源。但是长期以来中国还是在国际市场上吃了不少亏，这是由于中国在国际市场上缺乏"话语权"，国家拟对有色金属行业进行

图 2-10 大消费概念股——五粮液走势图

整合，为中国夺回"话语权"提供了千载难逢的机会，这对国内矿产企业是一个最大的契机。因此，投资者绝对不会放过这样的机遇，如图 2-11 所示。

图 2-11 有色类股——中色股份走势图

四、汽车类股票

面对经济危机，全球汽车制造业陷入了窘境。但对国内而言，汽车产业不会垮掉。原因在于：汽车产业是国家工业的重要支柱产业之一，也是拉动多个产业发展的基础性产业，更是一个国家工业发展水平的重要标志之一，一个泱泱大国不可能没有自己的民族汽车工业；中国汽车工业（特别是家庭轿车工业）起步较晚，私家车的普及率仅有10%左右，远远低于欧美国家的50%，市场潜力巨大。如此，汽车市场不可能完全拱手让给外资品牌，民族汽车工业必须有自己的一席之地。汽车工业（尤其是家轿业）是拉动内需的重要产业，汽车消费是仅次于房地产消费的第二大消费商品。仅此还不够，汽车产业、汽车消费还可以带动电子、化工、钢铁、旅游、房地产等多个行业的联动发展，如图2-12所示。

图2-12　汽车类股——上汽集团走势图

简而言之，尽管现阶段汽车产业处于最为困难的低迷期，但其依旧具有相当大的潜力。在经过整合、重组之后，一批拥有实力的企业将脱颖而出。因此，适逢A股汽车股票处于低价区，选择中长线投资绝对是最聪明的选择。

尽管这些年来中国股市的确已经发生了翻天覆地的变化，从解决股权分置这一与生俱来的顽疾到股指期货、融资融券等金融创新产品的陆续推出，从培育基金、QFII 等机构投资者到对券商的优胜劣汰，证券市场的生存环境的确是有了很大的改善，沪深股市已完全具备了步入牛市的基本条件。目前股改任务已经完成、IPO 重启，中国股市翻开了新的一页，管理层在多个场合的言论中也是肯定了一年多来所取得的成绩，故从政策背景上也是支持股市持续向好的。

选股有道

虽然近年来政策及事件对股市的冲击作用正在逐步弱化，股市政策调控逐渐趋于成熟，但国家宏观经济政策对股市的影响仍然是股市波动当之无愧的第一影响因素。因此，投资者一定要认真研究国家的有关政策。资本市场既然是经济的"晴雨表"，自然与经济有着必然的联系，而经济又受制于国家的政策、方针等。因此，研究股票就必须研究经济、研究政策，挑选受政策支持的行业。比如，缩小城乡间的差距，从拉动内需、加快农村建设的"大流通"角度着眼，选择四川路桥（600039）中国中铁（601390）等公路、铁路建设类题材的股票，并且要从大规模建设需要大量的施工机械设备加以考虑，如图2-13 所示。

图 2-13　四川路桥日 K 线图

第十三节　选择备受欢迎的绩优股

一、认识绩优股

所谓的绩优股一般指公司业绩优良的股票。通常以每股收益和净资产收益率连续几年处于领先的地位来确定，如图2-14所示。

图 2-14　股价一直上涨的绩优股——美菱电器走势图

绩优股一般适宜中长线投资，主要是因为这类股炒作题材被兑现，短期不可能暴涨，而中长线却仍有一定的潜力。

二、选择绩优股的标准

一般而言，选择绩优股的标准主要有以下几个：

1. 每股收益

每股收益是目前股市最常用和流行的指标，它能使投资者对上市公司的业绩回报一目了然。绩优股应该显示出持续稳定的盈利能力。对公司经营管理业绩的最佳衡量标准，是能否取得较高的权益资本收益率，而不是每股收益的增加。投资者宁愿选择一个收益率为 15%、资本规模为 1000 万元的中小企业，也不愿要一个收益率为 5%、资本规模为 1 亿元的大企业。

2. 市盈率

市盈率 = 每股股票市价/每股收益，这一指标直观地反映了普通股票的市场价格与当期每股收益之间的关系。理论上，股票的市盈率愈低，愈值得投资。比较不同行业、不同国家、不同时段的市盈率是不大可靠的，比较同类股票的市盈率较有实用价值。

3. 净资产收益

用净资产收益率评价上市公司的业绩，可以直观地了解其投资价值，即企业净资产的运用带来的收益。同时，净资产收益率还是上市公司进行股利分配的基础，是公司股利决策的重要依据。净资产收益率相对稳定的公司有能力支付比经营状况不稳定的公司更高的股利；而净资产收益率不稳定的公司，低股利政策可以减少其因收益下降而造成的无法支付股利或股利急剧下降的风险，并可将更多的财务用以投资，以提高公司权益资本的比重，减少财务风险。净资产收益率，这一指标反映了股东权益的收益水平，是一个综合性最强的财务指标。

4. 毛利率大幅提高

费雪认为，如果多年来利润一直不见相对增加，则营业额再怎么增长，也无法吸引投资对象。所谓的利润率，就是每一元的营业额含有多少营业利润。在选择绩优股时，投资人不应只探讨一年的利润率，而应该探讨好几年的利润率。重要的不是过去的利润率，而是将来的利润率。

如果一家上市公司的利润率高达业界一般水准的好几倍，这家公司的股票才有很大的投资吸引力。相应地只要利润率一直比次佳竞争同业高出 2% 或

3%，就足以作为相当出色的投资对象。因此，投资者一定要寻找景气度上升的行业，在该行业中挖掘毛利率最高的公司进行投资。同时，还要前瞻性地重视目前仍是"丑小鸭"，但未来毛利率将大幅提高，有望变成"天鹅"的成长类个股，如该公司近年有没有新项目投产，或者通过技术改造或大修理提升的产能，等等。

5. 分析财务报表中的主要经济指标

选择绩优股还应该对财务报表中的主要经济指标进行比较、分析，从而选择购买哪家公司的股票。分析上市公司的经营状况，要考察其偿债能力、营业效率和获利能力。

（1）偿债能力。所谓的偿债能力，是指公司支付短期、长期债务的能力。偿债能力越强越好。计算偿债能力的公式为：a. 流动比率 = 流动资产总额 ÷ 流动负债总额，一般 2：1 的流动比率较令人满意；b. 速动比率 = （流动资产总额 − 存货）÷ 流动负债总额，一般 1：1 的比率较为理想；c. 负债比率 = 负债总额 ÷ 资产总额，一般该比率稳定在 40% ~ 60% 的范围内为妥。

（2）营业效率。所谓的营业效率，是衡量公司有效利用资产的能力。计算营业效率的公式为：a. 存货周转率 = 销售额 ÷ 平均存货期，一般存货周转率以 9 次为宜。存货周转速度越快，存货的占用水平越低，流动性越强，存货转换为现金或应收账款的速度越快；b. 平均收款期 = 365 ÷ （销售额 ÷ 平均应收账款），平均收款期越短越好，平均收款天数一般以 20 天为佳；c. 销售额与固定资产的比率 = 销售额 ÷ 固定资产总额，一般该比率以 5 倍为宜。

（3）获利能力。获利能力是反映公司经营状况优劣的标准。计算获利能力的公式为：a. 净利率 = （税后净收益 ÷ 销售额）× 100%，比率一般以 4% 为宜；b. 投资报酬率 = 税后净收益 ÷ 资产平均总额 × 100%，该比率一般以 10% 为宜；c. 净值报酬率 = 税后净收益 ÷ 股东权益资本 × 100%。该比率一般以 15% 为宜。在盈利能力分析中，巴菲特总结了如表 2 - 3 所示的几方面内容。

表 2-3 巴菲特盈利能力分析一览表

种类	详细解析
产品盈利能力	产品盈利能力的标准并非与所有上市公司相比是最高的，而是与同行业竞争对手相比，其产品盈利水平往往远远超过竞争对手
权益资本盈利能力	即净资产收益率，代表公司利用现有资本的盈利能力的高低
留存收益盈利能力	未向股东分配的利润进行投资的回报，代表了管理层运用新增资本的能力，也代表了公司利用内部资本成长性的高低

巴菲特在 1988—1989 年以 13 亿美元投资可口可乐产品，至今已盈利 70 亿美元。除了超级长期稳定业务和超级经济特许权等持续的竞争优势外，巴菲特还看中可口可乐的超级产品盈利能力和超级资本配置能力。例如，可口可乐在过去 10 年里营业收入增长了 2.75 倍、营业利润增长了 2.58 倍。同时，在过去的 12 年回购公司 25% 的股份，提升了其股票的内含价值，该股价的坚挺令持有者在二级市场受益良多。

6. 其他标准

投资者在进行财务分析时，应把每股收益、每股价格与每股净资产联系起来进行考察才更有参考价值。还应关注扣除非经常性损益后的净利润和每股收益，以及每股经营产生的现金流量净额，包括通过对该指标的考察，投资者可对个股利润的构成和业绩的含金量有大致的了解。

在上述两个指标中，"非经常性损益"指一次性或偶发性损益，包括资产处置损益、临时性补贴收入、新股申购冻结资金利息等。目前某些公司此类收益比重越来越大，有拼凑利润之嫌。而设"扣除非经常性损益后的净利润和每股收益"指标则剔除了这些不可比的因素，使投资者一目了然。了解"每股经营产生的现金流量净额"则有助于投资者对每股的含金量有较明确的认识，在选择绩优股时能做到心中有数。

Ⓚ 选股有道

之所以要选择绩优股，是因为绩优股具有较高的投资回报率和投资价值。

其公司拥有资金、市场、信誉等方面的优势，对各种市场变化具有较强的承受和适应能力，绩优股的股价一般相对稳定且呈长期上升趋势。因此，绩优股总是受到投资者尤其是从事长期投资的稳健型投资者的青睐。

第十四节　热点选股

一轮行情的蓄势、崛起、发展和衰落，都和这轮行情中的热点息息相关，投资者如果能够把握住热点，也就把握住了这轮行情的发展趋势，因此，根据市场热点来选股也是一种常用的选股方式。

事实上，主力的资金往往都聚焦在股市的热点上，决定着股市的运作方向，为了能够找准方向，把握好股市动向，就要找准股市热点，通过热点选股可以提高获利效率，每一波行情中热门板块和热门龙头股一般上涨最快，幅度最大，而非热门股涨幅明显小于大盘，赚了指数没赚钱的原因往往就是选的股票不是股市的热点。如某一个时段上海本地股较为活跃，热点选股法，即按照当时上海本地股的活跃程度，即领涨股的涨幅、领涨股的涨跌题材的制造，来分析这个热点后市延续的时间和空间。由于热门股的走势往往会超过大盘的走势，所以寻找到了热门股便是抓住了机遇，是获取收益的关键。但关键是投资者如何捕捉热门股，以下便是选择与投资热门股的技巧，以供股民参考。

一、使用热点选股法的前提

一般来说，使用热点选股法的前提是投资者的操作技术应该比较熟练，对于股市中各种现象的分析和理解，都有一定的基础。所以，对于初学者及刚入股市的投资者来说，热点选股法最好还是少使用，主要是因为刚入股市的投资者往往把握不好进出场的时机。

二、关注媒体的相关报道

通常来讲，要想真正地把握热点，关注媒体相关报道是一种很有用的途径。由于每当热点出现时媒体都会集中予以报道，所以比较容易发现。譬如在我们身边经常会遇到媒体突出报道某行业的进展或某个领域新发生的变化，一定是"新"的。

三、注意资金流向，以及是否出现成交放量

一般来说，热门股的成交量在周 K 线图中显示比低点成倍放大，并保持相对均衡状态。此外，观注其是否出现成交放量，热门股会出现放量上涨的态势。

四、观察股价上涨过程中是否出现急速拉升和集中放量

这里所强调的是观察上涨过程中是否出现急速拉升和集中放量，如果连续上涨并出现急速拉开，有可能是短期强势，而不是热点。

五、盯住热门板块中的领头羊

所谓的领头羊，是主力为了使热门、板块能够顺利启动，也为了号令天下而刻意塑造的一个市场形象。热门龙头股一般都是有行业代表性的股票，主力在扶持的过程中往往也会不计成本，股价可以拉到惊人的高度。一般地，大出风头的首先是行情的领头羊。所以，建议要力争及早发现，特别是发现主流热点和热点的龙头。只有抓住主流热点，才能达到稳健、迅速和获利最多。

选股有道

通过热点选股可以提高获利效率。因为热点聚集主力的资金，决定着股市的运作方向。因此进入股市就要先找准方向，而要把握好股市方向就要找准股市的热点。

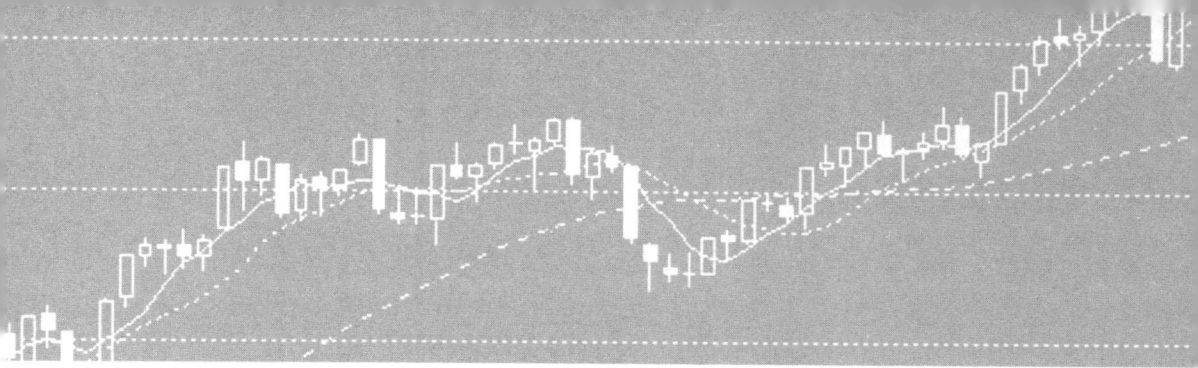

第三章
指标分析选股

第一节　选股买点的把握

要想在股市中成为赢家，盘中买点的把握至关重要；掌握一个好的买点是成功获利的前提条件。要想找到好的买点还必须要掌握一定的要领。对于任何投资者要找准买点就必须掌握以下几点：

（1）在股价下跌到低位之后，如果某日出现一长下影线实体 K 线，表明下档支撑强烈，买盘踊跃，短线获利可靠，是买入的时机，如图 3-1 所示。

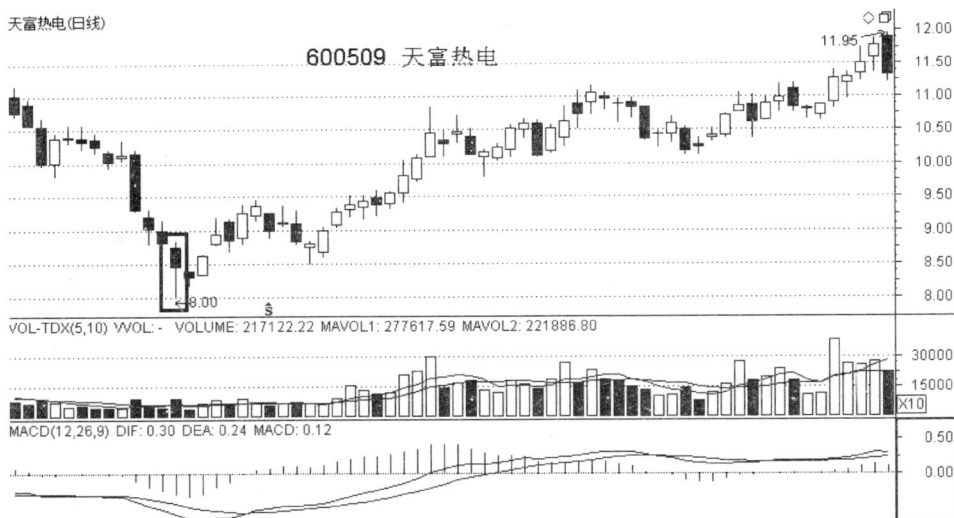

天富热电(日线)

600509 天富热电

11.95

VOL-TDX(5,10) VVOL: -　VOLUME: 217122.22 MAVOL1: 277617.59 MAVOL2: 221886.80

MACD(12,26,9) DIF: 0.30 DEA: 0.24 MACD: 0.12

图 3-1　低位长下影线 K 线

（2）股价已连续下跌 3 日以上，跌幅已逐渐缩小，且成交量也缩到底了，若突然变大且价涨时，表示有大户进场吃货，宜速买进。

（3）当 5 日、10 日、30 日移动平均线从高位下跌后，汇聚一处并且开始抬头向上，如图 3-2 所示，这是买入的一个时机。

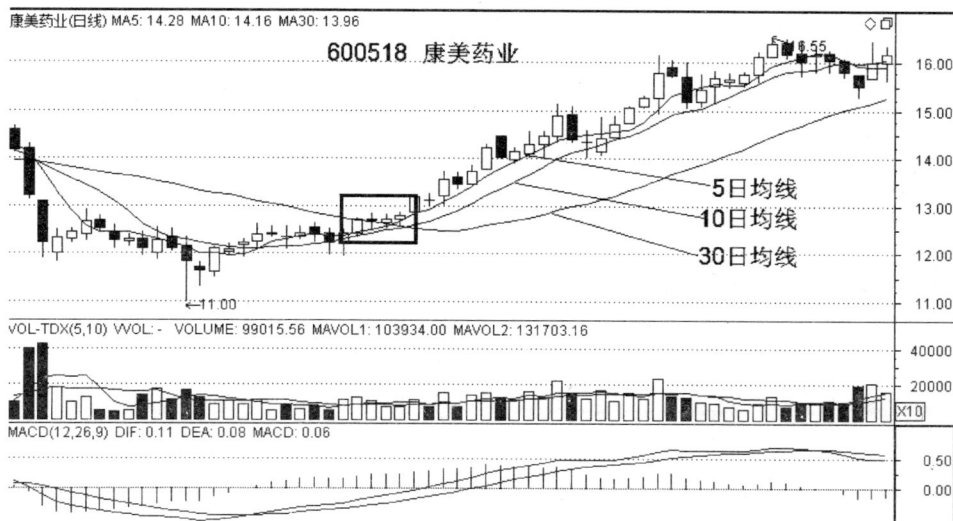

图3-2 5日、10日、30日均线下跌汇聚后抬头

（4）市盈率降至20以下时（以年利率5%为准），表示股票的投资报酬率与存入银行的报酬率相同，可买进。

（5）股价由跌势转为涨势的初期，成交量逐渐放大，形成价涨量增，表示后市看好，宜速买进。

（6）个股以跌停开盘，涨停收盘时，表示主力拉抬力度极强，行情将大反转，应速买进。

（7）6日乖离率已降至 −3% ~ −5%，且30日乖离率已降至 −10% ~ −15%时，代表短线乖离率偏离平均成本已大，可买进。

（8）股价经过一段时间的深跌之后，在底部连续出现5条小阳线，如图3-3所示，在下跌趋势中出现的反弹，应该采取反向操作，在五阳中允许插入一两条小阴线，但是总体的振幅不应该超过5%，收盘价涨幅最好保持在5%以内，股价将会反弹，是介入时机。

（9）移动平均线下降之后，先呈走平趋势后开始上升，此时股价向上攀升，突破移动平均线便是买进时机。

（10）6日RSI在20以下，且6日RSI大于12日RIS，K线图出现十字星表示反转行情已确定，可速买进。

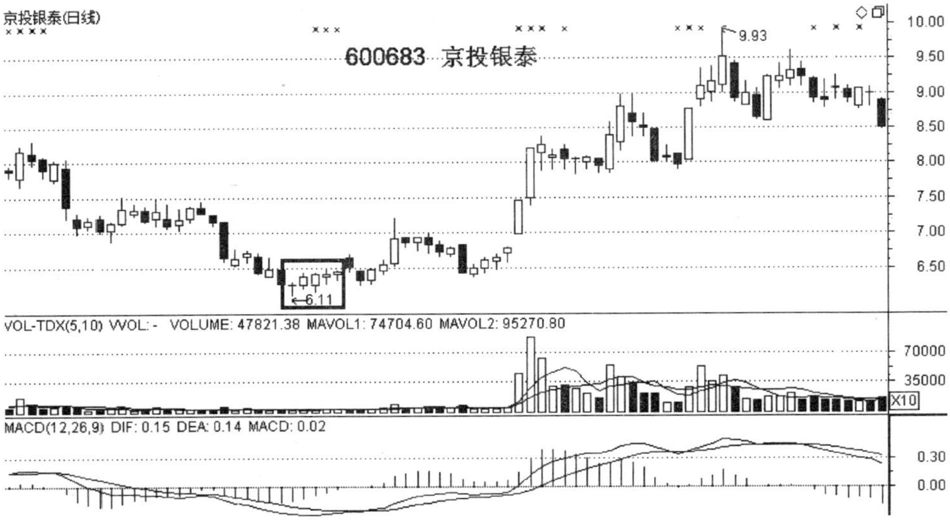

图 3-3　底部 5 条小阳线

（11）短期移动平均线（3日）向上移动，长期移动平均线（6日）向下移动，两者形成黄金交叉时为买进时机。

（12）股价在底部盘整一段时间，连续2天出现大涨、3天出现小涨、十字线或下影线时代表止跌回升。

（13）股价跌到低位后出现如图 3-4 所示的形态，表示后市多有一涨，是介入时机。这种形态的可信度很高。这一形态可在任何位置出现，但只有在底部才是买入信号，其他位置应该视为卖出信号。同时要求该形态的下影线比实体长五倍以上，并且该形态三条线最低点的差距不能大于3%。

（14）股价在箱形盘整一段时日后又突发利多向上涨，突破盘局时便是买点。

（15）股价在低位，K线图出现向上N字形之股价走势及W字形的股价走势便是买进时机。

（16）股价由高位大幅下跌一般分三波段下跌，止跌回升时便是买进时机。

（17）股价下跌时连续出现三根大阴线，直通短线底部，如图 3-5 所示，这种形态出现后的反弹力度通常会相当大，是短线获利的难得机会。但是这种

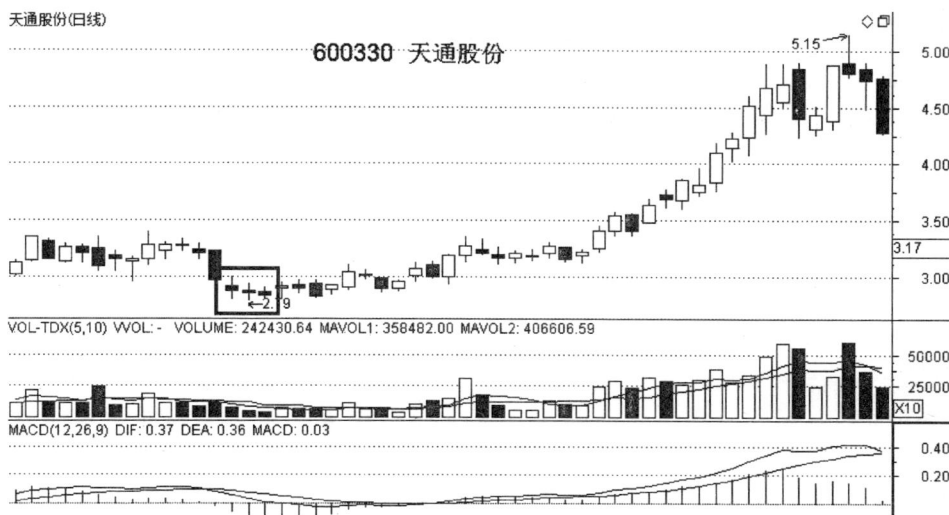

图 3-4 三针见底后市见涨

形态介入的风险也较大，比较适合经验丰富的投资者进行操作，对于经验不足的投资者应该谨慎对待。

图 3-5 三阴通底反弹在即

（18）高开高走，回档不破开盘价时，可以买进（回档可挂内盘价买进），等第二波高点突破第一波高点时加码跟进（买外盘价）或少量抢进（用涨停价去抢，买到为止），此时两波可能直上涨停再回档，第三波就冲上更高价了。

（19）股价经过下跌后，在低位出现一条大阴线和一条向下跳空且留有缺口的星形小线（不分阴阳），如图3-6所示。对于这一形态无论是在上升途中的低位还是在下降途中出现，均可大胆买入。

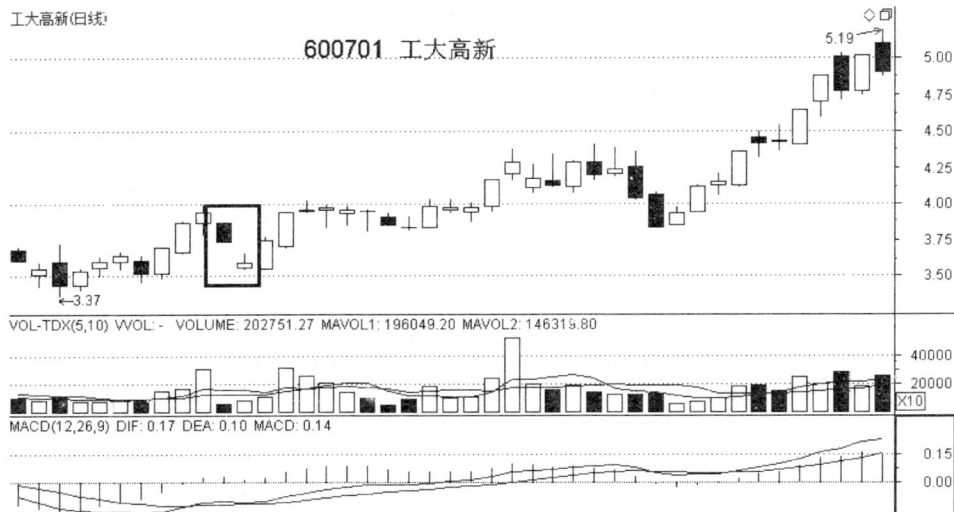

图3-6　大阴线后缺口星形线

（20）股价经历持续大幅下跌后，某日股价在大幅低开后最终收出一根巨大的阳线。该形态是多空双方展开激烈角逐而产生的，是多方最终获胜的见证，意味着下降行情结束，后市股价将蓄势上行，是买入信号。

实战中，此形态的出现多为主力资金所为。市场在经过连续大跌，空方力量逐渐衰竭，做空动能基本释放完毕，量能持续萎缩，此时庄家准备进场收集廉价筹码，因而运用大幅低开、强势震荡的手法摆脱跟庄资金，为日后操控股价的拉升奠定基础。因此这种形态出现后，投资者可大胆介入，但是这种形态的操作一定要快，也就是要快进快出。

（21）"天上雨来急，地下水亦涨"形态的出现也是买入时机，如图3-7所示。所谓的"天上雨来急"，是指股价加速下跌的走势；所谓的"地下水亦涨"，指的是成交量逐日增加的形态。两者联系起来看，就成为"天上雨来急，地下水亦涨"的一幅江南水乡的春雨图。

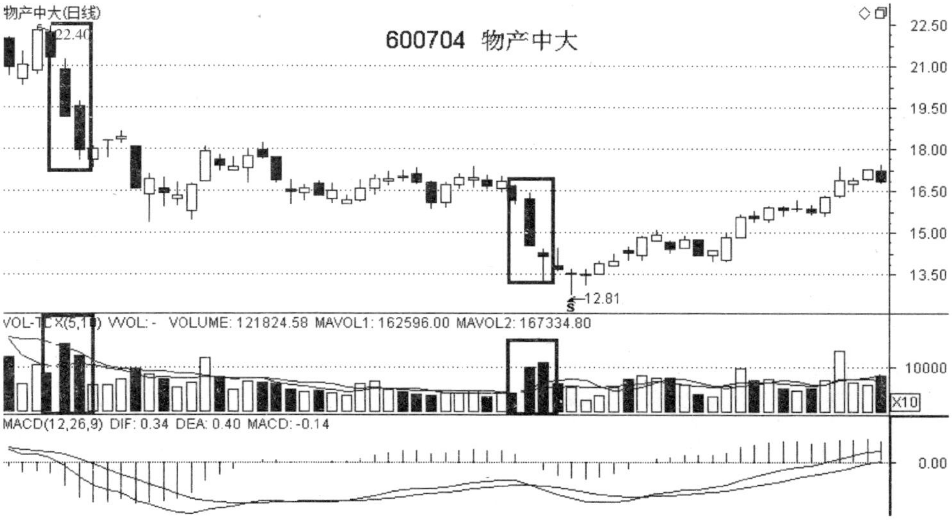

图 3-7　物产中大日 K 线图

在这种形态下操作时，投资者应该注意的是如果这种形态出现在下跌趋势中要求快进快出，但是其出现在底部时的信号比较可靠。该形态 K 线数越多越可靠，一般不应少于 3 条。判断是否处于底部是操作成功的关键，需要与其他情况相结合，进行综合判断。

选股有道

在确定买点的时候，投资者一定要特别注意，开低走低，虽然可形成底部，但毕竟属弱势，最好等其突破颈线又能翻红，回档中不再翻黑时再买进，否则，亦有骗线、诱多之可能。另外，当日股价走势出现横盘时，最好观望，而横盘高低差价大时则可采取高出低进法、积少成多的获利方法。

第二节　冲破迷雾——利用均线指标选股

移动平均线（MA），又称均线或成本线，它代表在一段时间内买入股票的平均成本，反映了股价在一定时期内的强弱和运行趋势。由美国投资专家葛兰威尔所创立，移动平均线是以道·琼斯的"平均成本概念"为理论基础的，将道氏理论加以数字化，从数字的变动中去预测股价短期、中期、长期的变动趋势，为投资决策提供依据。均线采用统计学中"移动平均"的原理，将一段时期内的价格平均值连成曲线，用来显示股价的历史波动情况，进而反映股价或指数未来发展趋势的技术分析方法。短期的移动平均线可以取 3～5 天，中期可取 12 天，长期可取一个月，超长期可取两月以上。平均线可反映股价上升或下降的趋势，且平均天数愈少，趋势反映愈灵敏，但也容易受到股价单日暴涨暴跌的影响。因此，投资者可以运用移动平均线来研判股票的涨跌，但需要牢记以下几点内容。

（1）在上升行情的初期，短期移动平均线从下向上突破中长期移动平均线形成的交叉叫黄金交叉。其预示股价将上涨：黄色的 5 日均线上穿紫色的 10 日均线形成的交叉、10 日均线上穿绿色的 30 日均线形成的交叉均为黄金交叉，如图 3-8 所示。

（2）长期移动平均线（一般是 26 周线）是下降趋势，中期移动平均线（一般是 13 周线）在爬升且速度较快地超越长期移动平均线，那么，这可能意味着股价会急剧反弹，是一种买进信号。出现这种情况时一般股价仍在下跌过程中，只不过中期的下跌幅度要小于长期的下跌幅度。

（3）采用两条移动平均线进行组合分析时，天数少的移动平均线升破天数多的移动平均线即为买入信号；反之，跌破天数多的移动平均线即为卖出信号。在移动平均线向投资者有利的方面发展时，可继续持股，直到移动平均线

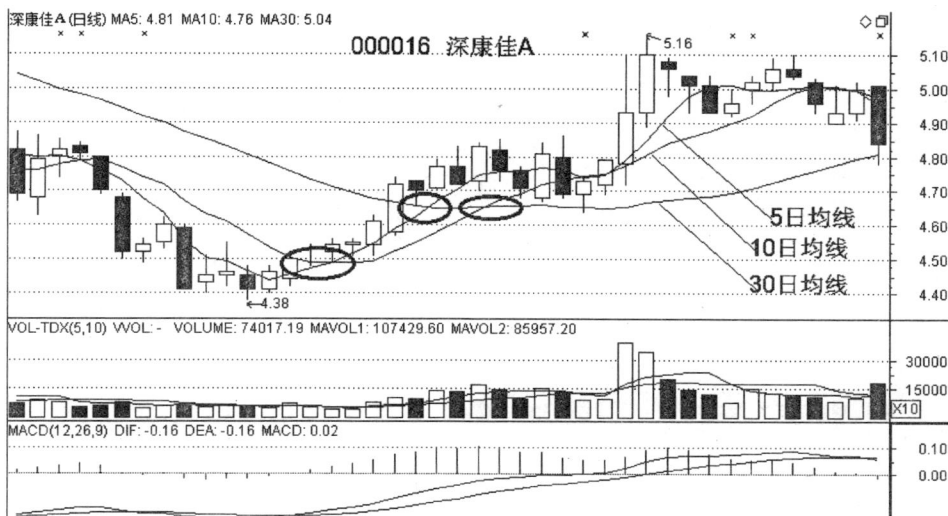

图 3-8　均线形成的黄金交叉

掉头转向再平仓，可获巨大利润；在移动平均线朝投资者不利的方面发展时，可及早抛出持股，将风险降至最低。

（4）短期移动平均线向下跌破中长期移动平均线形成的交叉叫作死亡交叉。其预示着股价将下跌。黄色的 5 日均线下穿紫色的 10 日均线形成的交叉、10 日均线下穿绿色的 30 日均线形成的交叉，均为死亡交叉，如下图 3-9 所示。其是卖出信号。

（5）平均线由下降逐渐走平而股价自平均线的下方向上突破是买进信号。当股价在移动平均线之下时，表示买方需求太低，以至于股价大大低于移动平均线，这种短期的下降给今后股价的反弹提供了机会。这种情况下，一旦股价回升，便是买进信号。

（6）平均线从下降逐渐转为上升或者盘整，而价格从均线下方突破均线向上为买入信号；价格虽然跌破平均线，但又立刻回升到平均线上方并持续上升，仍为买入信号；价格趋势走在平均线上，价格虽有一定回调，但在均线附近即受到其支撑（均线的助涨性）而并未跌破平均线且立刻反转上升，亦为买入信号。

（7）在上升行情进入稳定期，5 日、10 日、30 日移动平均线从上而下依

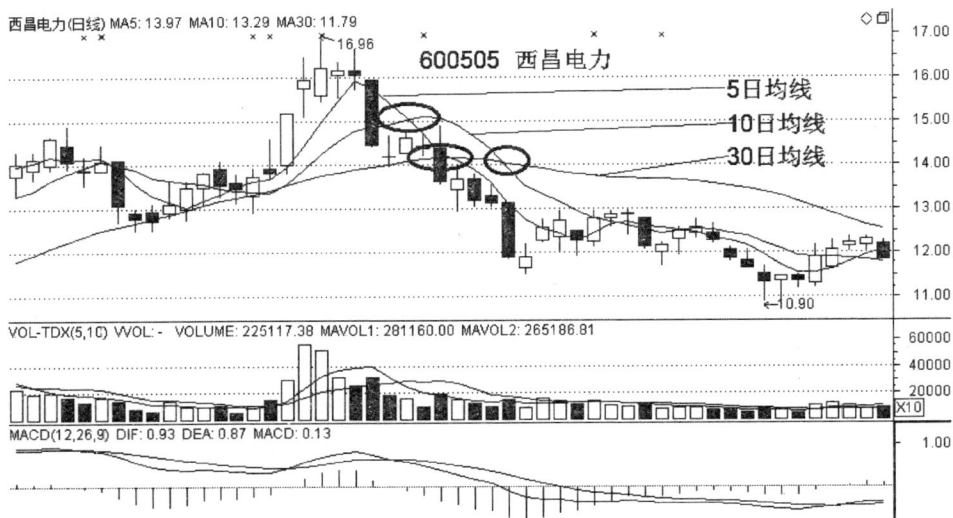

图 3-9 均线形成的死亡交叉

次顺序排列，向右上方移动，称为多头排列，其预示股价将大幅上涨。在下跌行情中，5 日、10 日、30 日移动平均线自下而上依次排列，向右下方移动，称为空头排列，如图 3-10 所示，其预示股价将大幅下跌。在上升行情中股价位于移动平均线之上，走多头排列的均线可视为多方的防线；当股价回档至移动平均线附近，各条移动平均线依次产生支撑力量，买盘入场推动股价再度上升，这就是移动平均线的助涨作用。

（8）当股价在移动平均线之上产生下跌情形，但是刚跌到移动平均之下开始反弹，这时，如果股价不是很高，那么表明买压很大，是一种买进信号。不过，这种图形在股价已经相当高时并不一定是买进信号，只能作为参考。

（9）平均线从上升逐渐转为盘整或者下跌，而价格向下跌破平均线，为卖出信号；价格虽然向上突破平均线，但又立刻回跌至平均线下，并持续下降，仍为卖出信号。

（10）移动平均线处于上升之中，但实际股价发生下跌，未跌到移动平均线之下，接着又立即反弹，也是一种买进信号。在股价上升期会出现价格的暂时回落，但每次回落的低点都在抬高。当按这种方式来作出决策时，一定要看股价是否处于上升期，是处于上升初期，还是上升末期。一般来说，股价在上

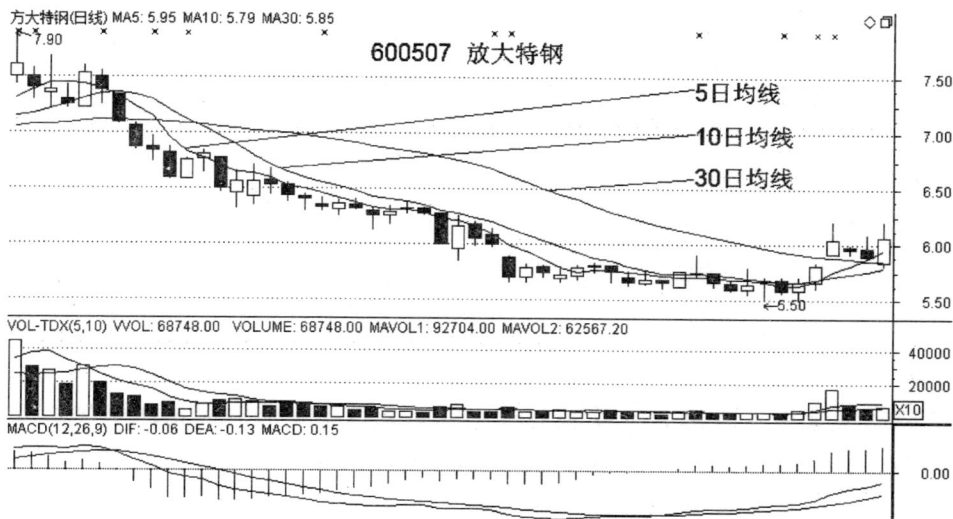

图 3-10 均线的空头排列

升初期，这种规则适用性较强。

（11）在下跌行情中，股价在移动平均线的下方，呈空头排列的移动平均线可以视为空方的防线，当股价反弹到移动平均线附近时，便会遇到阻力，卖盘涌出，促使股价进一步下跌，这就是移动平均线的助跌作用。移动平均线由上升转为下降出现最高点，以及由下降转为上升出现最低点时，是移动平均线的转折点，其预示股价走势将发生反转。

（12）平均线走势从上升趋势逐渐转变为盘整，当股价从平均线上方向下突破平均线时，为卖出信号。股价在移动平均线之上，显示价格已经相当高，且移动平均线和股价之间的距离很大，那么，意味着价格可能过高，有回跌的可能。在这种情况下，股价一旦出现下降，即为抛售信号。不过，如果股价还在继续上涨，那么，可采用成本分摊式的买进即随着价格上涨程度的提高，逐渐减少购买量，以减小风险。

（13）股价走势朝平均线的下方移动，价格虽有一定的上升，但在均线附近即受到其阻力压制（均线的助跌性），未突破平均线却立刻反转下跌，也是卖出信号。价格突然暴升突破均线，且在短时间内进一步拉升而远离平均线，则有可能反弹结束，是卖出信号。

（14）股价曲线由下向上突破 5 日、10 日移动平均线，且 5 日均线上穿 10 日均线形成黄金交叉，显现多方力量增强，已有效突破空方的压力线，后市上涨的可能性很大，是买入时机；股价曲线由下向上突破 5 日、10 日、30 日移动平均线，且三条移动平均线呈多头排列，明显说明多方力量强盛，后市上涨已成定局，此时是极佳的买入时机。

（15）移动平均线缓慢下降，股价虽然一度上升，但刚突破移动平均线就开始逆转向下，这可能是股价下降趋势中的暂时反弹，股价可能会继续下跌，因此是一种卖出信号。不过，如果股价的下跌程度已相当深，那么，这种规则就不一定适用了，它可能是回升趋势中的暂时回落。因此，投资者应当做仔细的分析。

（16）在强势股的上升行情中，股价出现盘整，5 日移动平均线与 10 日移动平均线纠缠在一起，当股价突破盘整区，5 日、10 日、30 日移动平均线再次呈多头排列时为买入时机，如图 3-11 所示。

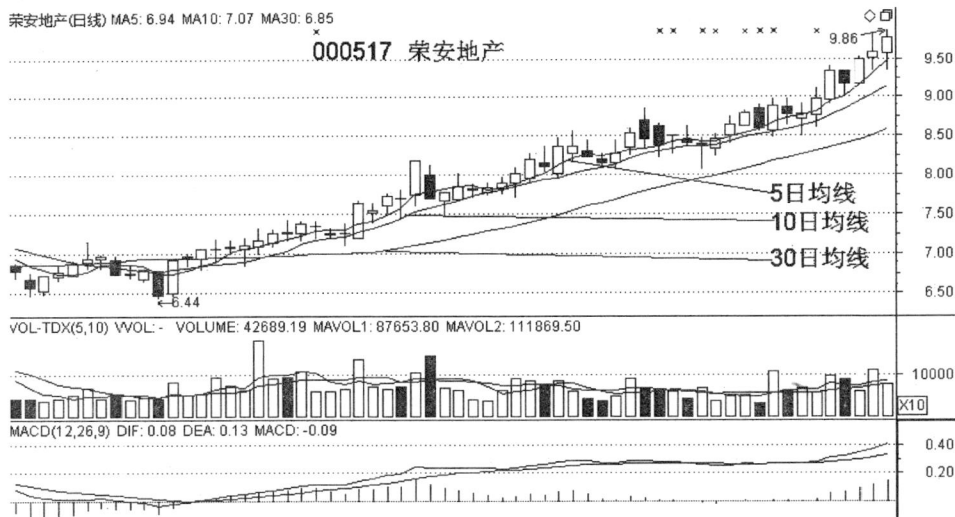

图 3-11　均线的多头排列

（17）移动平均线处于下降趋势，股价在下跌过程中曾一度上涨到移动平均线附近，但很快又处于下降状态，这时是一种卖出信号。一般来说，在股价的下降过程中，常会出现几次这种卖出信号，这是下降趋势中的价格反弹，是一种短期现象。

（18）在多头行情中，股价跌破 10 日移动平均线而未跌破 30 日移动平均线，且 30 日移动平均线仍向右上方挺进，说明股价下跌是技术性回档，跌幅不致太大，此时为买入时机。在空头市场中，股价经过长期下跌，股价在 5 日、10 日移动平均线以下运行；恐慌性抛盘不断涌出导致股价大幅下跌，乖离率增大，此时为抢反弹的绝佳时机，应买进股票。

（19）长期移动平均线呈缓慢上升状态，而中期移动平均线呈下跌状态，并与长期移动平均线相交。这时，如果股价处于下跌状态，则可能意味着狂跌阶段的到来，这里是卖出信号。必须注意的是，在这种状态下，股价在下跌的过程中有暂时的回档，否则不会形成长期移动平均线和中期移动平均线的交叉。

（20）股价在平均线之下，股价上升但未达平均线又告回落，是卖出时机。股价在上升中，且走在平均线之上，突然暴涨、远离平均线，很可能再趋向平均线，为卖出时机；股价在平均线下方加速下跌，远离平均线，为买进时机，因为这是超卖现象，股价不久将会重回平均线附近。

（21）收盘价上穿均线买入，下穿均线卖出；均线出现金叉买入，死叉卖出；均线由下跌转为上涨时买入，由上涨转为下跌时卖出。

选股有道

利用移动平均线可观察股价总的走势，不考虑股价的偶然变动，这样可自动选择出入市的时机。不要妄图把均线操作方法的成功率提高得很高，其达到 80% 甚至连 60% 都不太可能。均线的特质在于稳定，在于以不变应万变。如果增加的限制条件过多，会抹杀均线的基本特点，过不了多久就失效了。通常愈长期的移动平均线，愈能表现出稳定的特性，即移动平均线不会轻易地往上或往下，必须在股价的涨势真正明朗了，移动平均线才会往上延伸，而且经常在股价开始回落之初，移动平均线还会是向上的，等到股价下滑显著时，才见移动平均线走下坡路，这是移动平均线最大的特色。为了避免平均线的局限性，更有效地掌握买卖的时机，充分发挥移动平均线的功能，一般将不同期间的平均线予以组合运用。目前市场上常用的平均线组合有"6、12、24、72、220 日平均线"组合、"10、25、73、146、292 日平均线"组合等，组内移动平均线的相交与同时上升排列或下跌排列均为趋势确认的信号。

第三节　中期波段的保护神——MACD 指标选股法

一、利用 MACD 金交叉选股

投资者利用金交叉选股的时候，有以下几种情况的股票可以考虑买入。

（1）0 线下方金叉，MACD 两条曲线在 0 线下方形成金叉时一般先看作反弹，但有时也会演变成一波强劲的上升行情。所以说对投资者而言选股就要选这些能够演变成一波强劲上升行情的金叉，同时还需要结合其他技术指标来加以分析，如图 3-12 所示。

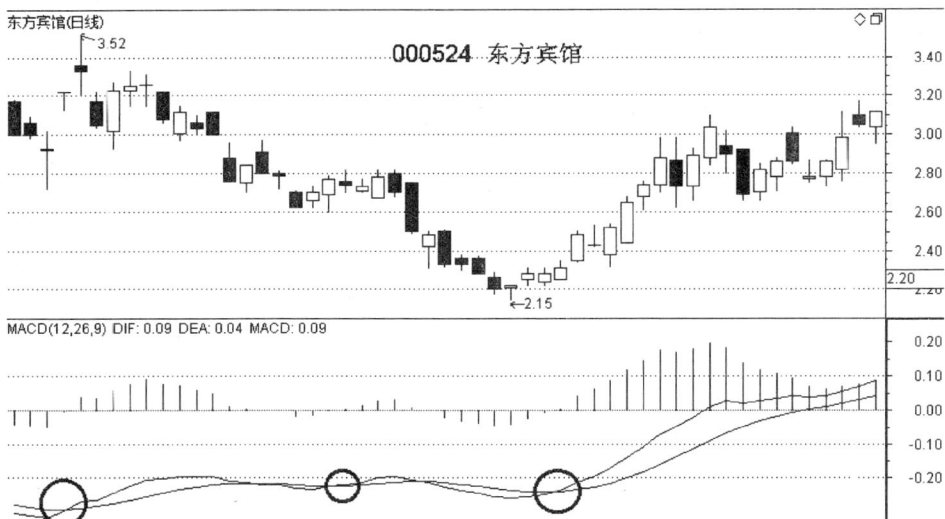

图 3-12　东方宾馆日 K 线图

（2）0线上方金叉，MACD两曲线在0线上方形成金叉时，以买入为主，在0线上方附近形成金叉时更应如此。MACD在0线上方形成金叉一般是在上升了一波行情后经回档调整再出现的情况居多。这种交叉时投资者要注意这样一种情况，前一波上升行情升幅不大、力度不强时，MACD在0线上方金叉后，后面的上升行情会比前一波上升行情升幅大、力度强。

二、利用 MACD 的 DIF 选股

投资者可以利用DIF来选股，如果DIF向上突破DEA是买进信号，是可以选择的股票。DIF与DEA在0线之上时，一切新入市策略都以买为主，DIF若向上突破DEA，可以大胆买进；向下突破时，则只适宜暂时获利了观望。但是要注意，如果是在0线以下交叉时，这些表现仅适宜空头补仓。

三、利用 MACD 底背驰选股

投资者根据MACD底背驰来选股，主要有两种情况：一种是负（绿）柱峰底背驰，另一种是两条曲线底背驰。

1. 负（绿）柱峰一次底背驰选股

这种选股的买入信号是指只有两个负柱峰发生底背驰，这是较可信的短线买入信号。两个负柱峰发生底背驰时，买入时机可采用"双二"买入法，即在第二个负柱峰出现第二根收缩绿柱线时买入，这样可买到较低的价位。

2. 负（绿）柱峰二次底背驰选股

MACD负柱峰发生两次底背驰是较可信的买入信号，也就是在第三个负柱峰出现第一根或第二根收缩绿柱线时及时买入该股。

投资者根据MACD负（绿）柱峰二次底背驰选股买入的成功率还是很高的。如图3-13所示。

3. 负柱"隔峰底背驰"选股

这种底背驰的情况是指负柱峰第一次底背驰后，第三个负柱峰与第二个负柱峰没有底背驰，却与第一个负柱峰发生了底背驰。当某支股票出现这种情

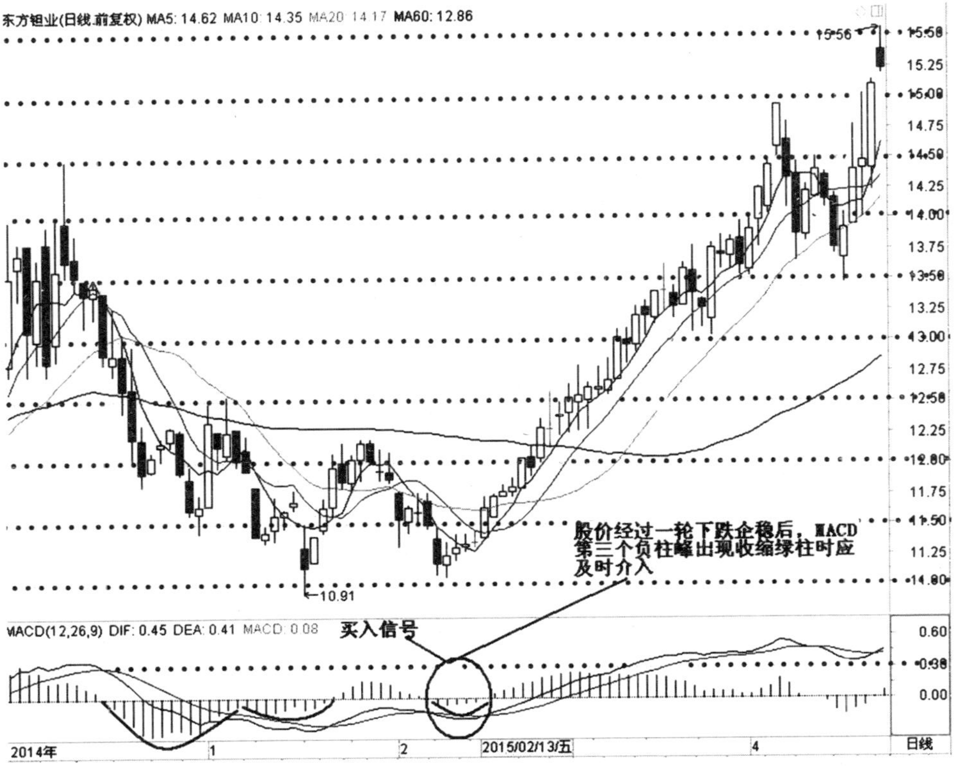

东方钽业(日线,前复权) MA5:14.62 MA10:14.35 MA20:14.17 MA60:12.86

MACD(12,26,9) DIF:0.45 DEA:0.41 MACD:0.08

股价经过一轮下跌企稳后，MACD第三个负柱峰出现收缩绿柱时应及时介入

买入信号

图 3-13　MACD 负（绿柱峰）二次底背驰

况，尤其是在第三个负柱峰出现第一根或第二根收缩绿柱线的时侯，应该及时介入这支股票，往往会获利颇丰。

选股有道

在主升浪行情中，MACD 指标具有明显的强势特征，DIF 线始终处于 DEA 之上，两条线常常以类似平行状态上升，即使大盘出现强势调整，DIF 也不会有效击穿 DEA 指标线。同时，MACD 指标的红色柱状线也处于不断递增情形中。这时，可以确认主升浪行情正在迅速启动。

第四节　短线法宝——KDJ 指标选股法

要想做好选股工作并赚钱盈利，选对方法真的很重要。这里介绍的是利用随机指标（KDJ）选股的技巧。

一、留出提前量买入法

通常在实际操作时往往会碰到这样的问题：由于日线 KDJ 的变化速度比周线 KDJ 快，当周线 KDJ 金叉时，日线 KDJ 已提前形成了几天金叉，股价也上升了一段时间，买入成本已抬高。激进型的投资者可留出提前量买入，以求降低成本。

二、抓住黄金交叉

当股价经过一段较长时间的中低位盘整后，而 KDJ 曲线也徘徊在中位（50 附近），一旦 KDJ 曲线中的 J 线和 K 线几乎是同时向上突破 D 线，同时股价也在比较大成交量的配合下，向上突破股价的中长期均线时，则意味着股市即将转强，股价短期内将上涨，这就是 KDJ 指标中的一种"黄金交叉"，即 50 附近的中位金叉。此时建议投资者应及时买入股票进行中短线的炒作，如图 3–14 所示。

三、关注周低位金交叉

周低位金交叉时，月 KDJ、周 KDJ、日 KDJ 所有指标低位全部金叉共震向上攻击发散是千载难逢的买进机会。所有资金应全线进场，重拳出击、满仓参与决战，要加以关注并敢于赢大钱。

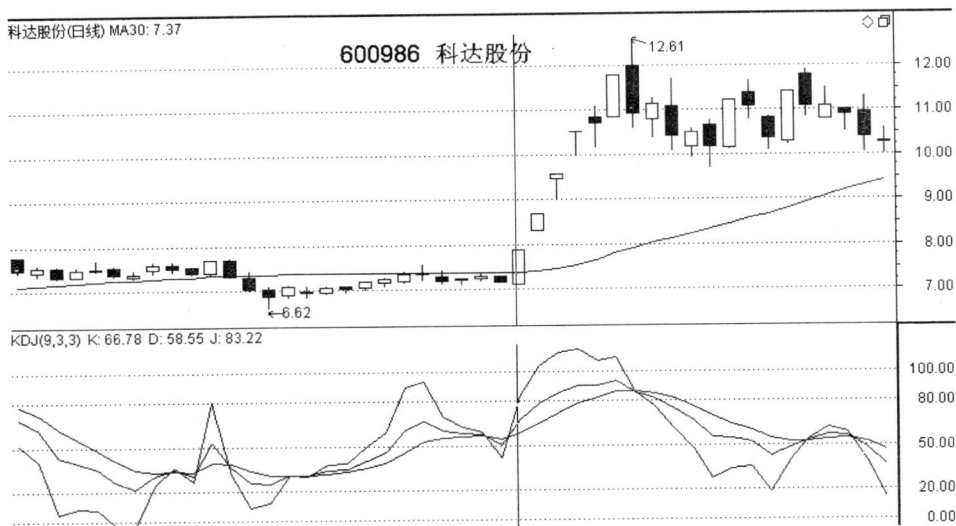

图 3-14　科达股份日 K 线图

四、周线 K 与周线 D "将死不死" 买入法

一般来说，此方法需要满足的条件如下：

（1）周 KDJ 金叉后，股价回档收周阴线，然后重新放量上行。

（2）周线 K、周线 D 将要死叉，但没有真正发生死叉，周 K 线重新张口上行。

（3）日线 KDJ 金叉。

通常用此方法买入股票，可捕捉到快速强劲上升的行情。

五、高位金叉时机的把握

通常，当股价经过一段时间的上升过程中的中高位盘整行情，并且 K、D、J 线都处于 80 线附近徘徊时，一旦 J 线和 K 线几乎同时再次向上突破 D 线，成交量再度放出时，就表明股市处于一种强势之中，股价短期内将再次上涨。其实，这就相当于是 KDJ 指标 "黄金交叉" 的另一种形式，即 80 附近的高位金叉。此时，投资者可加码买入股票进行短线炒作。

六、KDJ 死叉后的买入时机

当周日 KDJ 在 50 以上回落至 50 左右时，KDJ 死叉，或不死叉反转向上，均线形态良好，为多头排列，则意味着洗盘结束，放量则是买入时机，可以以 70% 左右的仓位买入。

选股有道

在 KDJ 指标运用中常常出现运行方向不一致，即月 KDJ、周 KDJ 及日 KDJ 指标出现矛盾，投资者应以月 KDJ 为主，同时参考周 KDJ。因为月 KDJ 在低位时将有大行情产生，要敢于重仓；周 KDJ 在低位时是一波中级行情；日 KDJ 在低位时则只有适宜炒作短线的小行情。

第五节　布林线指标选股法

事实上，一般情况下，运用布林线指标（BOLL）进行股票的买卖，操作的成功率远胜于借助于 KDJ、RSI 甚至移动平均线进行股票的买卖。利用布林线指标进行选股投资主要应掌握以下几点。

（1）布林线由上轨、中轨、下轨组成带状通道，上轨和中轨之间为强势区，中轨和下轨之间为弱势区，观察布林线中股价经常运行的位置将有助于揭示股市强弱。股价多数时间在上轨与中轨之间运行，表示股价处于强势区运行，股价有望不断走高，这类股票投资者可以考虑介入，如图 3-15 所示。

（2）当价格运行在布林通道的中轨和上轨之间区域时，只要不跌破中轨，说明市场处于多头行情中，可逢低买进。

（3）投资者利用布林线指标选股，主要是观察布林线指标开口的大小，对那些开口逐渐变小的股票就要多加留意了。因为布林线指标开口逐渐变小代

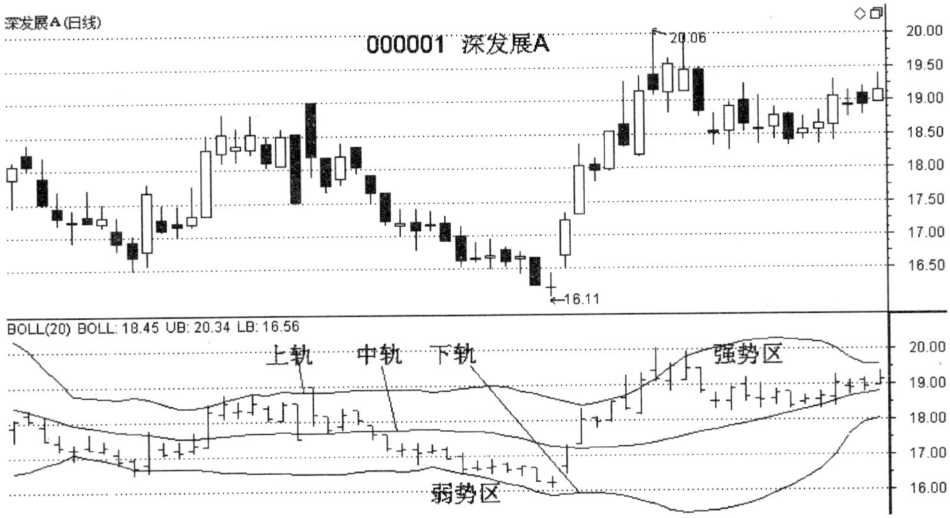

图 3-15 BOLL 指标示例图

表股价的涨跌幅度逐渐变小，多空双方力量趋于一致，股价将会选择方向突破，而且开口越小，股价突破的力度就越大。

（4）投资者运用布林线指标选股，要注意价格在布林通道的中轨和下轨之间时，只要不冲破中轨，说明是空头市场，交易策略是逢高卖出，不考虑买进；当市场价格沿着布林通道上轨运行时，说明市场是单边上涨行情，持有的多单要守住，只要价格不脱离上轨区域就应耐心持有；沿着下轨运行时，说明市场目前为单边下跌行情，一般为一波快速下跌行情，应持币观望，只要价格不脱离下轨区域就可耐心等待。

（5）在选定布林线指标开口较小的股票后，先不要急于买进，因为布林线指标只告诉投资者这些股票随时会突破。如果这些股票同时具有这样几个条件：a. 上市公司的基本面要好，这样在主力拉抬时，才能吸引大量的跟风盘；b. 在 K 线图上，股价最好站在 250 日、120 日、60 日、30 日和 10 日均线上；c. 要看当前股价所处的位置，最好选择股价在相对底部的股票，对那些在高位横盘、上升和下降中横盘的股票要加倍小心。那么，这些股票向上突破的可能性就较大了。

（6）运用布林线指标选股，布林线的收口和张口非常关键。一旦布林线的上轨和下轨靠得非常近，往往预示着股价的运行将变盘。布林线的张口和收口的位置决定了投资者将面临作出买入、持有、卖出的重大决策。

（7）运用布林线指标选股，一定要注意观察布林线缩口以及布林通道的缩口状态。价格在中轨附近震荡，上下轨逐渐缩口，此是大行情来临的预兆，应空仓观望，等待时机；通道缩口后的突然扩张状态，意味着一波暴发性行情的来临，此后行情很可能走单边，可以积极调整建仓，顺势而为；当布林通道缩口后，在一波大行情来临之前，往往会出现假突破行情，这是主力的陷阱，应提高警惕，可以通过调整仓位来化解。

（8）可用 5 分钟布林线指标，确定超短线投资者的买入时机。当 5 分钟 BOLL 指标突然出现开口扩张的特征，股价快速突破 BOLL 上轨的压制时，意味着超短线买进时机的来临。同时也应该注意 5 分钟 BOLL 的开口扩张力度，开口扩张力度越大，表明主力拉升力度越强劲，短期上涨力度也就越大。如果开口扩张力度不大，则往往暗示着上涨力度越有限，还要注意 5 分钟 BOLL 出现开口扩张时，成交量是否快速放大，量能充沛的个股上涨力度大。

（9）布林通道的时间周期应以周线为主，在单边行情时，所持仓单已有高额利润，为防止大的回调，可以参考日线布林通道的原则出局。

布林线具有打压和支撑股价的作用。布林线的上轨构成对股价的打压，布林线的下轨构成对股价的支撑，布林线的中轨是打压和支撑转换的敏感位置。一旦出现股价突破 BOLL 上轨，开口扩张现象时，可视为超短线买进时机来临。但却不能想当然地认为股价突破 BOLL 下轨，开口扩张就是卖出时机。原因很简单，投资者追求获利最大化，应尽量将股价卖在高位区域，而不是卖在弱势格局确立时。

选股有道

布林线指标具有打压和支撑股价的作用。布林线的上轨构成对股价的打压，布林线的下轨构成对股价的支撑，布林线的中轨是打压和支撑转换的敏感位置。运用布林线指标可以帮助投资者实现逢低买入、逢高卖出的愿望。

第四章
K 线分析选股

第一节　K 线选股法

K 线图最早是日本德川幕府时代大阪的米商用来记录当时一天、一周或一月中米价涨跌行情的图示法，后被引入股市。K 线图有直观、立体感强、涵盖信息量大的特点，能充分显示股价趋势的强弱、买卖双方力量平衡的变化，预测后市走向较准确，是各类传播媒介、电脑实时分析系统应用较多的技术分析手段。

K 线是一个庞大的家族，共有三大类，20 种形态。以收盘价与开盘价来划分，K 线可以分为阴线和阳线两种。阴线指的是收盘价低于开盘价，也就是股价走势呈下降趋势时的 K 线；阳线指的是收盘价高于开盘价，也就是股价走势呈上升趋势时的 K 线。

以时间划分，K 线可以分为日线、周线、月线和年线。日 K 线是根据股价（指数）一天的走势中形成的四个价位，即开盘价、收盘价、最高价、最低价绘制而成的；周线，就是一周的 K 线，以周一开盘价为周线的开盘价，以周五收盘价为周线收盘价。以一周内最高价为周线最高价，最低价也是一样。周线一般是由 5 天的日 K 线组成的。月 K 线是根据一个月的第一个交易日的开盘价、最后一个交易日的收盘价和全月最高价与全月最低价来画的 K 线图。年线表示在一年的所有交易日里所有投资人的移动成本，是均线系统中最重要的参考线之一。

以其实体的不同形态划分，可分为 20 种。

下面分别介绍这 20 种 K 线。

（1）全秃阳线，也称光头光脚阳线，它是一条既无上影线，也无下影线的 K 线。表示上升走势强劲，后市可继续看好，如图 4-1 所示。

（2）开盘秃阳线，也称光脚阳线，即只有上影线而无下影线的阳线。表

图 4-1　全秃阳线

示上升力量较强，但上挡的压力开始显现，如图 4-2 所示。

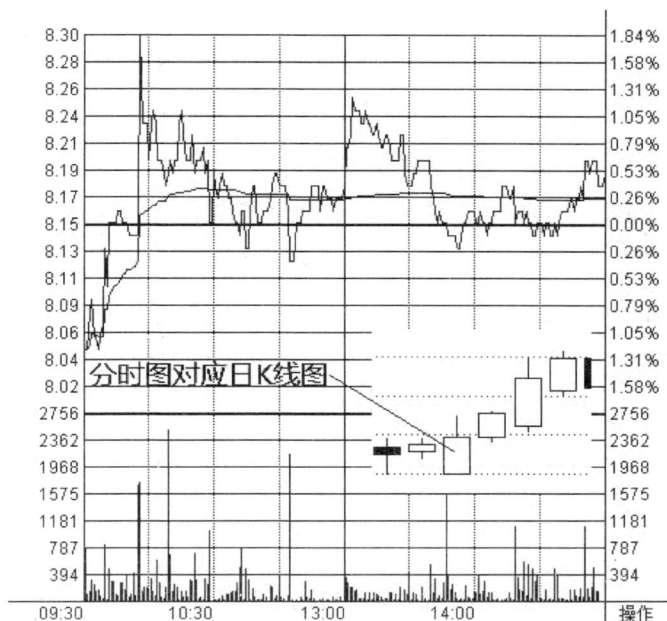

图 4-2　开盘秃阳线

（3）收盘秃阳线，也称光头阳线，即只有下影线而无上影线的 K 线。表示上升力度较大，行情继续看好，如图4-3所示。

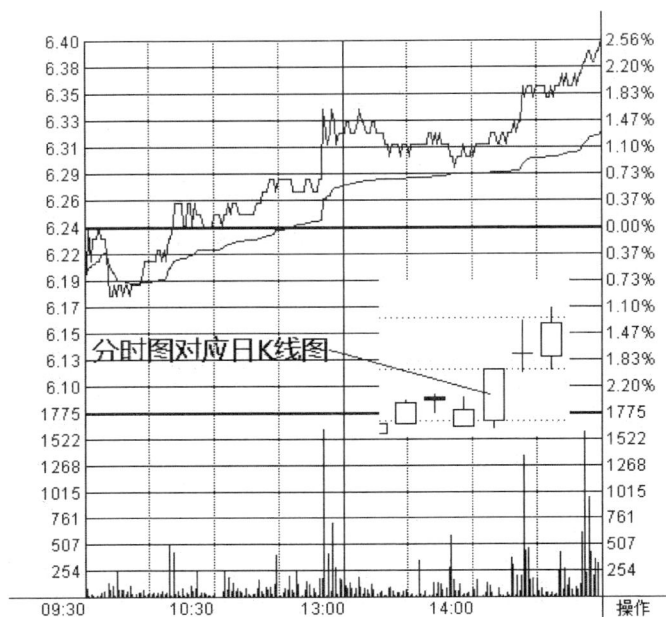

图4-3　收盘秃阳线

（4）大阳线，即实体长大，而又带有上下影线的 K 线。如果股价刚开始上涨时出现大阳线，则表明该股有加速上扬的意味，投资者可买入；如果其出现在股价上涨途中，则表明股价可能继续上涨，投资者可继续做多；如果出现在股价连续上涨的过程中，则表明是股价的见顶信号，投资者此时应考虑出货；如果在连续下跌过程中出现大阳线，则表明股价有见底回升的兆头，此时投资者可逢低适量买入，如图4-4所示。

（5）小阳线，也叫小棋子，实体较小，同时带有不太长的上下影线，显示股价走势扑朔迷离，行情难料，如图4-5所示。

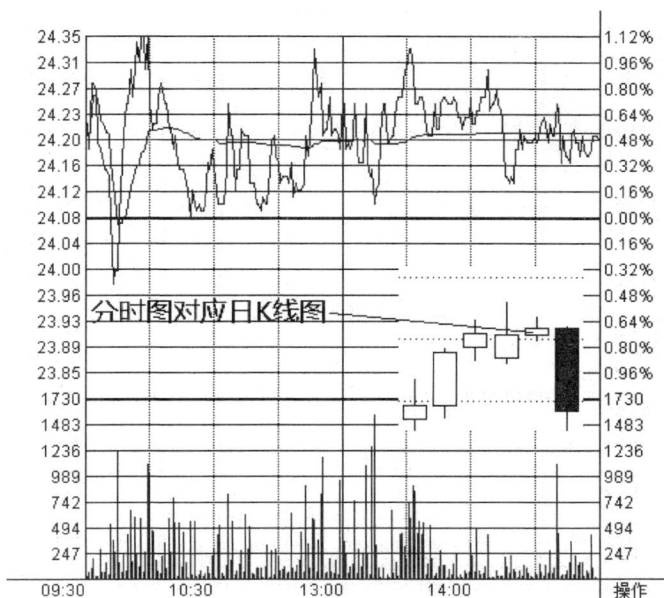

图 4-4　大阳线

图 4-5　小阳线

（6）大阴线，即实体长大，而又带有上下影线的 K 线。显示为弱势走势，后市看淡，如图4-6所示。

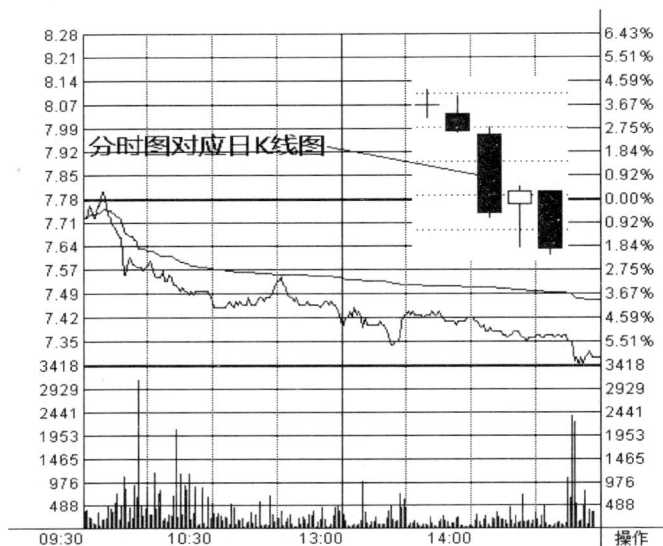

图4-6　大阴线

（7）小阴线，也叫小棋子，实体较小，同时带有不太长的上下影线，显示股价走势扑朔迷离，行情难料，如图4-7所示。

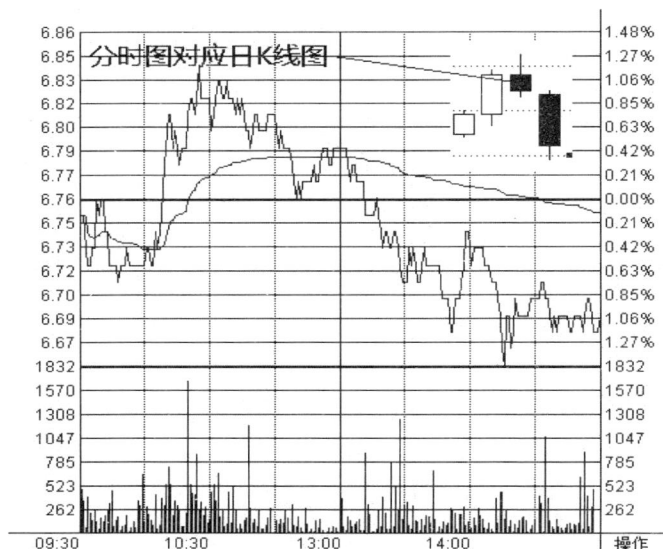

图4-7　小阴线

（8）星形阴线，也称极阴线，实体很小，上下影线也较短，走势不确定，涨跌难判断，如图4-8 所示。

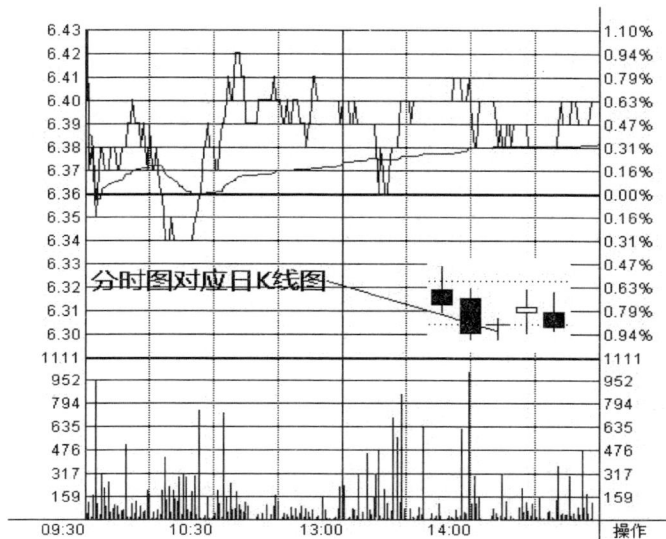

图 4-8　星形阴线

（9）星形阳线，也称极阳线，实体很小，上下影线也较短，走势不确定，涨跌难判断，如图4-9 所示。

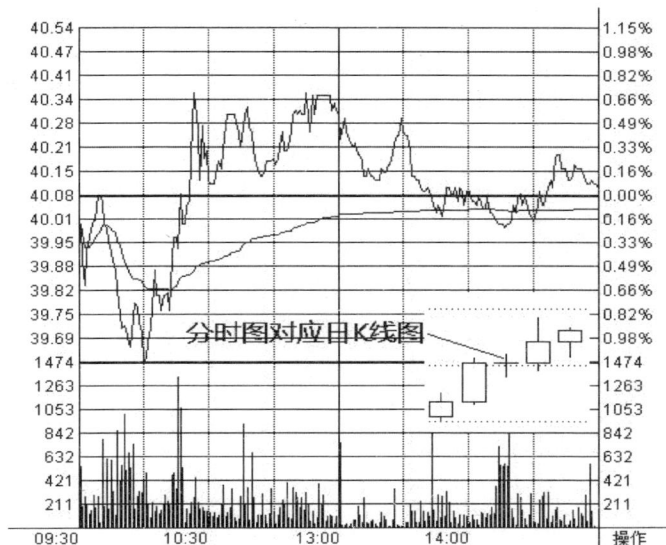

图 4-9　星形阳线

（10）长下影阳线，也叫上吊阳线，实体较小，下影线较长，无上影线，或只有很短的上影线。该K线若处在高价位，是行情见顶的信号，应卖出股票；若处在低价位，则是行情见底的信号，可考虑买入股票，如图4-10所示。

图4-10 长下影阳线

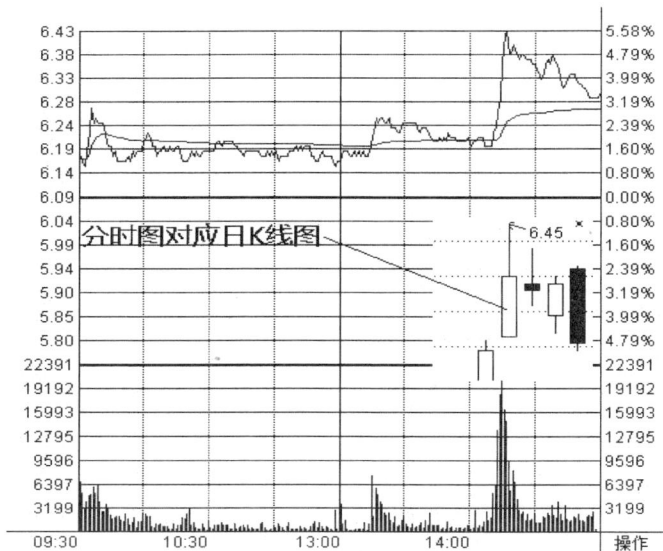

（11）长上影阳线，也叫流星线，实体较短，上影线较长，无下影线或只有

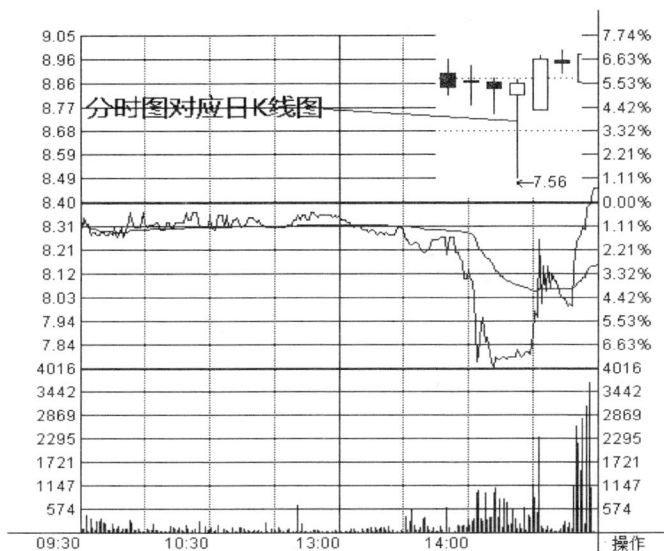

图4-11 长上影阳线

很短的下影线。该K线与上吊阳线的性质一样，若处在高价位，是行情见顶的信号，应卖出股票；若处在低价位，则是行情见底的信号，可考虑买入股票，如图4-11所示。

（12）长下影阴线，也叫上吊阴线，实体较小，下影线较长，无上影线，或只有很短的上影线。该K线若处在高价位，是行情见顶的信号，应卖出股票；若处在低价位，则是行情见底的信号，可考虑买入股票，如图 4-12 所示。

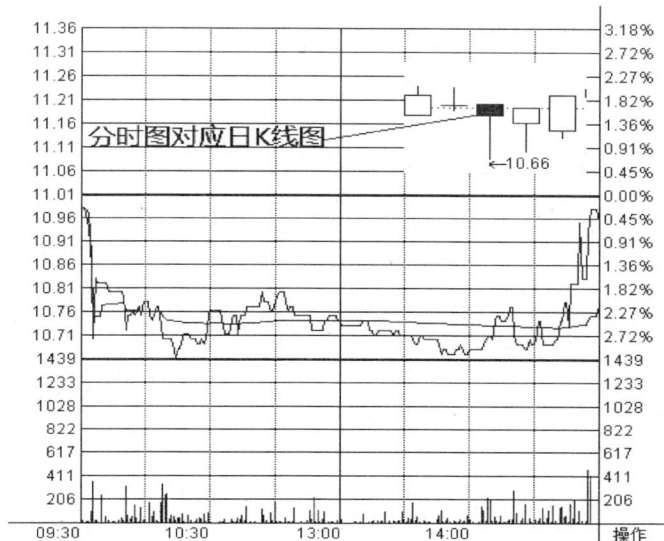

图 4-12　长下影阴线

（13）长上影阴线，也叫流星线，实体较短，上影线较长，无下影线或只有很短的下影线。该 K 线与上吊阳线的性质一样，若处在高价位，是行情见顶的信号，应卖出股票；若处在低价位，则是行情见底的信号，可考虑买入股票，如图 4-13 所示。

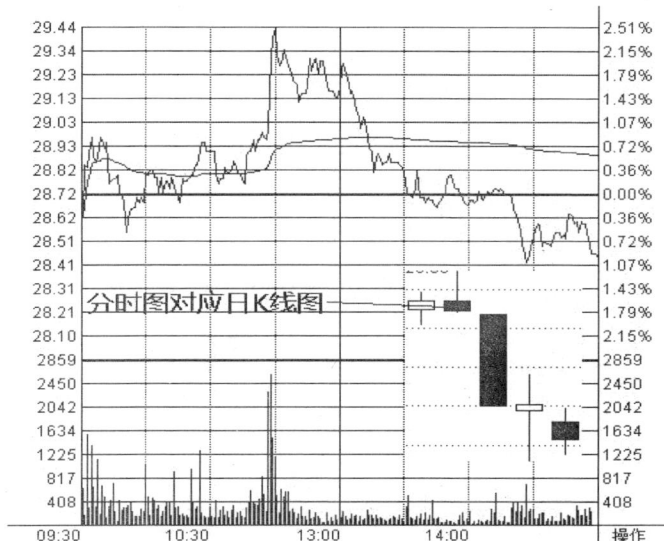

图 4-13　长上影阴线

（14）全秃阴线，也称光头光脚阴线，它是一条既无上影线，也无下影线的 K 线。表示上升走势很弱，行情看淡，如图 4-14 所示。

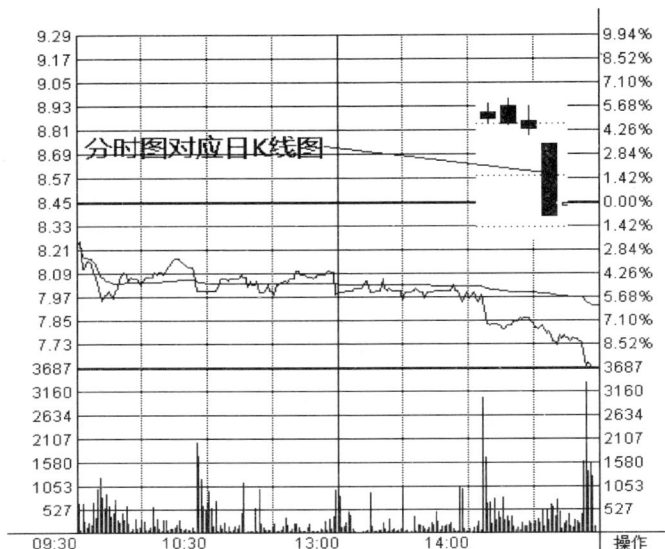

图 4-14　全秃阴线

（15）收盘秃阴线，也称光脚阴线，即只有上影线而无下影线的阴线。表示弱势形态，行情看淡，如图 4-15 所示。

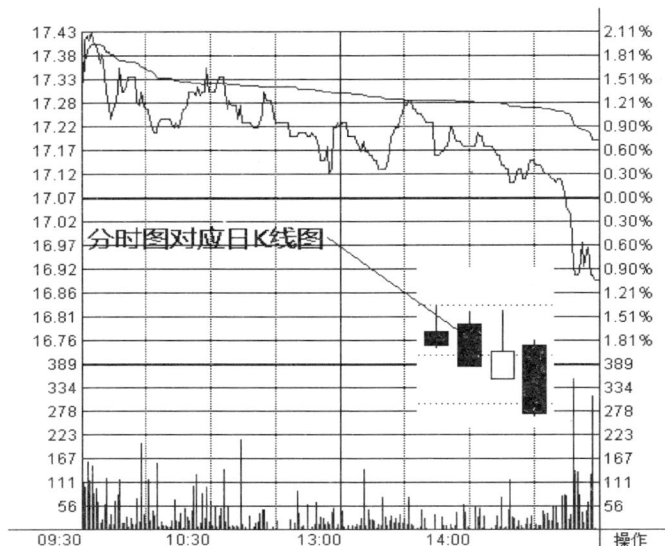

图 4-15　收盘秃阴线

（16）开盘秃阴线，也称光头阴线，即只有下影线而无上影线的阴线。虽然下档出现了支撑，但行情一时还难以变好，如图 4-16 所示。

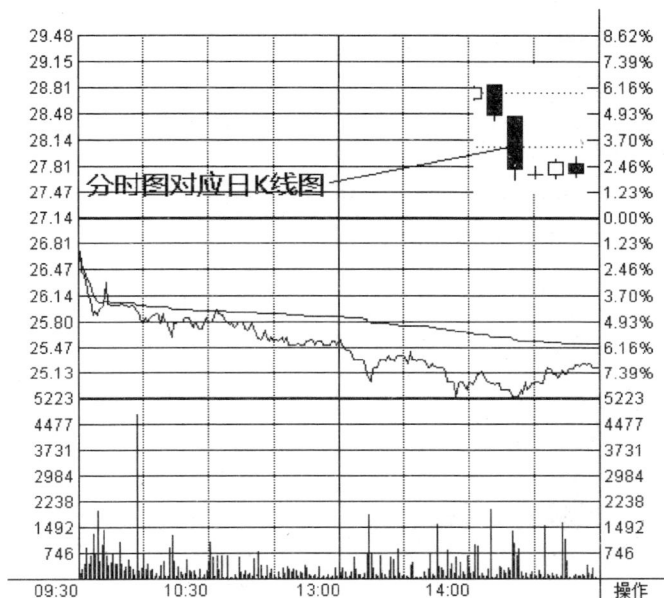

图 4-16　开盘秃阴线

（17）四值同一线，即开盘价、最高价、最低价、收盘价为同值 K 线。在上升趋势里显强势，在下降趋势里显弱势，如图 4-17 所示。

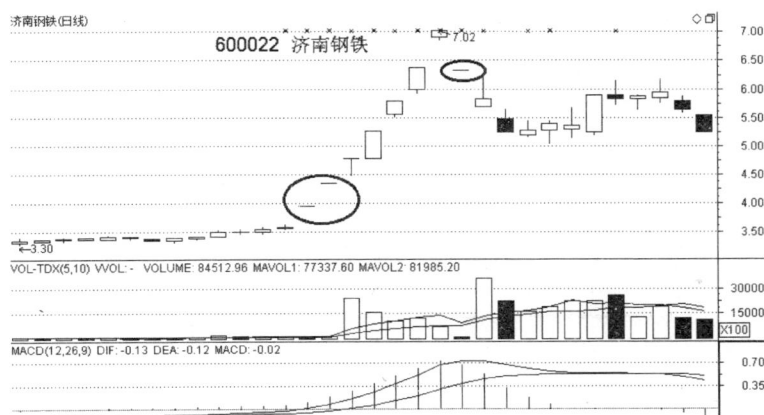

图 4-17　四值同一线

（18）丁字线，也称风筝线，处在高位，显示见顶信号；处在低位，显示见底信号，如图4-18所示。

图4-18　丁字线

（19）倒丁字线，也称灵位线，处在高位，显示见顶信号；处在低位，显示见底信号，如图4-19所示。

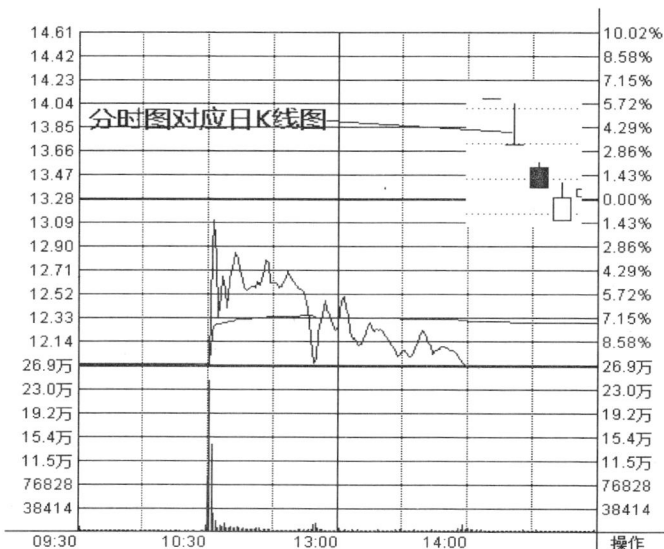

图4-19　倒丁字线

（20）十字星线，处在高位，显示见顶信号；处在低位，显示见底信号，如图 4-20 所示。

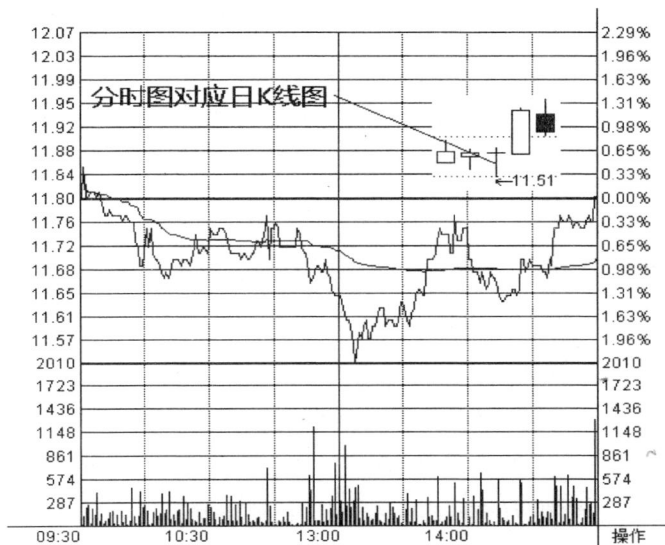

图 4-20　十字星线

初入市的投资者，要熟练掌握以上 20 种形态的 K 线。但是，需要注意的是，这些单一的 K 线，绝大多数是不能用于判断行情走势的，只有通过它们之间的相互组合，形成新的形态，才能作为判断行情的一种技术指标。

第二节　周 K 线选股

K 线图作为传统的股市走势图，因能直观地反映股价的变化和多空发展趋势，已成为投资者们广泛接受并使用的投资分析工具，而对个股进行波段操作才是股票操作盈利的重要方法。日 K 线是股价每天波动的反映，但是如果我们过分沉迷于每日的股价涨跌，会"只见树木，不见森林"，因此要从更长的周期把握股价的走势，还得应用周 K 线图来观察。如果以周 K 线为主选股进行波段操作，成功率相对会更高。因为周 K 线更能清晰地反映个股走势的运行轨迹，且周 K 线显示出的股价运行走势，必然不会短期宣告结束。一般而言，在周 K 线上出现买入时机与卖出时机都要经历一个相对较长的时间，所以一旦买入，必然会有一段上升期，完全可以持股不放。

周 K 线是指以周一的开盘价、周五的收盘价，以及一周最高价和一周最低价来画的 K 线图。

很多投资者在看盘时，都十分重视周 K 线，原因如下：

（1）周 K 线不容易被操作，而日 K 线的形成容易出现骗线的情况，所以利用周 K 线选股可靠性高。

（2）周 K 线判断出的涨跌周期有效期长，而日 K 线的有效期则较短。

（3）周 K 线是判断股市趋势包括主力运动方向的重要依据。例如，长期牛股，其周 K 线的均线为长期多头排列；长期弱势股，其周 K 线的均线为长期空头排列。另外，周 K 线指标买入信号也较准确。

以下介绍利用周 K 线选股的几个要素。

一、均线运行要素

首先将均线设置为：5 周均线、10 周均线、21 周均线、30 周均线、60 周均线、144 周均线、288 周均线。以 21 周均线为重要阻力位或支撑位选股。投资者可把握其升跌节奏，进行高抛低吸，以获取投资回报。

（1）当股价在下行通道中运行时，应注意 21 周均线自上而下是否趋于平缓。当 21 周均线自上而下趋于平缓，而股价还在 21 周之下运行时，不要急于介入。

（2）当股价攻击 21 周均线受阻回调，应密切关注成交量的变化。当 5、10 周均线自下向上准备上穿 21 周均线且股价上升至 21 周均线之上时应果断进仓操作；若股价回调确认 21 周均线不破，应大胆持股等待主力拉升。其间应注意 30、60、144、288 周均线对股价无明显压力。

（3）均线二次金叉。当股价（周均线图）经历了一段下跌后反弹后突破

30 周均线位时，称为"周均线一次金叉"，不过，此时往往只是庄家在建仓而已，股民不应参与，而应保持观望；当股价（周均线图）再次突破 30 周均线时，我们称为"周均线二次金叉"，这意味着庄家洗盘结束，即将进入拉升期，后市将有较大的升幅。此时可密切注意该股的动向，一旦其日 K 线发出买入信号，即可大胆跟进。而看周 K 线也有利于我们的心态稳定，持股的定力会强一些。

二、成交量要素

市场主力可以做出图形骗人，但成交量一般不好骗人。作为均线运行要素的一个重要依据，成交量必须为前一周成交量的 3 倍以上时，才可以放心介入自选股准备买入。因为成交量代表着力量的消耗，是多空双方博弈的激烈程度，而 K 线是博弈的结果。如果只看 K 线而不看成交量，其效果要减半。所以成交量是动因，K 线形态是结果。

三、技术指标要素

技术指标主要看 KD、DMI、MACD、CR、EXPMA 指标，其应为金叉或平稳向上，对死叉向下的股不宜建仓，最好看都不看。在技术指标中要注意周线的背离，日线的背离并不能确认股价是否见顶或见底，但若周线图上的重要指标（股价、成交量与 MACD、RSI 等）出现底背离或顶背离，则几乎是中级以上底（顶）的可靠信号。

四、图形要素

由于周 K 线的时间跨度要远远大于日 K 线，在同样的 K 线组合出现的情况下，周 K 线所预示的买卖信号的可信度要远远高于日 K 线。如果能把对周 K 线的分析和该期间的股价形态分析结合起来，会取得更好的分析效果。所以对周线形态有所突破的个股，如旗形、双底、上升三角形、箱体、头肩底等个股更要及时把握。如趋势线（上行或下行）对股价无明显阻力，这样的股更要纳入自选股。

K 选股有道

在确定买入时机时，除了观察日 K 线图之外，周 K 线图也是非常重要的参考工具。周 K 线形态的分析一定要结合股票的基本面分析，并考察该股票的长期走势，单纯依据短期的 K 线形态进行投资是不可取的。

第三节 月 K 线选股

月 K 线是以一个月的第一个交易日的开盘价、最后一个交易日的收盘价和全月最高价与全月最低价来画的 K 线图，这一 K 线通常用来研判中期行情。月 K 线是从更长的周期来观察股价变化的，比较"粗线条"，省略了许多细节，所以更能看到大趋势。

投资者可利用月 K 线图来选择中长线潜力股，具体方法如下：

（1）将三条月 K 线参数设定为 6、12、18，当上述三条均线呈多头发散向上时，可重点关注。

（2）关注月 K 线形态呈矩形、圆弧底及双底形态的个股。这类股票一般筑底时间较长，主力有充足的时间进行底部充分换手，以便能够吸足低价的筹码。底部横盘时间越长，低位筹码锁定越多，中长线潜力越大。

（3）在关注个股月 K 线和形态的同时也应关注月 K 线所对应的成交量的变化。月 K 线底部放出大的成交量，证明庄家已经在底部积极吸纳。

K 选股有道

应用月 K 线选择中长期潜力股，是今后一个较长时间里选择潜力股的较佳方法。随着我国证券市场的进一步发展，树立中长期的投资理念将成为投资者适应证券市场发展的必然趋势。用月 K 线选择中长期潜力股应结合均线形态及量价的变化，及时把握主力的动向及吸纳的迹象，在形态的突破点上及时介入庄股，以便达到盈利的目的。

第四节　K 线组合选股

股价经过一段时间的盘档后，在图上即形成一种特殊区域或组合，不同的组合显示出不同的意义。不同组合的变化并不是没有规律可循的，只要用心就可以从这些组合的变化中摸索出一些有规律的东西。股票交易中，找出目前正处于上升趋势的股票是获利的第一步。一段时间内，股价的任何微小波动都会在 K 线的上升趋势中有所反映。投资者通过 K 线组合可以找出底部买入的时机，一般而言，比较典型的表示上升行情的 K 线组合有以下几种。

一、上涨两颗星

这是指上升行情中出现极线时的情形，此时股价上涨若再配合成交量放大，即为可信度极高的买进时机，股价势必会再出现另一波涨升行情。这是一种比较经典的 K 线组合，其具有以下特点：

（1）这种短线 K 线组合是一种攻击形态。

（2）表示股价短线会继续上涨。

（3）虽然名字叫两颗星，实际上这个组合是由三根 K 线组成的，即一根实体较长的阳线以及连续两根为阳线的实体。

上涨两颗星也同所有 K 线组合一样，只有出现在特定走势中才有其应用价值。如果在股价上行途中出现这种三根 K 线的组合，通常后市最少还有短线上的一次涨幅。因此这种 K 线组合是股价上涨中途加速的一种象征，一般股价在上行途中的连续三根 K 线形成此种组合时，可以判断后市还有一个短线高点存在。它的具体形态分布和条件如下所述。

这种组合的第一根 K 线往往是一根具有突破性质的放量中阳线，这里所说的突破性质是指强势途中或是强势的开始，不宜用于弱势反弹。

对于两颗星的要求具体可以分为以下几点：

（1）一般要求两者都是阳星，并且实体依此而抬高，第一颗星的开盘与收盘价位都要比第二颗星的低一点儿，同时第一颗星的收盘价收于前一日中阳线的上方；

（2）两者渐次温和缩量，前一天是放量的中阳线，第一颗星的放量也比较大，但比前日低一点儿，第二颗星放量再低一点儿；

（3）通常第二颗星的下影线稍长，第一颗星的上影线则稍微长一点儿（不过这一点并不是绝对的）。

其实上述技术条件从分时走势图上来看就是一个放量的上攻之后成交量温和地减少，不过股价依然有缓慢上升的趋势，做多能量在短线炒作时没有全部释放。投资者需要注意这样几点：

（1）这种 K 线组合意味着后市还应该存在着短线高点。

（2）这种 K 线组合仅仅适用于股价上行途中的判断。

（3）如果这种 K 线组合出现在股价连续下跌的过程中，是没有太大意义的，如图 4-21 所示。

（4）这一种 K 线组合只有短期趋势判断的意义，仅能预测股价短期内几天的变化，对于个股运行的空间以及中长线趋势影响不大，对个股长期发展趋势的判断还需要其他分析工具的协助。

二、跳空上扬

跳空上扬是指在上涨行情中出现了一根跳空上扬的阳线，但第二天不涨反跌拉出一根阴线，不过它的收盘价收在前一根 K 线跳空处附近，缺口没有被填补的一种 K 线组合图形，又称升势鹤鸦缺口，如图 4-22 所示。

跳空上扬 K 线组合具有以下几个特点：

（1）出现在涨势初期、中期行情有可能出现两种发展模式。

图 4-21　沙河股份日 K 线图

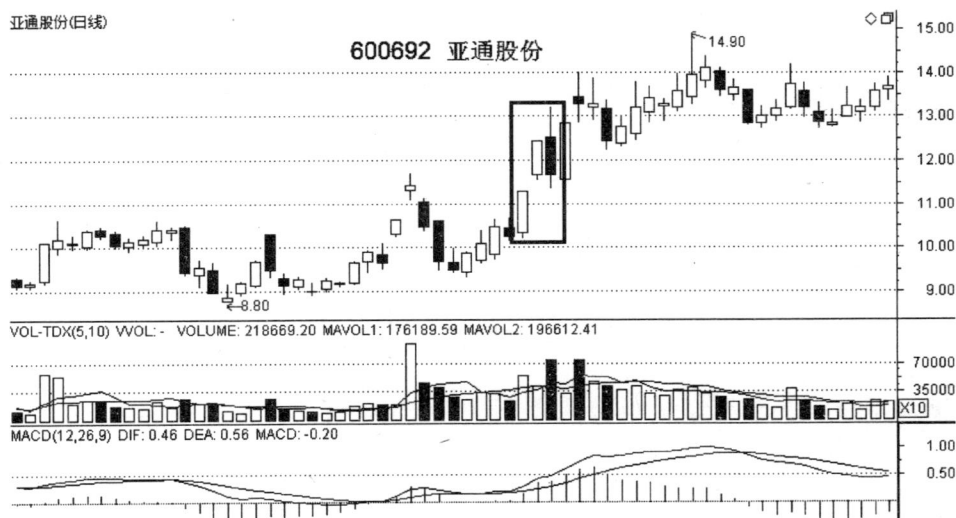

图 4-22　跳空上扬

（2）两种发展模式分别是股价经过一段时间的盘整后再次上扬和股价经过短暂调整后开始发力上攻。

（3）不管是何种发展模式，在上涨初期及中期出现这种 K 线组合均预示股价会继续往上攀升。

股票在上涨行情中，某日跳空拉出一条阳线后，又立刻出现一条下降阴线。投资者一定要注意以下情况来把握机会：

（1）这是加速股价上涨的先兆，投资者不需惊慌抛出持股，股价必将持续前一波涨势继续上升。

（2）通常会出现在消息面利好或者严重超跌的股票中。

（3）这样的强势股票，往往后市会出现持续涨停或者持续大幅上扬的走势，是短线黑马股的主要特征之一。

投资者若能将其操作好，就能短线获取丰厚的收益，这个操作技巧是挖掘短线黑马股的重要方法。

三、下降阴线

在涨升途中，出现的三条连续下跌的阴线，就是逢低承接的最佳时机。当第四天的阳线超越前一天的开盘价时，表明买盘胜于卖盘，应立刻买进等待股价扬升，如图4-23所示。

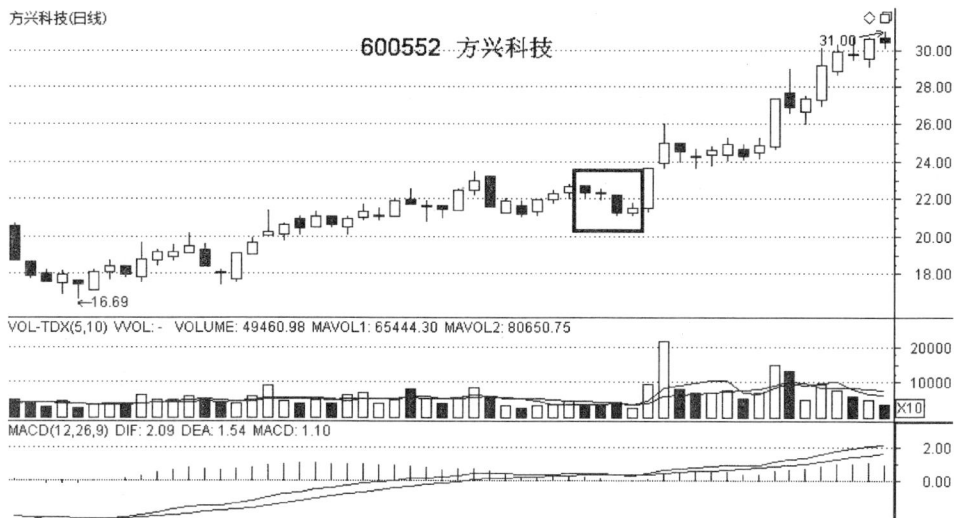

图4-23　下降阴线

四、上档盘旋

股价随着强而有力的大阳线向上攀升，在高档位置将稍做整理，也就是等待大量换手，随着成交量的扩大，下一轮涨势就能出现。上档盘整期间一般约为 6～11 日，若盘整期间过长则表示上涨无力。

五、覆盖线

如果覆盖线出现在行情上涨途中，则表明已经到达天价区，此后若是出现创新天价的阳线，则表示行情有转为买盘的迹象，股价会继续上涨。另外，在行情震荡走高之际，出现覆盖阴线的隔日，拉出一条下降阳线，这是短期的回档，股价一定会上涨。

六、上升三法

这是指在行情上涨中，大阳线之后出现三根连续小阴线，是蓄势待发的征兆，股价将上升，如图 4-24 所示。

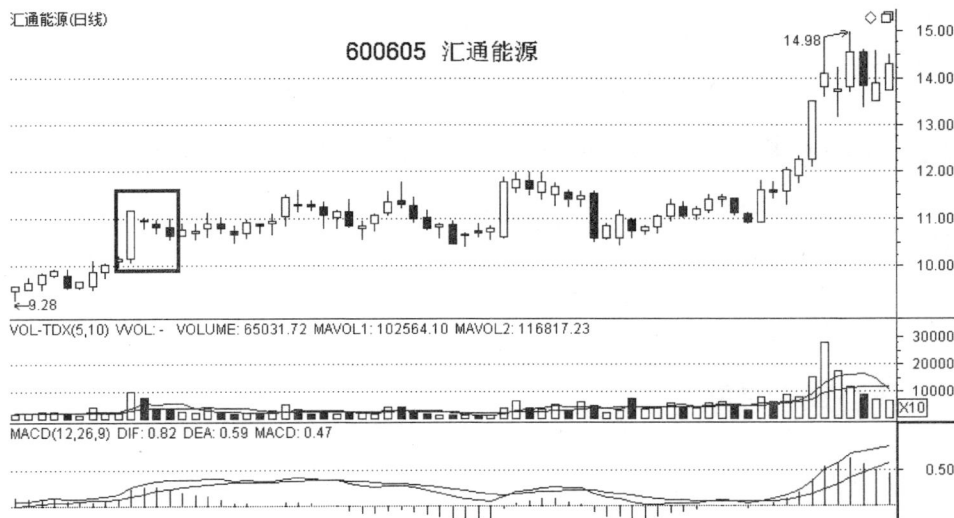

图 4-24　上升三法

七、向上跳空阴线

如果在上升行情中出现向上跳空阴线也是一个买进的时机，虽然这不能说明有大行情出现，但会有约可持续七天左右的涨势。

八、向下空跳星形线

这种形态是指股票持续一段时间的下跌之后，某日出现一条大阴线，第二日出现一条短小的 K 线，这条 K 线的最高点距前一日的最高点有很大的差距，而最低点低于前一日的最低点，这样的 K 线图，叫作向下空跳星形线，这条小 K 线说明在长时间的下跌整理后，下跌减缓，买方实力增大，后市对多方有利，是一个底部买入信号，如图 4-25 所示。

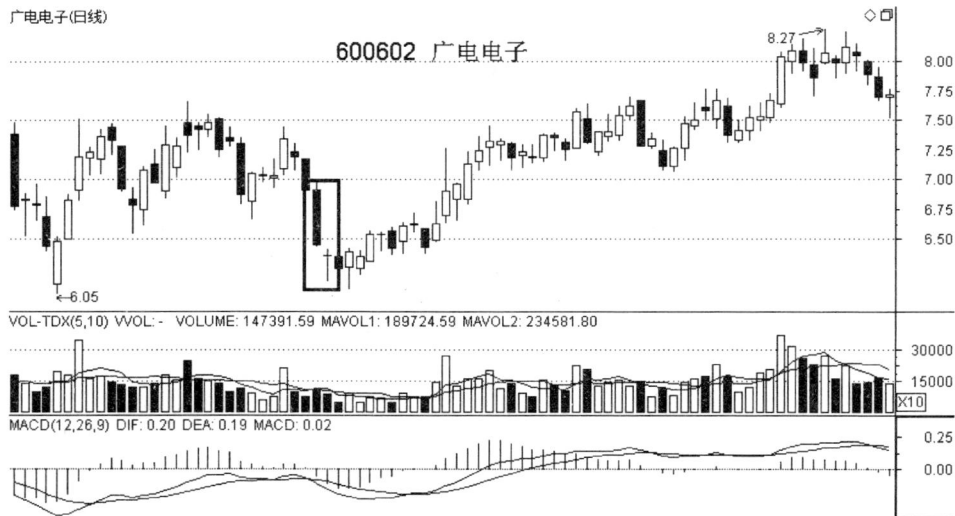

广电电子(日线)

600602 广电电子

VOL-TDX(5,10) VVOL: - VOLUME: 147391.59 MAVOL1: 189724.59 MAVOL2: 234581.80

MACD(12,26,9) DIF: 0.20 DEA: 0.19 MACD: 0.02

图 4-25 向下空跳星形线

九、低价位孕线

这种 K 线形态是指股价经过一连串的阴跌之后，某一日出现了一根大 K 线（阳或阴），而第二日出现了一根短小的 K 线，其涨跌幅度都没有超过前一个交易日的涨跌幅度，这样的 K 线就称为低价位孕线，是一个标准的买入信号，如图 4-26 所示。

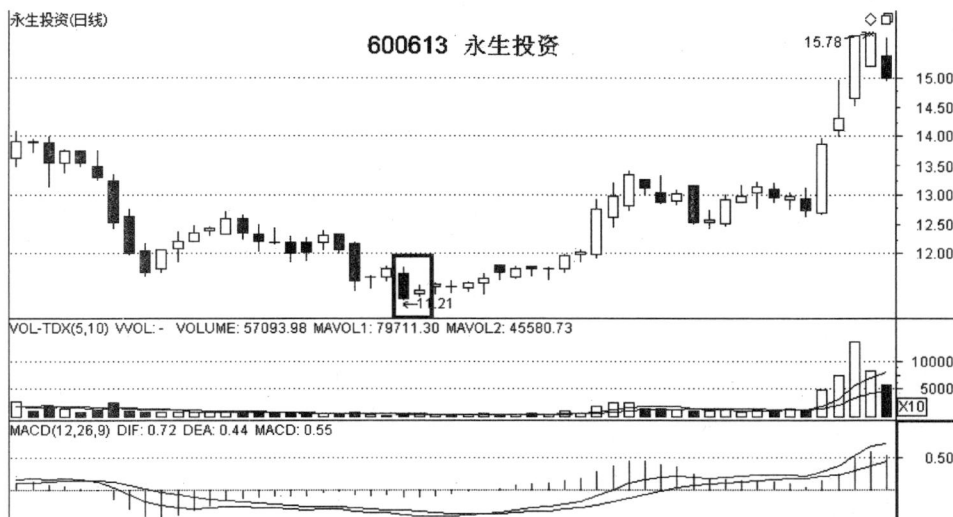

图 4-26 低价位孕线

孕线还包括很多不同的形式，比如阴孕阴、阴孕阳、阳孕阳等形式，都是买入信号。如果是下降途中的孕线，那么是继续卖出的信号，这需要股民判断。

十、低价位开盘秃阳线

这种 K 线形态是指股指（价）经过深幅回调，且在低价位出现地量，如果此时出现开盘秃阳线，就是见底迹象，此后会有一段涨升行情，第二天若继续收阳线，就是最佳的买入时机。虽然低价位开盘秃阳线是强烈的买入信号，但要注意的是该线确实要在底部出现，阳线的实体不宜过长，且第二天继续收小阳线才能买入，若收阴线则宜观望。

十一、"阴阳线夹星"形态

这种 K 线形态是指股指经过深幅调整后在低价位出现一条大阴线，第二天收一向下空跳的小 K 线（阴阳均可），在三日内将该向下跳空缺口补上去并拉出中阳线，称为"阴阳线夹星"形态。该形态的出现表示重要的阶段性底部显现。

日 K 线技术指标中短期、中期、长期指标均印证"阴阳线夹星"形态是非常可靠的买入信号。股指深跌后出现"阴阳线夹星"形态，应买入操作，获利概率颇大。

十二、低价位抱线

这种 K 线形态是指股价在一段持续的下跌后，某一日出现一条短小的 K 线，第二日出现一条长 K 线（阴或阳线），形成包容状态，这样的 K 线形态称为低价位抱线。在股持续下跌后，出现小 K 线表示下跌力量减弱，随后出现的大 K 线图，最高价超过了前一日的最高价，表示买方力量加强，形势利于多方，此 K 线形态不论是阳抱阴、阴抱阳、阳抱阳或者阴抱阴都是买入信号，如图4-27所示。

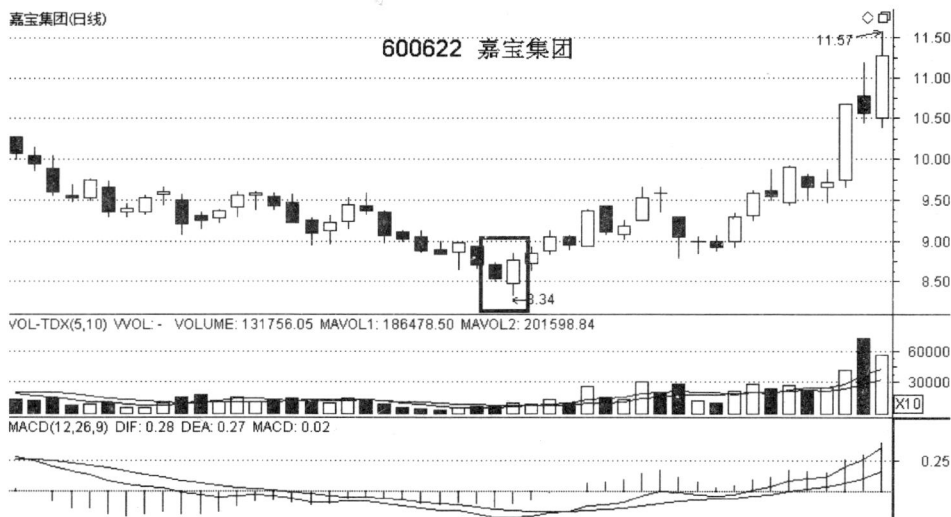

图 4-27　低价位抱线

低价位抱线一般是比较准确的买入信号，尤其是"异性相抱"——阴抱阳或者阳抱阴更加准确。低价位抱线的周抱线比日抱线更加准确，基本可以放心地买入了。但是下降途中的"阴抱阴" K 线组合，一般是反转信号，最好不要介入，如果介入，就要快进快出。

十三、三次触底不穿线

这种情况是指股指（价）经过一段时间的调整后，出现一条向下探底创出新低的 K 线（阴阳不分）。此后，股价就在这一区域波动，每当股指触及这一低点时，就往回抽，再次触及，再次回抽，一连三次探底，均未击穿这一低点，这三条探底的 K 线的出现，表明底部承接力很强，是买入信号。因为这种情况是多方击退空方进攻后的一种犹豫、谨慎心态的反映，所以才能走出"三次探底线"。随着信心的与日俱增，多方由防守到主动进攻，会推动股指上一个台阶，因此"三次触底不穿线"是明显的底部特征，也是难得的买入良机。

十四、底部倒山形三阴线

这种形态是指股价持续了一段时间的下跌之后，收出三根阴线，成倒"山"字形的排列，这就是底部倒山形三阴线，是买入信号。

十五、底部现三大阳线

这种 K 线形态是指股价在底部区域，经过较长时间的盘整，连续拉出三根阳线，叫底部现三大阳线。其在短期有上扬空间，如图 4-28 所示。

图 4-28 底部现三大阳线

这种 K 线形态具有以下几方面的特征：

（1）在股票运行过程中连续出现三根阳线，每天的收盘价均高于前一天的收盘价；

（2）每天的开盘价在前一天阳线的实体之内；

（3）每天的收盘价在当天的最高点或接近最高点。

如果股票在较长时间的横盘整理后出现底部现三大阳线的走势形态，并且伴随着成交量的逐渐放大，则是该股股价回调的前奏，应引起股民密切关注。

十六、向下空跳三段新低值 K 线形态

这种情况是指一日，向下跳空出现一条阴线，并且留下缺口，而第二日、第三日连续出现创新最低值的 K 线（不论阴阳）形态，这种现象就叫向下空跳三段新低值 K 线形态，而最后的一根阳线就是买入点。

在运用该 K 线形态时，投资者要注意向下空跳三段新低值 K 线形态虽然是很强烈的买入信号，但是一定要等到第四日的阳线出现才能买入，否则股价很有可能还会下跌。向下跳空的缺口要判断位置，如果是在高位，或者下降途中，则不能判断，必须是前段时间有个大的跌幅才可。K 线图与 KDJ、量比等指标，以及变化强弱等一起判断会比较准确。

选股有道

投资者在运用 K 线来确定底部买入信号的时候，还要注意将 K 线和其他技术指标相结合来运用，这样才能更加准确地判断买入信号，最大程度减少股民的损失、降低操作风险。

第五节　反转 K 线形态选股

　　反转形态就是向投资者发出的一种市场趋势将要发生转变的信号。股票的市场价格在持续变化且清晰的趋势中运动，趋势一旦发生改变，往往就会形成可识别的"K 线图形态"。无论股价是从高跌到低，还是从低涨到高，投资者都可以通过所谓的"反转形态"，来判别股市何时会发生转向。反转形态最主要的作用是可以让投资者在价格大幅下跌前卖出，在价格大幅上涨前进行回补。以下所列出的 K 线图均为比较可靠的转势形态 K 线图。

一、头肩顶与头肩底形态分析

　　头肩顶以及头肩底是股价走势中呈现得最多的形态，也是最著名以及最可靠的反转突破形态。

1. 头肩顶形态

　　头肩形股价走势是各种各样的股票价格走势图形中最为常见的图形，几乎任何一幅长期走势图都有头肩形股价走势，头肩形股价走势也是转势图形中最重要的一种。"头肩顶"是一个不容易被忽视的技术性走势，从该型态可以观察到多空双方的激烈竞争情况，行情升后下跌，再上升再跌，买方的力量最后完全消失，卖方完全控制市场，如图 4-29 所示。

　　（1）左肩：当股票价格由低点开始扬升，这时候的成交量增加显著，而回落时往往成交量也并不十分明显萎缩，此阶段在整个股价形态中属于高成交区域。

　　（2）头：随后多方又掌握局面，股价经过短暂的回落后，又有一次强力的上升，成交量也随着增加。不过，成交量的最高点较左肩部分，明显减小。股价升破上次的高点后再一次回落，回落期间成交量也同样减少。

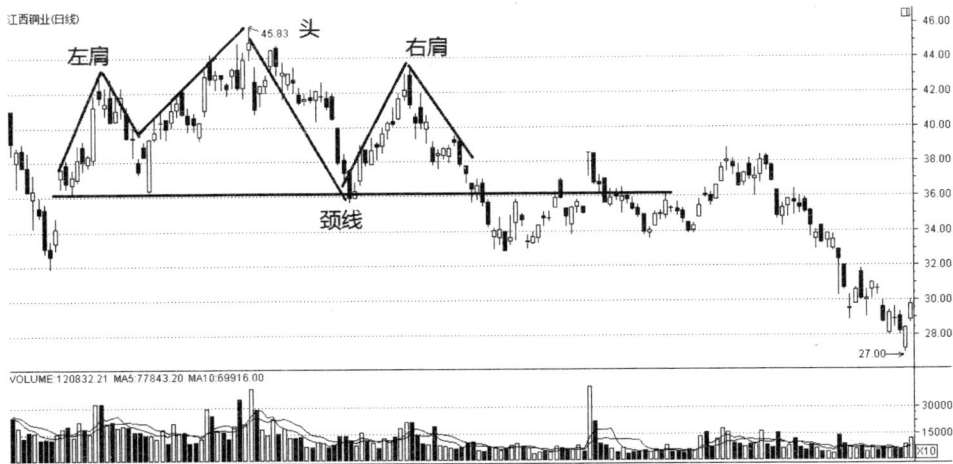

图4-29 头肩顶

（3）右肩：股票价格大幅上涨后，累积的空方力量开始占据上方，形成了股票价格走势的头部，但多方的力量并没有枯竭。股价下跌到接近上次的回落低点又再获得支持回升，可是，股市投资者的情绪显著减弱，成交量较左肩和头部时明显减少，股价没法抵达头部的高点便告回落，于是形成右肩部分。

这是一个长期性趋势的"转向型态"，通常会在牛市的尽头出现。当最近一个高点的成交量较前一个高点为低时，就暗示了"头肩顶"出现的可能性。当第三次回升价格无法升抵上次的高点，且成交量继续下降时，有经验的投资者就会把握机会沽出。当"头肩顶"颈线被击破时，就是一个真正的"沽出信号"，虽然价格和最高点比较，已回落了相当的幅度，但跌势只是刚刚开始，未出货的投资者会继续沽出。当颈线被跌破后，可根据该型态的"最小跌幅"量度方法预测价格会跌至哪一个水平。此量度的方法是从头部的最高点画一条垂直线到颈线，然后在完成右肩突破颈线的一点开始，向下量出同样的长度，由此预测的价格就是该股将下跌的最小幅度。

2．头肩底形态

"头肩底"和"头肩顶"的形状相反，其是将"头肩顶"的整个型态倒转过来，有许多与头肩顶类似的法则，只不过是相反的，如图4-30所示。

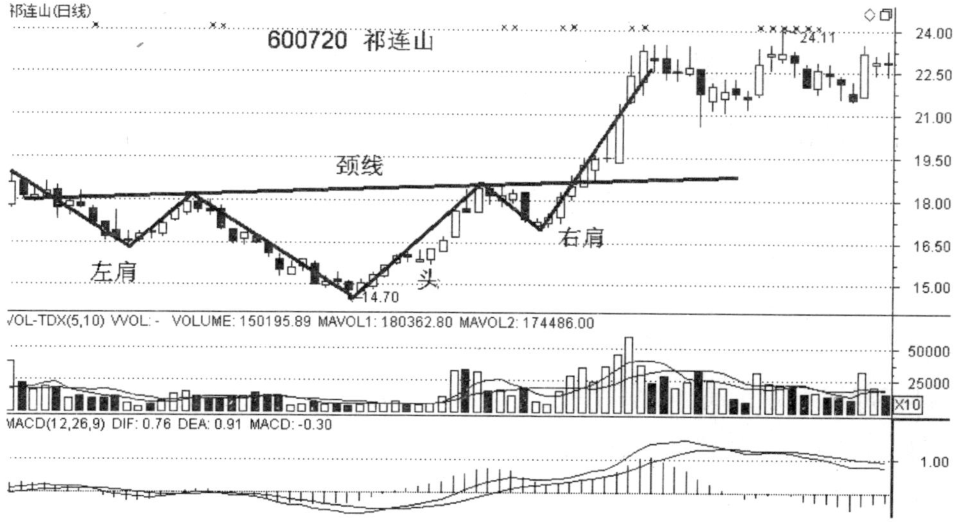

图 4-30　头肩底

　　一般来说，头肩底形态较为平坦，因此需要较长的时间来完成。形成左肩部分时，在下跌的过程中成交量显著增加，在左肩最低点回升时，成交量则有减少倾向。接着股价再次下跌，且跌破上次的最低点，成交量再次随着股价下跌而增加，较左肩反弹阶段时的交投为多。从头部最低点回升时，成交量有可能增加。就整个头部的成交量来说，较左肩为多。

　　当行情回升到上次的反弹高点时，出现第三次价格回落，此时成交量明显小于左肩和头部，价格在跌至左肩的水平后跌势便稳定下来。正式策动形成依次升势，且伴随成交量大幅增加，当其颈线阻力被冲破时，成交量显著上升，整个形态便告成立。该形态又称作"倒转头肩式"走势。

　　头肩底是极具预测威力的形态之一，一旦获得确认，升幅大多会高于其最少升幅。最少升幅的量度方法是：从头部的最低点画一条垂直线到颈线，然后在完成右肩突破颈线的一点开始，向上量出同样的长度，由此预测的价格就是该股将上升的最少升幅。

　　在升破颈线后可能会呈现暂时性的回跌，但回跌不应低于颈线。如果回跌低于颈线，又或是股价在颈线水平回落，无法突破颈线阻力，而且下跌低于头部，这便是失败的头肩底形态。

二、平顶与平底形态分析

1. 平顶线

"平顶线"是指股价上升到高档位置后,出现的两条最高价同值的 K 线,又称"镊顶"或"平头顶"。"平顶线"具有以下几方面的特点。

(1)从图形的形态来看。此图形有多种形态:有一根 K 线为上影线,另一根 K 线为光头的"平顶线";或两条 K 线均为上影线的平顶线;抑或两条 K 线均为光头的平顶线。

(2)从两条 K 线的阴阳来看。"平顶线"的两条 K 线不分阴阳,也就是说这两条线无论是前阴后阳,或前阳后阴,或者前后都是相同性质的 K 线,所显示的见顶信号没有差别,都可以放心操作。

(3)见顶信号。处在高位出现的"平顶线"是非常可信的见顶信号,一般下跌空间较大。

(4)从出现的位置来看。"平顶线"出现的频率很高,任何部位都可能出现,不过只有处在天顶和波段峰顶的平顶线才是可信的见顶信号,在其他部位出现没有意义。

"平顶线"如图 4-31 所示。

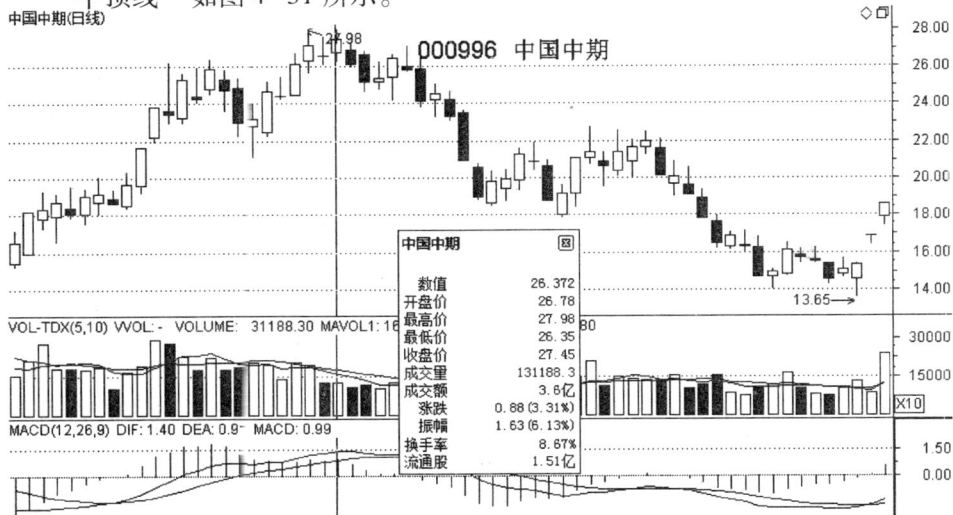

图 4-31　平顶线

在实战操作中，运用"平顶线"一定要注意以下几点：

（1）最佳卖点。"平顶线"的最佳卖点就是形成平顶线的当日。

（2）见顶信号出现的位置。"平顶线"可信的见顶信号是它出现在高位或波段顶部，出现在其他位置没有意义，不一定是卖出信号。

（3）更有效、更可靠的"平顶线"。如果第一条线与第二条线之间相隔一两天，只要相隔的两条 K 线的最高价均为同值也可算作"平顶线"的一种形态。这种形态的"平顶线"比两条 K 线相连的"平顶线"有效性更强、更可靠。因为这种形态的平顶线实际称为"双顶"K 线。通常来讲双顶比两条 K 线相连的"平顶线"的见顶信号更准确，后市股价下跌的可能性要比两条 K 线相连的"平顶线"大得多。

（4）"平顶线"出现的特点。"平顶线"能够连续出现，即第一组"平顶线"出现后，接着又出现第二组"平顶线"，第二组"平顶线"有时高于第一组，有时低于第一组，不过无论高于还是低于，都是强烈的见顶信号。

2．平底线

"平底线"是指股价跌到低档位置后，出现的两条最低价为同值线形成的图形，又称为"锯底"或"平头底"。平底线也有多种形态，如图 4-32 所示。

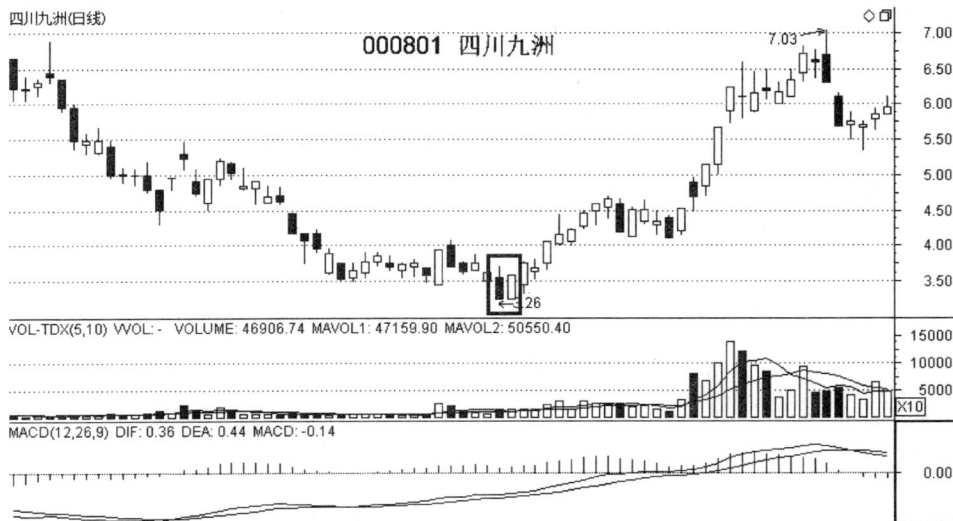

图 4-32　平底线

一般而言，"平底线"有以下几方面的特点：

（1）"平底线"不分阴阳，前阴后阳、前阳后阴或前后均为同性质的图线，所显示的见底信号没有差别，都可以放心操作。

（2）只要是处在低位的两条K线的最低价同值，便是可操作的平底线。

（3）此形态是比较可信的见底信号，根据这个形态做多的投资者，一般能获得5%以上的收益。

（4）平底线出现的频率很高，可在任何部位出现，但是可信的买入信号是处在低价圈或波段底部低点部位的平底线。出现在其他部位的平底线应慎重操作。

在实战中，运用"平底线"进行操作时有以下技巧。

（1）掌握做多的位置。虽然"平底线"可在任何位置出现，但是只有处在大底低位的平底线和处在波段低位的平底线才是可信的做多信号。比如，在下降途中出现的平底线，有时也显示做多信号，擅长短线操作的，可及时进场抢反弹，普通投资者不宜操作。

（2）两种难以区分的"平底线"。有两种难以区分的"平底线"就是在下降行情中出现的平底线与大底低位的平底线。原因为：a. 有些股票在下跌过程中，不容易判断它是处在下降途中，还是已经跌到底部；b. 有些股票一跌就是几年，跌幅可达90%以上，这样的股票，没办法判断它的底在什么位置。

在实战中，投资者可以通过两种方法来区分二者：其一是用股价下跌的幅度进行判断；其二是用前期的低点（包括历史低点）作为判断的根据，若股价跌到前期低点附近，出现了平底线，便可看作是低位平底线，可放心做多。

在上升途中出现的波段低位平底线，则看是出现在哪一波段，只要是出现在第一上升波段或第三上升波段的平底线，都可以大胆操作。在其他位置出现的平底线，则应慎重对待。

（3）中间加有其他K线的平底线。这也是"平底线"的一种，指的是两条K线之间夹有其他K线（一般不超过三条K线），最低价为同值的图形。这种有间隔的平底线，做多信号有时比相邻两条K线形成的平底线的信号更为可靠，可以大胆操作。

三、双重顶与双重底形态分析

双重顶（M 头或双头）和双重底（W 底或双底）是 K 线组合中的两个特殊的反转形态。无论是"双重顶"还是"双重底"，都必须突破颈线（双头的颈线是第一次从高峰回落的最低点；双底之颈线就是第一次从低点反弹之最高点），该形态才算完成。这两种形态都具有以下特点：

（1）在股市中出现的次数较多，影响也比较大；

（2）M 头提示后市有见顶可能，是将要下跌的信号；

（3）W 底与 M 头正好相反，是一种预示将要上涨的信号；

（4）无论 M 头或 W 底，最终都以突破颈线作为有效的标志。

1. 双重顶

一支股票上升到某一价格水平时，出现大成交量，股价随之下跌，成交量减少。接着股价又升至与前一个价格几乎相等之顶点，成交量再随之增加却不能达到上一个高峰的成交量，再第二次下跌，股价的移动轨迹就像 M 字形。这就是双重顶，又称 M 头走势，如图 4-33 所示。

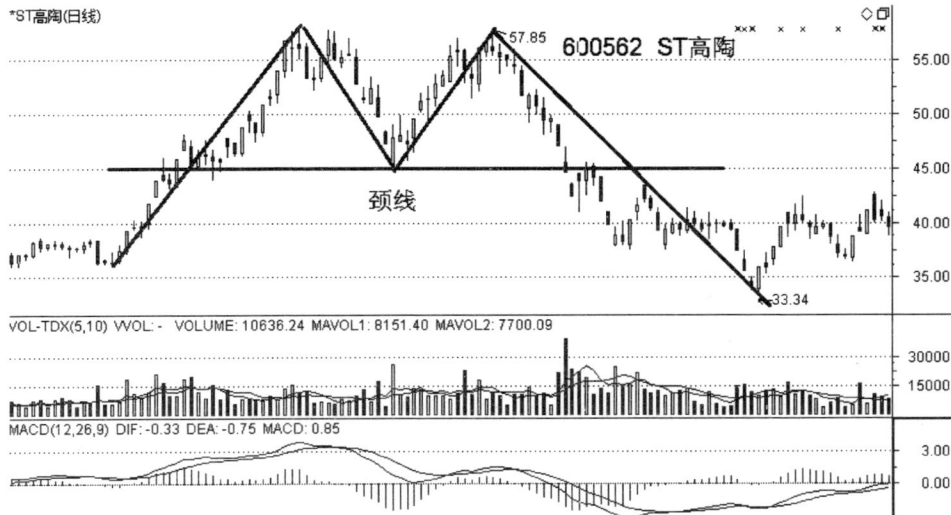

图 4-33　双重顶

在实战中"双重顶"的操作要点如下所述。

（1）最小跌幅的量度方法。双重顶最小跌幅的量度方法是，从突破颈线点开始计起，后市至少会再下跌从颈线到双头连线的垂直距离。

（2）从成交量上来看。从双重顶成交量看，市场的买力已开始转弱，体现在双重顶的两个高峰都有比较大的成交量，不过第二个头部的成交量比第一个头部明显减小。

（3）双重顶跌破颈线时，没有大成交量的配合也可以信赖。

（4）双重顶往往在向下突破后会出现短暂的反方向移动，称为反抽，双头的反抽不高于颈线，则其形态依然有效。

（5）一般来说，双重顶的实际下跌幅度往往是最小跌幅的 1~3 倍。

（6）其他形态中也会出现双重顶。这种形态并不一定都出现在顶部的反转形态中，有时在多头行情的整理过程中，也会出现小型的双重顶形态。

（7）双重顶的两个顶点之间的距离越远，那么形成双重顶所持续的时间就越长，则将来双重顶反转后价格的波动越剧烈，下跌形势更猛。

（8）双重顶的两种类型。双重顶可以分为标准形和复合形两种：标准形就是只有两个顶部；复合形是指有时其左右两边，会出现多个小头的组合顶部，同样是可信赖的反转信号。

2．双重底

一只股票持续下跌到某一水平后出现技术性反弹，但回升幅度不大，时间亦不长，股价又再次下跌，当跌至上次低点时却获得支持，再一次回升，这次回升时的成交量要大于前次反弹时的成交量。股价在这段时间的移动轨迹就像 W 字形，这就是双重底，又称 W 底走势。如图 4-34 所示。

在实战中，运用"双重底"进行操作的要点有以下几点：

（1）两个低点之间的间隔时间。第一个低点和第二个低点之间应有一定的时间间隔，理论上一般应不少于 1 个月，不过在实践中能符合这一条的双重底形态不多，所以只要间隔时间达到 10 个交易日以上即可确认。

（2）成交量。通常来讲，其第二个低点的成交量应小于第一个低点的成交量，当向上突破颈线时，需有大成交量加以配合，成交量太小的突破有可能是假突破。

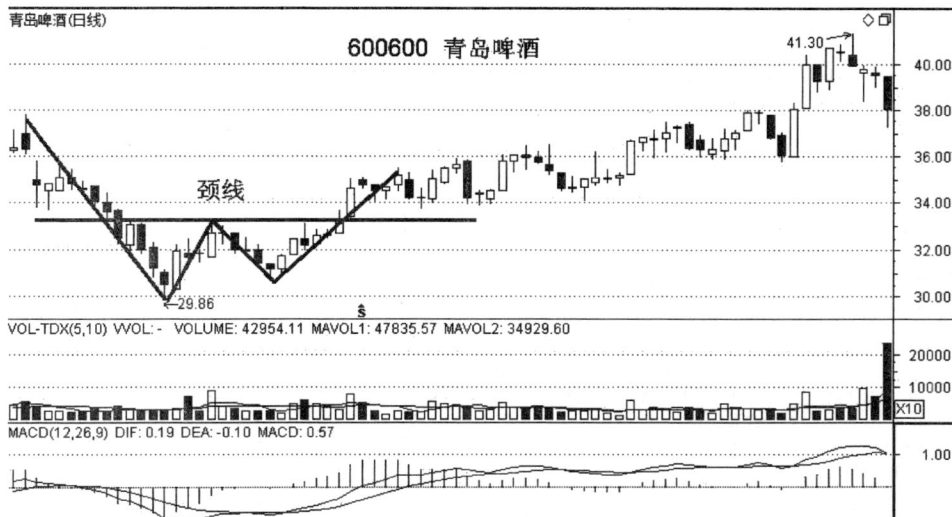

图 4-34　双重底

（3）向上突破的后市理论最小涨幅是双重底的两个低点连线到颈线的垂直距离。

（4）其他技术指标。在形成双重底时，许多常用的技术指标，如 KDJ、RSI、MACD 等，会同时出现底背驰信号，这些指标发出的信号可以帮助投资者确认底部的形成。

（5）双重底与头肩底的区别在于它只有两个底，而且两个低点相近。

四、圆形顶与圆形底的形态分析

1. 圆形顶

圆形顶是指股价呈弧形上升，就算不断升高，其每一个高点升不了多少就会回落，先是新高点比前点高，后是回升点略低于前点，这样把短期高点连接起来，就形成一个圆形顶，在成交量方面同样会出现一个圆弧的形状。

圆形顶的含义为：股市在经过一段买方力量强于卖方力量的升势之后，买方趋弱或仅能维持原来的购买力，使涨势缓和，而卖方力量却不断地加强，最后双方力量均衡，此时股价会保持没有下跌的静止状态；如果卖方力量超过买方力量，股价就开始回落，开始只是慢慢地改变趋势，跌势并不明显，但后期则由卖方完全控制市场，跌势转急，说明一个大跌趋势将来临，未来下跌之势将急转变大；在多空双方拉锯形成圆弧顶期间，影响股价的经济、政治、市场人气、突发消息等各种因素均没有发生，市场只是物极必反的转势心理占据了主导地位，如是个股则是"温水煮青蛙"式的出货情况，如图4-35所示。

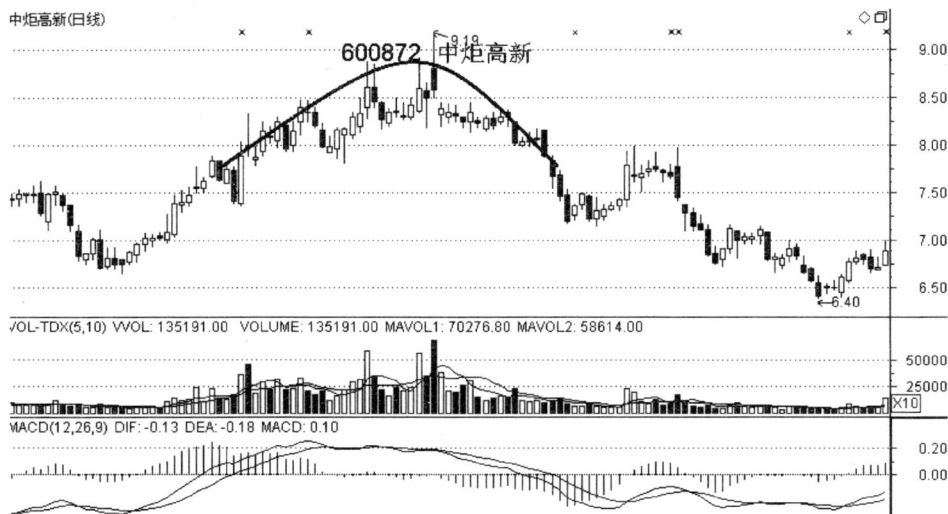

图4-35　圆形顶

圆形顶出现在高价区。圆形顶常出现于绩优股中，由于持股者心态稳定，多空双方力量很难出现急剧变化，所以主力在高位慢慢派发，K线形成圆弧形。

在圆形顶部形成的过程中，成交量巨大而不规则，常常在股价上升时成交量增加，再上升至顶部时成交量反而显著减小，在股价下滑时，成交量又开始放大。

有时当圆形顶形成后，股价并不马上下跌，只反复横盘形成徘徊区域，此徘徊区称作碗柄。一般来说，碗柄很快便会突破，股价会继续朝着预期中的下跌趋势发展。

选股有道

圆顶形态的 K 线技术特征为：股价形成一个圆弧顶，圆弧内的 K 线多为小阴、小阳线，以下跌缺口来确认圆顶形态成立。圆顶形态的技术含义即操作策略为：股价在上涨或横盘整理时出现圆顶 K 线组合，表示多方已无力推高股价，后市很有可能转为跌势。因此，投资者见此 K 线组合应早做退场准备，以保证资金的安全为宜。

2. 圆形底

圆形底是指股价位于低价区时，K 线连线呈圆弧形的底部形态。圆形底与"潜伏底"相似之处在于其同样常出现于交投清淡的个股中，耗时几个月甚至更久，因此具有相当大的能量，这种底部通常是中长期底部，如图 4-36 所示。

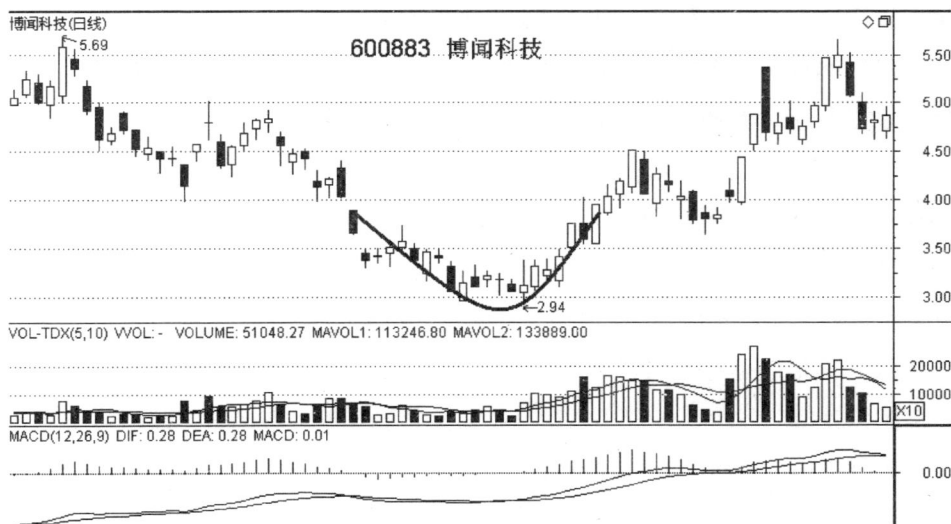

图 4-36　圆形底

圆形底的形态特征：

（1）股价处于低价区；股价变动简单且连续，先是缓缓下滑，而后是缓缓上升，K 线连线呈圆弧形。

（2）成交量变化与股价变化相同，先是逐步减小，伴随股价回升，成交量也逐步增加，同样呈圆弧形。

（3）耗时几个月甚至更久，因此具有相当大的能量，这种底部通常是中长期底部。

（4）圆形底形成的末期，股价迅速上扬形成突破，成交量也显著增加，股价涨升迅猛，往往很少出现回档整理。在圆形底形态形成的结束位置会出现一个平台，随后平台被突破，大幅上升行情开始。

圆形底的形成：

圆形底的形成清晰地显示了多空双方力量消长平缓变化的全过程：

（1）股价从高位跌下来，卖方的势力逐步减弱，主动性抛盘减少，买方力量畏缩不前，于是成交量随着股价下跌持续下降。

（2）股价虽然继续下跌，但买卖双方都已接近精疲力竭，所以股价跌幅越来越小，直至水平发展，同时成交量也极度萎缩。

（3）当股价跌至极低位时，开始有主力机构或先知先觉者入场悄悄地收集，多方力量渐渐增强，股价缓慢上扬，成交量逐渐放大。

（4）最后，收集完成，买方势力完全控制市场，股价迅速攀升，因为底部耗时长、换手充分，所以向上突破后，卖方无力抵抗，往往无须回档，短期升幅便相当惊人。

圆形底形态的选股策略：

（1）圆形底是易于确认和非常坚实与可靠的底部反转形态，一旦个股左半部圆弧完成后股价便出现小幅攀升，成交量温和放大形成右半部圆弧时便是中线分批买进的时机，股价放量向上突破时是非常明确的买入信号，其突破后的上涨趋势往往是迅速而有力的。

（2）由于圆形底易于辨认，有时太好的圆形底反而会被主力利用来出货骗钱。像某些个股除权后在获利丰厚的情况下，庄家就是利用漂亮的圆形底来吸引投资者的。因此，如果公认的圆形底久攻不能突破或突破后很快走弱，特别是股价跌破圆形底的最低价时仍应止损出局观望。

选股有道

圆形底耗时长，所以一般不应过早介入，买入之前必须确认成交量的底部已形成，在连续几日温和放量收阳线之后买入。如果在圆形底形成末期出现整理平台，则应在成交量萎缩至接近突破前成交量水平时及时抢进。

五、V 形底与倒置 V 形形态分析

1. V 形底

（1）V 形底的定义。V 形底，俗称"尖底"，由于形态走势像 V 字形，故而又称 V 形底。V 形底通常是由于恐慌性抛售，股价跌到了偏离股票内在价值的低位，是报复性上涨的结果。它往往是在重大利好消息来临时或是在严重的超卖情况下产生的，可形成短期内价格的剧烈波动。V 形底形成时间最短，是研判最困难、参与风险最大的一种形态。但是这种形态的爆发力最强，把握得好可以在短期内赢取暴利，如图 4-37 所示。

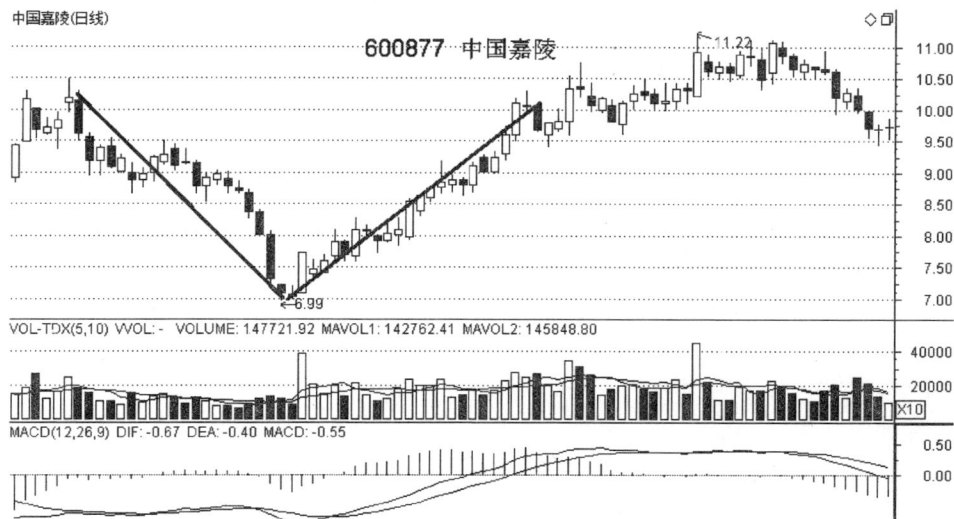

图 4-37　V 形底

（2）V 形底的形态特征。a. 股价在长期下跌途中，开始是缓慢下行，后来跌势开始转急，伴随成交量放大。在下跌到某一低点之后跌势突然被逆转，股价转而大幅上扬，留下一个尖尖的底部。当空头能量彻底释放之后，也就是转势来临之时。随后就是多头力量渐占上风，股价反转向上，V形底形成。b. 股价跌到一定的低位之后，开始引起场外机构资金的关注。在下跌途中，主力会先吸纳一定数量的筹码，然后再将股价打压下一个台阶，所以才会出现放量急挫的现象。当股价创出新低之后，引发大量恐慌性抛盘。此时，主力再反手做多，在低位大量承接廉价筹码，所以股价会很快反转向上。c. 形成反转的当天。日 K 线往往形成十字星、带长下影阳线或大阳线等形态。

（3）V形底的市场含义。在下跌趋势中，市场卖方力量很强，股价持续下落，看空的气氛使得股价下挫的速度越来越快，最后出现恐慌性杀跌，空头能量极度宣泄，当沽售力量消失之后，买盘逢低介入，走势出现了戏剧性的变化，股价触底后便一路扬升形成上涨趋势，市场看好氛围加强，买盘强劲有力，股价上涨的速度越来越快，引发抢购高潮，出现暴涨，以比下跌时更快的速度向上推进，收复所有的失地。

（4）V形底的要点提示。V形底没有明确的量度升幅，一般都会回到原来的起点区域。V形底在转势点必须要有明显的大成交量加以配合，否则形态不能确立；在V形底反转当天，日 K 线往往形成十字星，带长下影阳线或大阳线等形态；V形底的涨势迅猛，常令人意想不到，能在最低点买进的投资者少之又少。

（5）V形底形态的操作策略。在V形底部开始形成之际，投资者要敢于进场抄底，前期下跌的幅度越大，则后市上涨的空间就越大，投资者万万不可停留在"熊市"的思维和心态中，以致错失制胜的良机。V形底不易在图形完成前被确认，因此在遇到疑似V形底的场合，如果投资者已经买进股票，应该随时注意股价的发展，保守一些的投资者，则可等到股价以大成交量突破左肩高点，完成V形反转之形态时再买进股票。

选股有道

投资者还要注意的是，V形走势在反转点必须有明显的成交量加以配合。

如果在反转点没有明显的成交量加以配合，那么说明市场的买盘力度不大。在没有大买盘的承接下，市场要想很快反转，可能性会很小。由于在下跌阶段，市场中卖方的力量很强，使得股价持续下挫。当这股力量消失之后，买方的力量完全控制整个市场时，才使得股价出现戏剧性的回升，几乎会以下跌时同样的速度收复所有的失地。这种形态的爆发力极强，如果投资者能够把握好，可以迅速从中获得暴利。

2. 倒置 V 形

（1）倒置 V 形的概念。倒置 V 形出现在涨势中，上涨的速度越来越快，突然触顶暴跌，其形状像倒置的 V 字形，转势点的成交量会异常放大，如图4-38所示。

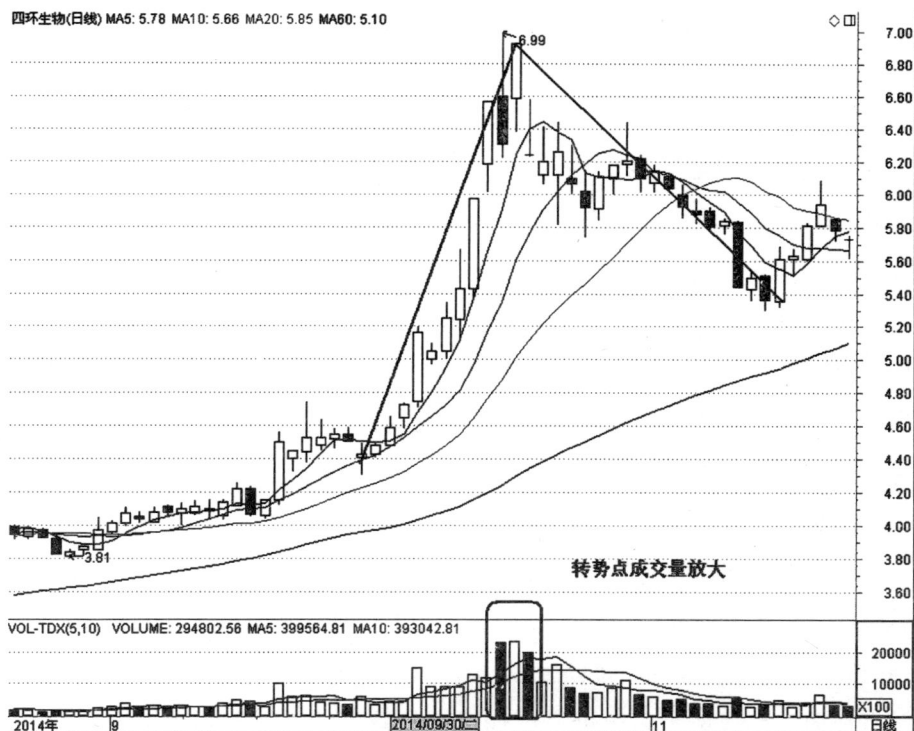

图 4-38 倒置 V 形

倒置 V 形顶的形成周期较短，有时短得不可思议，有一种可能是出现在流通市值较大或中型流通盘之中，在正常的上升趋势运行格局中个股或大势出现突发性利空，尤其是在系统性风险不期而遇、场外资金庆幸观望时，场内资金反手沽空，恐慌性涌出。迫于无奈的主力更不愿浪费银子堆起一座山头，于是大难临头各自飞，多头军人仰马翻，股价应声而跌，急转直下，短时间内倒置 V 形顶即可形成。而筹码演化有这种可能，即随行情反复攀高。获利区筹码在尚未全线上移之际，股价却回落至原底峰区域，该股价的泡沫被挤出，有时连脂肪也被挤出。可谓是矫枉过正或价值回归，只剩下骨头了。

（2）倒置 V 形的特征和技术含义。倒置 V 形的特征是：出现在涨势中；上涨的速度越来越快，突然乌云压顶，出现快速下跌，其形状像个倒置的 V 字；转势点的成交量特别大。倒置 V 形的技术含义是：触顶暴跌，是卖出信号。当倒置 V 形出现时，投资者应及时停损离场。倒置 V 形走势一旦形成，股价回落速度很快，仅几天或一两个星期股价跌去大半是常有的事，对此投资者一定要有心理准备。

（3）涨势中倒置 V 形走势的产生。在涨势中，股市看好的气氛使股价节节上扬，但这些追涨的力量多为短线行为，一旦要买的都买了，后期买方力量出现空缺时，危机就出现了。

短线客见股价涨不上去就会沽空，将筹码卖出，之后这种现象愈演愈烈，市场迅速逆转，以几乎等同于上涨时的速度快速下跌。于是就产生了倒置 V 形走势。作为头脑清醒的投资者，一旦发现这种情况，股价下跌的速度会十分迅速，晚走一步损失就会很大。所以，从发现起，持股的投资者就要进行减仓操作，如果该股价继续下跌，就得狠下决心全部抛空出局。

（4）倒置 V 形的操作策略。长期筑底之后，转势初期倒置 V 形出现在廉价底峰区域，不必看作中期头部的形成。在上档套牢盘寥寥无几的格局下，顺势回落整理中，应择携量的收复线适量介入。该形态出现时，廉价密集底峰之上没有任何套牢筹码可言，可考虑加重仓位看好后市。上升途中出现倒置 V 形距底峰筹码区域不超过20%并且该股筹码始终保持稳定的状态，看作中期调整的头部条件尚不成熟，场内资金仍要谨慎，并看好后市。胆大的投资者可在该信号出现后的回调低点（最接近底部区域时）加码买进。大幅上涨行情后期，随着量能的逐步放大，股价也会加快上升的速度，如果倒置 V 形距各路中短期均线乖离偏大，有经验的投资者不等获利区筹码上移，便可进行减磅操作。届时，随天量的出现伴有筹码重仓下移，敏锐的投资者应随其减持，如果获利区筹码大量增加，最好出局。下跌行情初期携量的长阴线在倒置 V 形形成时，就可发现股价在下降的跌途中原有获利筹码基本消失或荡然无存，是后知后觉者拨足狂奔的时候。在高位的携量长阴中伴有获利区筹码大量减少，不管以什么形态盘顶，依筹而为者均可看作中期调整的开始，决不可抱有浪漫的幻想缠绵其中，不思退场。下跌途中和长期横盘格局内出现缩量的倒置 V 形。该信号以上仍然集结着大量的套牢筹码峰，不可作为重要的参考资讯来决策进退。

Ⓚ 选股有道

在倒置 V 形中，如主力动向指标并未伴随疲软的走势大幅回落，说明庄家并未全身而退。那么该行情的恢复无疑需要较长的周期，以重新积累廉价筹码消耗上档被套盘为主要演化格局。

六、潜伏底形态的分析

1. 潜伏底的定义

"潜伏底"又称"一条线"，顾名思义，就是指股价长时间在一个极狭窄的范围内横向移动，每日股价的高低波幅极小，且成交量亦十分少，在图表上形成一条横线般的形状，此形态称为潜伏底，又称为线形底（Line Bottom）。潜伏底一般耗时较长，从数月到数年不等，但是一旦向上突破，往往很少会回调，其涨幅常以倍数计，如图 4-39 所示。

2. 潜伏底形态特征

（1）窄幅下落。潜伏底形成时，股价先反复下跌，后有一段时间于低位在一个狭窄的区域内上下波动，每日的高低价波幅极小，成交量方面也见稀疏，每日成交可能只有几手，甚至没有。

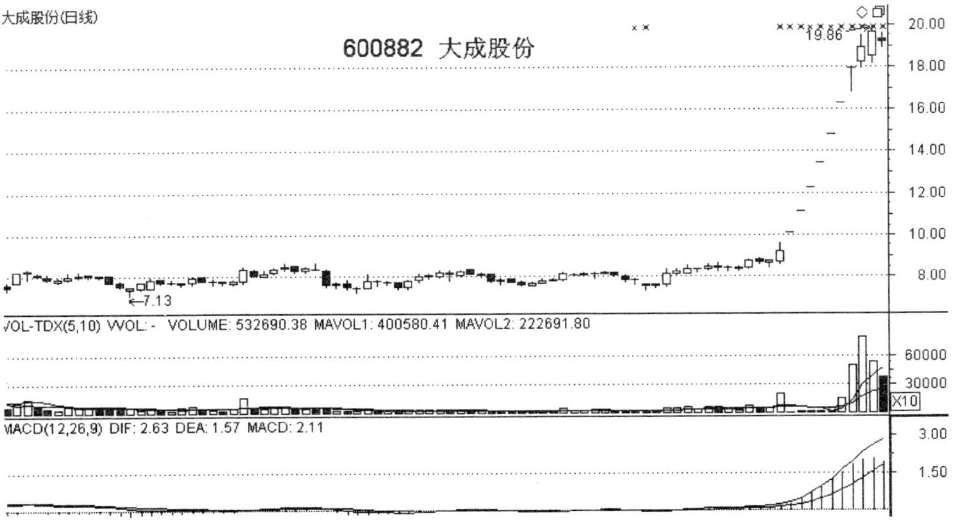

图 4-39　潜伏底

（2）多在低价股中发现。潜伏底多发生在低价股中，主要是因为这些公司前景一般或盈利平稳欠惊喜，但又缺乏坏消息的冲击，令已持有股票者找不到急于沽售的借口，而有意趁低收集者又不急于追涨，在低位做耐心的累积货源以等候机会。

（3）波幅突然增大，成交活跃。当股价横盘多时（至少达一个多月的时间）后，股价波幅突然增大，成交也见活跃起来，而且配合市场传出或被证实对公司利好的消息，如盈利巨增或接收大订单等，皆可视为摆脱潜伏底的突破信号，预期股价将会爆炸性地上升。

3. 潜伏底的市场分析

潜伏底大多出现在市场交易平淡之时，及一些股本少的冷门股中。由于这些股票流通量小，而且公司不注重宣传、前景模糊，结果受到投资者的忽视，稀少的买卖使股票的供求十分平衡。持有股票的投资者找不到急于卖出的理由，有意买进的投资者也找不到急于跟进的理由，于是股价就在一个狭窄的区域里缓慢地波动，既没有上升的趋势，也没有下跌的迹象，表现令投资者感到沉闷，就像是处于冬眠时期的蛇虫，潜伏不动。最后，该股突然出现不寻常的大成交量，原因可能是受到某些突如其来的消息，例如公司盈利大增、分红前景好等的刺激，股价亦脱离潜伏底，大幅向上扬。在这潜伏底中，先知先觉的投资者在潜伏底形成期间不断地在做收集性的买入，当该形态被突破后，未来的上升趋势将会强而有力，而且股价的升幅甚大。所以，当潜伏底明显向上突破时，值得投资者马上跟进，跟进后其利润十分可观，且风险很低。

4. 潜伏底的选股策略

（1）不要"走漏眼"。潜伏底形态的个股通常成交量很小，股价变化不大，容易被投资者忽视。然而，一旦爆发，涨幅相当惊人。避免"走漏眼"的一种有效方法，是将日 K 线显示窗口的时间放大到半年甚至 1 年以上，这样容易发现股价波幅小，日 K 线呈"一条线"形态的个股。

（2）不要过早介入。潜伏底耗时较长，而且在向上突破之前，也许真的是一支毫无希望的弱势股。有些投资者在潜伏底的构筑过程中，因过早介入，受不了股价半死不活的长时期的折磨，在股价发动上攻行情前离它而去，这是很可惜的。因此潜伏底的入市时间应选择在股价放量上冲这一阶段。

（3）不要不敢追涨。潜伏底一旦爆发，上攻势头十分猛烈，常常会造成连续逼空的行情，而多数投资者对潜伏底爆发出来的直蹿行情不知所措，一看连续拉出的大阳线就不敢再追涨了，这是错误的。有投资者认为，潜伏底往上发动时，只要股价上涨幅度不超过 50%，成交量保持价升量增的态势，就可以追涨。若涨幅超过 50%，可等其回档时再吸纳。潜伏底上扬时往往会出现大阳线后再拉大阳线，超涨之后再超涨的现象，这是潜伏底往上突破的一个重要特征。因此在潜伏底涨升的初期，追涨应该是一个比较好的选择。

选股有道

投资者投资时应注意潜伏底的分析要点：通常潜伏底出现在交投不活跃的股票中。投资者必须在长期性底部出现明显的突破时方可跟进。突破时的特征是成交量激增，价格每日的高低波幅增大。在突破后的上升途中，必须继续维持高成交量。在周 K 线图和月 K 线图中，该形态依然适用，而且和日 K 线图具有同样的分析意义，不过其成交量的变化则较难辨别出来。

以上介绍了反转的主要形态，投资者在准确判断和掌握不同的反转形态之前，必须要了解反转形态必须具备的条件：在股市中事先确有趋势存在，是所有反转形态存在的前提；现行趋势即将反转的第一个信号，经常是重要的趋势线被突破；形态的规模越大，则随之而来的市场动作越大；顶部形态所经历的时间通常短于底部形态，但波动性较大；底部形态的价格波动通常较小，但其酝酿时间较长；交易量在验证向上突破信号的可靠性方面，具有参考价值。

第六节　K线缺口选股

一、认识K线缺口

所谓的K线缺口，就是相邻两根K线的实体之间出现的"跳空"，指数或股价在运行途中在这一中空区域没有成交记录。缺口是股市中常见的一种反常现象。说它常见，是说在大盘运行中，每年都会出现一些大大小小的跳空缺口，敞开几个点的小缺口不论，几十点甚至上百点的大缺口几乎每年都可见到几次，至于个股产生的形态各异的缺口就更是多如牛毛了；说它反常，是因为它的出现脱离了股指或股价的连贯性，破坏了股指或股价原有的正常运行轨迹，打破了股价的相对平衡，使股价运行由连续式变为跳跃式。缺口出现的原因，一般为突发性利多或利空消息刺激所致，在大量的买单或卖单的强力作用下，股指或股价脱离原有的形态产生的一种飞跃。

二、缺口的意义

缺口如同多、空双方挖的战壕，争斗双方会在这里对峙一段时间。但一方一旦发力突破并稳住了阵脚，就会乘胜追击，而败方或且战且退，或败如山倒。但胜利的一方若追击过远，则往往会面临严重的补给问题，要么主动后退，要么其前线防御被对方攻破，当曾经的胜方退至该战壕时，往往又会建立据点、严防死守，期望重新夺回阵地。所以，跳空缺口处往往是曾经的胜方回撤时的重要支撑位，一旦被对方突破，这个支撑位就会变成阻力位，使曾经的胜方难以逾越，这就是跳空缺口处为什么常常会出现激烈争夺的原因。

除了专业人士外，一般股民对缺口似乎兴趣不大，对缺口产生的意义也认识不深。其实，从股市发展趋势看，缺口的出现，往往标志着新突破的开始。以缺口为依据选择买卖股票的时机是安全有效的操盘方法之一。一个缺口在成为一方的支撑位时，就必然是另一方的阻力位；同理，一个缺口在成为一方的阻力位时，也必然是另一方的支撑位。每发生一个缺口都令进攻方雀跃，但每回填一个缺口则令退回方恐惧，缺口是很多技术分析者极其关心的部位。短期内缺口即被封闭，表示原先取得优势的一方缺乏后劲，未能继续向前推进，由进攻改为防守、处境不利；长期存在的缺口若被封闭，则表示价格趋势已经反转，原先主动的一方已经变成被动的一方，原先被动的一方则控制了大局。

缺口在方向上分为向上跳空缺口和向下跳空缺口两种；在意义上可分为普通缺口、突破缺口、持续缺口、衰竭缺口四类，投资者可通过对各类型缺口的研究判断出股价的走势，以此作为买入股票的根据。

但是要记住一点：缺口过于频繁地出现，会降低有效性。

三、缺口的类型

1. 普通缺口

在股价变化不大的成交密集区域内出现的缺口，称为普通缺口。该缺口一般不大，这种缺口通常发生在耗时较长的整理形态或者反转形态中，出现后很快就会在几天内填上。普通缺口由于回补时间短，仅在某一价格区域内运行，并无大的方向性，一般可作为短线"吃差价"时运用。跳空、高开时适时抛出股票；回调补缺口时买进股票以降低成本。若在股价跳空低开时果断吸纳，一旦向上回补缺口再卖出，可赚取"缺口差价"。一般而言，普通缺口可忽略不计，如图4-40所示。

2. 突破缺口

突破缺口通常发生在重要的价格区，在成交密集的反转或整理形态完成之

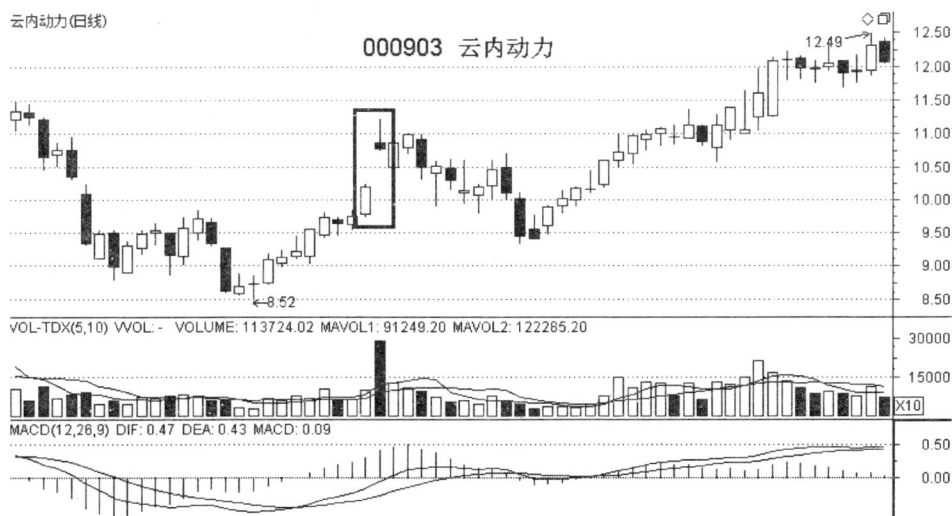

图4-40 普通缺口

后，若股价突破阻力或跌破支撑时出现大幅度上涨或下跌所形成的缺口，称为突破缺口。如横向整理到需要一举突破支撑线（或阻力线）的时候，或者头肩顶（底）形成之后需要对颈线进行突破的时候，或者对重要趋势线及移动平均线进行跨越式突破的时候，就常常会出现突破缺口。它反映着群体的一致思维和意愿，也预示着后市的价格变动会更大、更快。由于突破缺口是在突破重要价格区间时发生的，所以此处不看好突破的抛盘将全被吃掉，而看好突破的抛盘则高价待售（上升突破时），因此买盘不得不高价成交，由此形成向上缺口（这里常常伴随着较大的成交量）。这种重要区域的突破一旦成功，其跳空缺口往往不易被完全封闭（指价格又回到了突破之前）。如果该缺口被完全封闭，价格重新回到了缺口下方，那么说明原先的突破并不成立。突破缺口的出现一般视为股价正式突破的标志。根据突破缺口进行操作是把握股市大方向的重要手段。当大盘打破僵局向上跳空突破时，表明后势仍有可观的上升空间，非但不应卖出手中的股票，最初的回落首先应考虑买进。反之，向下突破出现时，果断平仓是理智的做法，如图4-41所示。

3. 持续缺口

在突破缺口发生之后，如果市场前进趋势依然明显，一方推动热情高涨，

津滨发展(日线)

000897 津滨发展

7.57

7.50

7.00

6.50

6.00

5.50

5.00

4.50

4.00

←3.95

VOL-TDX(5,10) VVOL: - VOLUME: 3122692.25 MAVOL1: 1650127.63 MAVOL2: 1197151.00

30000

15000

X100

MACD(12,26,9) DIF: 0.42 DEA: 0.25 MACD: 0.35

0.25

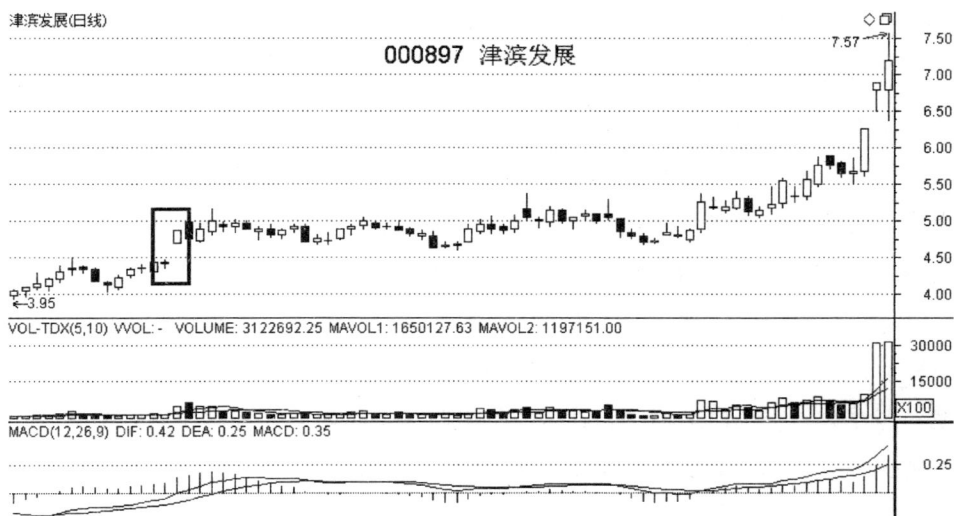

图 4-41 突破缺口

那么价格会再度跳跃前进，形成一个跳空缺口或一系列跳空缺口，即为持续缺口。此类缺口常常是以中等的交易量来完成的，它说明趋势发展。在上升趋势中，它的出现表明市场坚挺；在下降趋势中，则显示市场疲软。如同突破缺口一样，持续缺口将成为此后市场调整中的支撑区，它们通常也不会马上被封闭。如果价格重新回到持续缺口之下，则对原有趋势不利。

一般来说，在突破缺口发生之后，第二个明显的缺口往往是持续缺口而不是衰竭缺口。持续缺口的出现，意味着行情将会突飞猛进，持续缺口也有较重要的分析意义，只要我们能够分辨出来，便可以从中量度未来股价变动的幅度。这类缺口的出现表示后市将会继续现有的趋势，而未来的升幅或跌幅将很可能达到该缺口与突破口的距离那么大。如果出现了几个持续缺口，则价格运动空间的预测变得困难，但也意味着衰竭缺口会随时来临，或其本身的最后一个"持续缺口"就是衰竭缺口。

4. 衰竭缺口

继突破缺口、持续缺口后形成的一个缺口，一般来说，此时缺口跳空的空间要明显小于前两种形态，通常显示这一轮行情的结束，股价即将进入整理或反转形态。在突破缺口和持续缺口均已清晰可辨，同时测量的价格目标已经到达后，很多人就开始预期衰竭缺口的降临。在上升趋势的最后阶段，价格往往会随着盲从者的疯狂进入另一个喷发期，但清醒的交易者则开始平仓了结了。随着主力的平仓动作，衰竭缺口后往往会出现一段时间的价格滑落，并伴随着巨大的成交量。当后续的价格低于这个最后的缺口时，则意味着衰竭缺口已经形成，后市开始回撤。但衰竭缺口出现后，价格不一定就在当日反向，往往还会继续走高，但它预示着价格将在最近一段时期内回撤，最后的疯狂该结束了。但是，当缺口达到 3 个或 3 个以上时，在没有出现回撤并对前一缺口进行封闭前，很难知道哪一个缺口是衰竭缺口。只有从测量目标中获得一点儿答案，即在第二个缺口来临后，其后的价格运动空间如果没有达到从被突破的地方到这个缺口之间的距离，那么，在此阶段出现的第三个缺口就很有可能是持续缺口，直至所测量的目标达到为止，如图 4-42 所示。

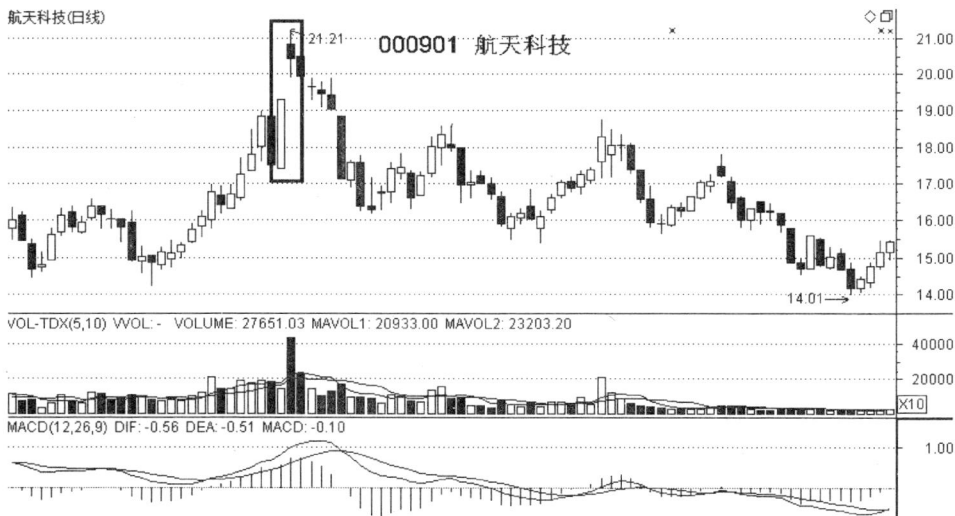

图 4-42　衰竭缺口

选股有道

利用缺口选股要注意以下三个问题。

1. 注意缺口的性质

注意缺口的性质，即弄清向上或向下跳空是属于普通缺口还是突破性缺口。主要是看成交量、缺口大小和 K 线形状。一般来说，成交量与力度皆弱的小缺口为普通缺口，可不予理会，反之，如果在重大利好或利空的当天出现的较大缺口，并伴随有成交量的放大和实体较长的 K 线，则可认为是突破性缺口。

2. 注意缺口的连续性

一般情况下，在向上或向下的中长期趋势中，基本上会出现分布均衡，位置分别处于头部、中部和尾部的三个连续性缺口，即前面提到的突破缺口、持续缺口和衰竭缺口。出现向上突破缺口时，应在第一缺口买，第三缺口抛；出现向下突破缺口时，应在第一缺口抛，第三缺口买。

3. 注意缺口的时间性

按正常说法，出现跳空缺口后长时间不回补，则说明其力度较强，上升中可持续持筹，下跌中耐心等待底部建仓。若一旦在短期内回补，则应引起高度警觉。对缺口的辨认与识别，亦应灵活掌握，切忌教条行事。

缺口理论适合于解读大盘，对于那些流通盘比较大或市值比较高的股（这些股往往只有主力，没有庄），在放量上涨或下跌过程中出现的缺口也可以考虑用缺口理论来解释。但对于那些小盘股或庄家已控盘的股，分析缺口的意义不大。

第五章
分时看盘分析选股

第一节 开盘 15 分钟选股

一、开盘 15 分钟概念

开盘 15 分钟是指早盘开盘的（9：30 ~ 9：45）也就是早盘开盘的第一个 15 分钟的时间区间。主力往往会在早盘开盘 15 分钟就确定一天股价走势的基调。一般情况下有以下两种情况。

（1）当天强势主力会在本时间区间内迅速拉高股价，造成上涨声势。由于市场投资者还未反应过来，因此，股价的拉升不会遭遇到较大的抛盘打压，主力可以以迅雷不及掩耳之势打开当天的价格空间，为接下来的行情发展打下基础。

（2）如果主力在早盘迅速打压，则会给盘面造成恐慌性杀跌气氛，由于散户来不及抛售，大部分会中了主力操盘的圈套。

当然，如果股价处在上升通道之中，则是主力早盘借机震仓洗盘，是临盘低吸阻击的好机会。如果股价已经进入了大涨之后的头部或下降通道之中，则是主力杀跌出货，不可参与。

在交易日内的 9：15 ~ 9：25 为开盘集合竞价时间，9：30 ~ 11：30、13：00 ~ 15：00 为连续竞价时间，开市期间停牌并复牌的证券除外。根据股市的发展需要，经证监会批准，可以调整交易时间。关注集合竞价时的个股表现，一般而言，看集合竞价是开盘价——高开、低开、平开的哪种形态，尤其要重视是否高开，高开说明主力有备而来，是主力盘中有可能展开实质性攻击的征兆，高开缺口在 1.5% ~ 3.8% 左右最为理想，实战中可以对 K 线形态蓄势充分，呼之欲出之感的个股展开集合竞价、买进策略，以争取实战主动权。实战统计表明，66% 的中大阳线都具有明显的高开做盘征兆和痕迹。图 5-1 所示为双汇发展 2014 年 12 月 23 日的分时走势图。

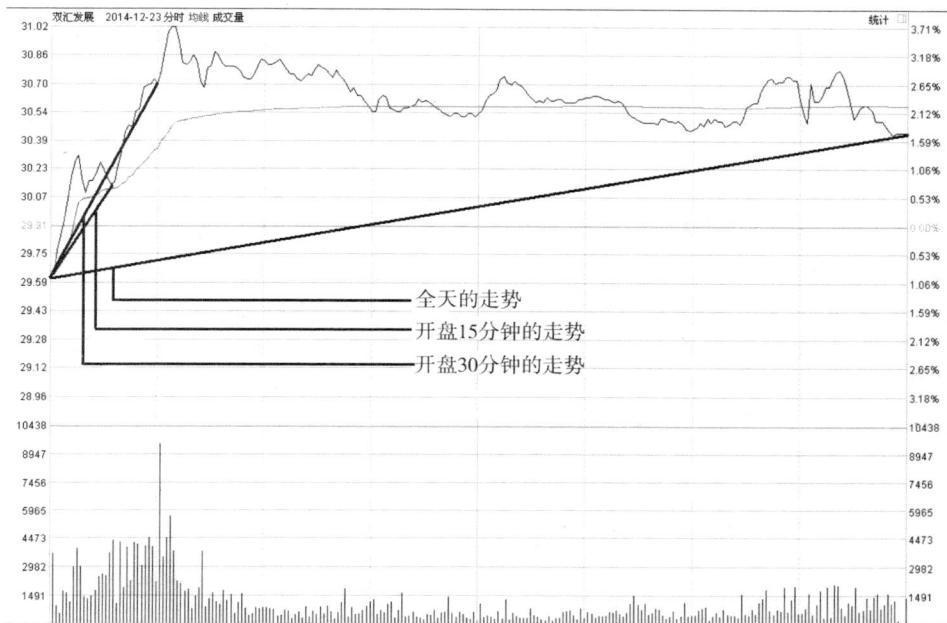

图 5-1　开盘 15 分钟的走势对全天的走势影响极大

　　俗话说，"一日之计在于晨"。而在股市中，开盘后的股价走势对全天的影响也非常重要。因此，对早盘的分析、抓住早盘的行情就显得至关重要了。掌握开盘 15 分钟的走势必为股市赢家。最重要的时间输赢都在一瞬间，请散户投资者多把握。操作技巧如下：短线操作者，开盘后必须立即查看委托买进笔数与委托卖出笔数的多寡，研判大盘究竟会涨会跌。一般而言，如果一开盘委买单数量是委卖单的两倍以上（如买单 10 万张，卖单 5 万张），则显示买气十分旺盛，做多胜算较大，短线操作者可考虑买进，待股价拉高后立即于高价位抛出获利；相反，若卖单数量是买单的两倍以上，则代表空方卖盘力度十分强大，当日沽空比较有利，开盘应立即卖出手中的持股，逢低再补回。

二、开盘 15 分钟的技术成因

开盘 15 分钟 K 线技术走势的形成，有以下几个因素：

（1）昨日在盘中已经形成上涨的价格趋势，早盘借势继续攻击性上涨。

（2）前几日已经形成震荡攀升的价格趋势，早盘趁势展开加速上涨。

（3）股价在昨日于重要支撑位反复震荡止跌，早盘展开技术性反弹。

（4）上市公司突然发布利好消息，刺激早盘高开高走展开上涨趋势。或者上市公司公布利空消息，从而导致早盘低开低走持续下跌。如2014年11月28日，前夜国际原油期货价格暴跌，盘中跌幅一度超过8%。至收盘，美国NYMEX原油期货跌5.8%，报69.43美元/桶；布伦特原油期货收盘暴跌6%，报73.09美元/桶。受此消息的影响，交运板块早盘掀起涨停潮，南方航空、海南航空、东方航空、中国国航、中国远洋集体涨停。中国国航当日开盘5分钟即涨停，如图5-2所示。

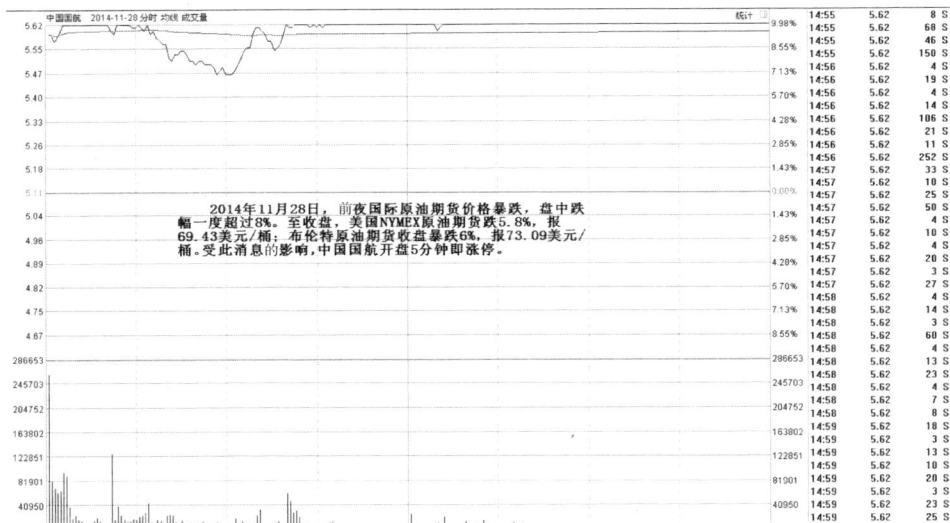

图5-2　中国国航开盘5分钟即涨停

三、主力操盘计划判断

早盘开盘后15分钟是一天交易的开始，也是对当天交易定性的敏感时间段，因而，第一个15分钟K线结构形态也基本决定了当天价格走势的运行方向。我们知道，盘中所有的价格走势的剧烈异动行为均是主力机构操作盘面的结果。早盘开盘后15分钟是多空第一回合较量的结果，是否走出早盘分时走势经典买点形态，是早盘看盘的关键，是实战介入与否的图表信号，如出现分时买点，早盘最佳入场时机来临。早盘开盘后 15 分钟的价格波动状态基本就能反映出主流机构当天的操盘计划，主要有下述几方面的内容。

1. 当股价运行在上升通道之中

5 日均线、10 日均线、30 日均线形成金叉向上趋势，成交量持续放大，换手率较高，说明主力已经在有计划地拉高股价的操盘过程之中。如果当天早盘开盘后 15 分钟放量上涨收大阳 K 线，则表示主力当天有加速推动股价的动作；如果当天早盘开盘后 15 分钟放量上涨收带长上影线小阳 K 线，则表示主力当天将以见顶回落的操盘动作为主。图 5-3 所示为神奇药业 2015 年 4 月 22 日个股分时图，开盘后 15 分钟收大阳线，当日涨停。

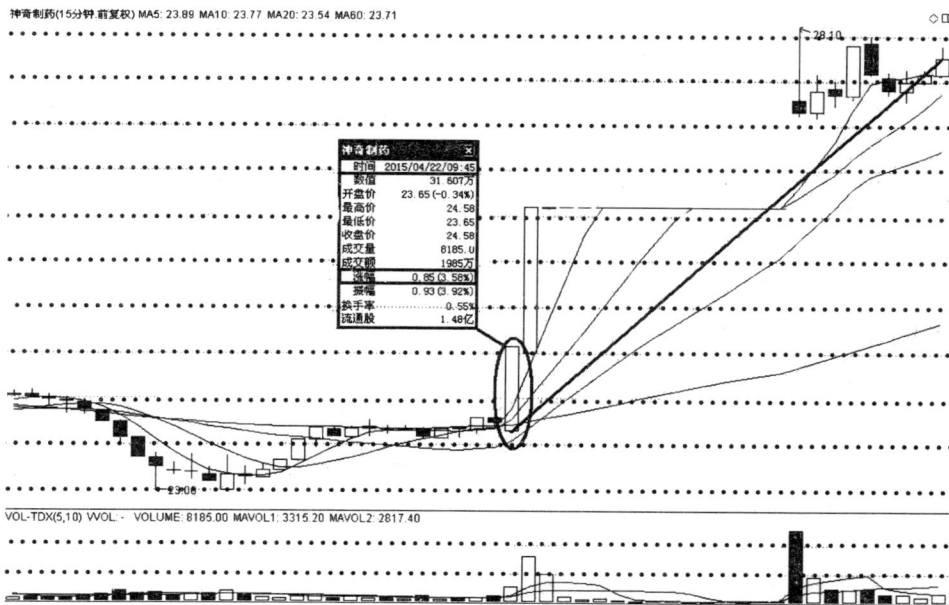

图 5-3　开盘后 15 分钟收大阳线当日涨停

2. 当股价运行在下降通道之中

5 日均线、10 日均线、30 日均线构成死叉下跌趋势，成交量持续减小，说明市场惯性下跌还在继续。当天早盘开盘后 15 分钟放量上涨收大阳或中阳 K 线，则表示有短线游资主力入场抄底实施技术性反弹。

3. 股价经过一轮大跌之后，在底部区域反复震荡整理，形成较好的底部特征

30日均线由最初的向下状态转变为走平，成交量温和放大。当天早盘开盘后15分钟放量上涨收大阳线，则表示主力当天有加速拉升向上突破的操盘动作。

四、选股方法

（1）开盘前，把通过各种途径所得到的可能上涨的个股输入电脑的自选股中，进行严密监控。待到开盘价出来后，判断当日大盘走势，如果大盘走势有做短线的条件，就可选个股了。在大盘反复震荡，趋势不太明朗的行情中，以流通盘最小的品种优先，流通盘大的品种仅作为备选股；以前几日温和放量的品种优先，以初次放量的品种备选。

（2）从个股中选出并记下首笔交易量大、量比大的个股。

（3）然后对这些个股的技术指标作出评价，选出技术上支持上涨的个股。

（4）如果当日开盘后15分钟涨幅排名中，出现板块性行情特征，则应以当日上涨幅度最大的个股为重要目标，因为该股极有可能是领涨龙头；如果当日开盘后15分钟涨幅排名中，没有出现明显的板块行情特征，则也应以上涨幅度较大的个股为重要目标。

（5）开盘成交时，密切注意以上有潜力的个股，若成交量连续放大，量比也大，则观察挂出的卖单是否都是三四位数的大单。如果该股连续出现大单上攻，则应迅速打入更高的买入价。

（6）通常来说，股价开盘上冲10多分钟后，都会出现回档，此时再看准个股买入，该股往往就是当天的黑马股。

（7）当大盘受头一天晚上利空消息的影响出现大幅跳空低开时，而某些个股出现高开或平开时应纳入视线，在开盘后15分钟内对其进行密切跟踪。

五、选股特别提醒

（1）当日开盘后15分钟大阳线出现时，如波段涨幅达到30%以上，临盘则应谨慎。

（2）当日开盘后15分钟带长上影线K线出现时，如波段涨幅达到30%以上，临盘则应回避。

（3）当日开盘后15分钟带长上影线K线出现时，如股价刚刚突破重要阻力位，临盘则应耐心等待低吸机会的出现。

（4）当日开盘后15分钟大阴或中阴线出现时，如股价刚刚进入波段性的下跌阶段，则跌势将会加速，临盘则应坚决回避。

选股有道

早盘交易在于气势。凶悍的主力往往在早盘15分钟内便决定了股价当天涨跌趋势的强弱，反映在15分钟K线形态图中，则是放量大阳线的强力攻击型特征。还有一种是主力惯于使诈，早盘开盘后15分钟先抑后扬，将大部分中小投资者的筹码诱空在15分钟K线的长影线之下。

第二节　开盘30分钟选股

开盘后的3个10分钟对于分析股市是十分重要的，下面对其进行详细的讲解

一、开盘后的第一个10分钟

开盘后的第一个10分钟，是多空双方极为关注的时间段，当然也是股民最应留心的时段。这10分钟之所以重要，是因为多方为了能顺利地吸到货，开盘后常会迫不及待地抢进，而空方为了能顺利地完成派发，也会故意拉高，于是造成开盘后的急速冲高，这是在强势市场上经常能够看到的。此外，多头为了吸到便宜货，也会在开盘时将股价往下砸，而空方或散户会不顾一切地抛

售，造成开盘后的急速下跌。通过对开盘后 30 分钟市场表现的观察，有助于对大势作出正确的研判。多空双方之所以重视开盘后的第一个 10 分钟，是因为此时盘中买卖量都不是很大，因此用不大的量即可以达到预期的目的，俗称"花钱少，收获大"。因此，开盘后的第一个 10 分钟的市场表现有助于正确地判断股价走势的强弱。

二、开盘后的第二个 10 分钟

第二个 10 分钟则是多空双方进入休整的阶段，一般会对原有趋势进行修正，如空方逼得太猛，多方会组织反击，抄底盘会大举介入；如多方攻得太猛，空方也会予以反击，获利盘会积极回吐。因此，这段时间是买入或卖出的一个转折点。

三、开盘后的第三个 10 分钟

随着交易者逐渐增多，多空双方经过前面的较量，互相摸底，第三个 10 分钟的买卖盘变得较实在，因此可信度较大。这段时间的走势基本上可成为全天股价走势的基础。股民应充分关注这段时间量价的变化，为自己的决策做好准备。

为了正确把握走势特点，可以开盘为起点，以开盘后第 10 分钟、20 分钟、30 分钟指数为移动点连成三条线段，其包含有之后一天的走势信息。

（1）若以 9：40、9：50、10：00 的三条线与开盘价（9：30）相比，三线都比开盘价高（俗称开盘三线连三上），则表明多头势强，后市向好的可能性很大，收阳线概率大于 90%，回档是建仓良机。但如果 10：30 以前成交量放出天量，则表明庄家或机构有故意拉高或拉高出货之嫌，如出现此情况，应以出货为主。

（2）如果是先上后下再上（即先涨后跌又涨），则当天行情趋好的可能性较大，日 K 线可能收阳线。因为它表明多头势力较强。

（3）若 9：40、9：50、10：00 三个移动点始终在开盘平行线上方游动，且一波比一波高，为涨势盘面。

（4）若9：40、9：50、10：00三个移动点始终在平行线下方一路走低，此为跌势。

（5）如果以9：40、9：50、10：00三个移动点比原始起点（9：30）都低（俗称开盘三线连三下），则是典型的空头特征，表明空方力量强大，当天收出阴线的概率大于80%。

（6）假如以9：40、9：50、10：00三个移动点是一种没有明确多空力量的均衡组合，则全天的走势可能以震荡盘整为主，并且以小星体报收的可能性较大。

（7）如果9：40、9：50两条线都比开盘价高，而另一条线比开盘价低（俗称开盘三线两上一下），表明当天行情买卖双方皆较有力，行情以震荡为主，多方逐步占据优势并向上攀升。

（8）如果三根K线组合是一种向上攻击型的K线组合，则全天收阳的概率较大；如果开盘三线组合是一种向下破位的K线组合，则全天收阴的概率较大。

（9）如果9：40、9：50两条线比开盘价低，而另一条线比开盘价高（俗称开盘三线两下一上），则表明空方力量大于多方，而多方也积极反击，底部支撑较为有力，收盘一般为有支撑的探底反弹阴线。

（10）如果9：40这条线比开盘价低，而另外两条线比开盘价高（俗称开盘三线一下两上），则表明当天空方的底线被多方击破，反弹成功且将呈现逐步震荡向上的趋势。

选股有道

开盘30分钟这段时间是捕捉当日黑马的最佳时机，因为在股市中强者恒强，弱者恒弱，如此，开盘30分钟完全可以判断出股价的走势了。

第三节 收盘前 30 分钟选股

尾盘不但能对当日多空双方交战起到总结作用，而且还能决定次日的开盘价，所以，收盘指数和收盘价历来为股市人士所重视。尾盘在时间上一般认为是最后 15 分钟，实际上从最后 45 分钟多空双方即已开始暗暗较量了。若从最后 45 ~35 分钟这段时间上涨，则最后的走势一般会以上涨而告终。因为此时参与交易的人数最多，当涨势明确时，会有层出不穷的买盘涌进推高指数。反之，若最后 45 ~35 分钟这段时间下跌，则尾市一般难以走好。特别是到了最后 30 分钟，大盘的走向极具参考意义，此时若在下跌过程中出现反弹后又调头向下，尾盘将可能连跌 30 分钟，杀伤力极大。

一般来说，尾市收红，且出现长下影线，此为探底获支撑后的反弹，可考虑跟进，次日以高开居多；尾市收黑，出现长上影线，上档压力沉重，可适当减仓，次日低开低走的概率较大。涨势中尾市放巨量，此时不宜介入，次日开盘可能会遇抛压，故不易涨；跌势中尾市放巨量，乃恐慌抛售所致，是大盘将跳空而下的信号。跌势中尾盘有小幅拉升，涨势中尾盘有小幅回落，此为修正尾盘，并无任何实际意义。

收盘前 30 分钟是最关键也是最微妙的时期，是主力在一天操盘中最后一击，也为明天主力如何操作提前表个态。真正上攻的股票，一般都会选择在 14：30 之后，特别是在 14：35 ~ 14：40 开始上攻。此时要看它的上升角度，如果超过 80°的话，就会显得太急，容易产生抛压。有个别强势股 14：00 刚过就展开攻势，这时候必须要放巨量，以接近 90°的推升迅速涨停，否则窬易夭折。最漂亮的走势是先沿 30°角运行几分钟，然后在大成交量的推动下改为 45°~60°向上攻，而均线此时也最好紧随股价，呈 30°以上的弧形。这样用 20 多分钟的时间完全可以涨 5% 以上，甚至涨停。以上情况必须紧盯 5 ~ 60 分钟

K 线图，特别是 60 分钟 K 线图。在盘整期间，60 分钟指标如 KDJ 一旦在底部形成金叉状态，而时间上又刚好吻合，就可以择机介入。

收盘前 30 分钟的选股要点如下：

（1）日线要求：一定要在上升通道之中（就是 5 日、10 日、30 日、60 日多头排列，最近涨幅最好不要超过 30% 以上），均线距离不要过大，每条均线距离最好控制在 10% 以内。

（2）股价突破阻力位（30 日均线、60 日均线），回抽到阻力位时，攻击线和操盘线形成金叉。在收盘前 30 分钟收有带长上影线的小阳或中阳 K 线，当天可在回调到生命线或趋势线上时再买入。

（3）在股价形成上升通道时，当天收盘前 30 分钟放量大涨，收于带有上影线的小阳，中阳或大阳线时，这是股价加速上涨的特征，当天可以在收盘前 5 分钟或次日开盘时买入。

（4）股价明显形成底部，生命线和趋势线走平，前几日已有温和放量，当天收盘前 30 分钟放量（不是单一的量峰，要有连续性的大买单）上涨收于大阳或中阳线，说明股价已形成有效突破，当天应在收盘前 5 分钟买进。

尾盘的重要性，在于它是一种承前启后的特殊位置，即能回顾前市，又可预测后市。尾盘的表现会直接影响次日盘面的走势。

在看尾盘时，关键在于从尾盘发现可能会对次日产生影响的信息。一些大户通常都有自己的信息网络，这在目前的中国股票市场非常重要，有时一条消息就能造成股市的急升或暴跌。而消息传出的时间大多在下午，本该在收市以后或第二天报刊上公布，而一些消息灵通的人却能够提前一步得知，这就造成了尾市的托盘入货或大量抛售，使股市在临收市半小时左右出现大幅震荡。这种震荡包含大势走向和个股行情。因此通过对尾市不同情况的分析与研判，及时发现主力的动向，对于股民规避市场风险具有重要作用。

选股有道

尾盘只是全天股市走势的一部分，仅仅根据尾盘作出决策是有局限性的。

首先，盘面的变化是否受消息的影响无法确定，跟风操作难免会造成亏损。其次，过于看重尾盘的炒作技巧容易使人目光短浅，常常为蝇头小利而搏杀。所以，从尾盘走势得到的信息要和全天开盘、中盘得到的信息结合起来，并和大盘中长期走势结合起来加以分析、判断，才能获得预期收益。

第四节　利用盘口 5 分钟的涨速选股

选股决定成败。选股是投资环节中最关键的一个环节。盘口 5 分钟涨速是监控主力异动的最佳指标，当主力主动性攻击时，盘中量能迅速放大，并形成标准的量峰结构，这说明当天的攻击性拉升行情已经展开，操作时必须考虑追涨买入。同样，如果主力在拉升时量峰结构不明显，或者只有数笔大单对敲性拉升，这肯定是主力当天作出的诱多行为。

盘中 5 分钟涨幅榜，可以在盘中直接输入"81"或"83"，调出当时上证 A 股和深证 A 股 5 分钟涨速排名，如图 5-4 所示。

综合排名 - 上证 A 股

今日涨幅排名			5 分钟涨速排名			今日委比前排名		
香江控股	5.58	10.06	卧龙电气	8.71	3.57	蓝科高新	14.60	100.00
多伦股份	6.79	10.05	金山股份	8.50	2.29	赛轮股份	11.02	100.00
尖峰集团	12.72	10.03	美克股份	11.62	1.22	*ST得亨	10.70	100.00
蓝科高新	14.60	10.02	神马股份	16.76	1.21	多伦股份	6.79	100.00
爱使股份	8.47	10.00	福建高速	3.41	1.19	尖峰集团	12.72	100.00
赛轮股份	11.02	9.98	江苏索普	8.83	1.15	爱使股份	8.47	100.00

图 5-4　上证 A 股 5 分钟涨速排名

利用 5 分钟涨速排名选股的方法如下：

（1）股价向上突破 30 日均线、60 日均线阻力并完成技术性回抽之后，短期均线如 5 日均线和 10 日均线金叉向上形成小级别的上升通道。当天盘中 5 分钟涨速出现标准的攻击性量峰结构，说明第二轮拉升行情展开，临盘可以即时买入。

（2）股价在 5 日均线、10 日均线构成的上升通道中运行，并完成一轮洗牌行情之后，股价经过回调在 5 日均线或 10 日均线附近，当日盘中 5 分钟涨速出现标准的攻击性量峰结构，说明洗盘行情结束，临盘可以即时买入。

（3）股价处在 30 日均线和 60 日均线形成的金叉初期，K 线结构已经形成明显的底部形态，5 日均线和 10 日均线再次形成金叉，当日盘中 5 分钟涨速出现标准的攻击性量峰结构，说明股价即将向上突破，临盘可即时买入。

Ⓚ 选股有道

需特别注意以下两点：

（1）一定要注意 5 分钟涨速出现标准的攻击性量峰结构时，股价所处阶段性位置的特征，以均线的金叉和死叉为判断依据。

（2）一定要注意 5 分钟涨速出现标准的攻击性量峰结构时，股价在盘中的量峰结构特征，以判断股价属于攻击性放量上涨、虚假拉升还是对敲出货。

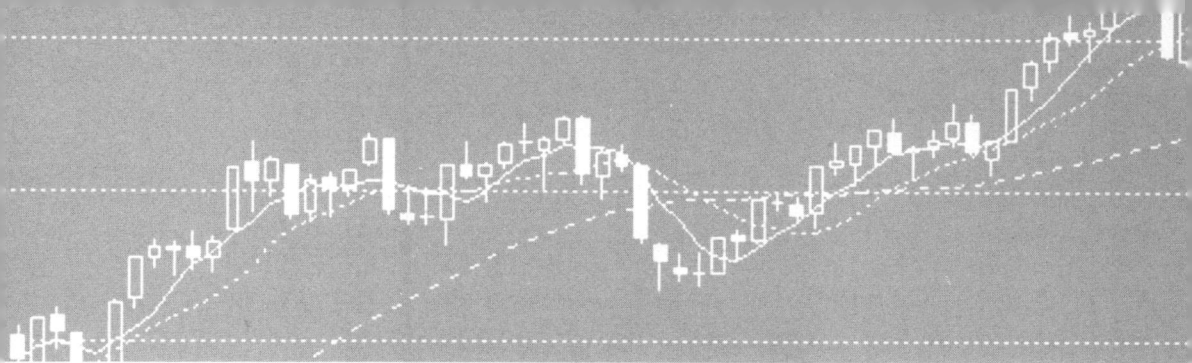

第六章
趋势分析选股

第一节　波浪理论选股法

波浪理论的全称是艾略特波浪理论，是以艾略特的名字命名的一种技术分析理论。艾略特波浪理论是目前业内普遍运用的重要分析方法。

波浪理论是一种价格趋势分析工具，它是一套完全靠观察得来的规律，可用于分析股市指数、价格的走势，它也是股市分析中运用最多，而又最难于了解和精通的分析工具。艾略特认为，不管是股票还是商品价格的波动，都与大自然的潮汐，波浪一样，一浪跟着一浪，周而复始，具有一定的规律性，展现出周期循环的特点，任何波动均有迹可循。因此，投资者可以根据这些规律性的波动预测股价未来的走势，在买卖策略上实施应用，图6-1为2007年中国股市最高峰时的上证指数日 K 线的走势的波浪理论分析图。

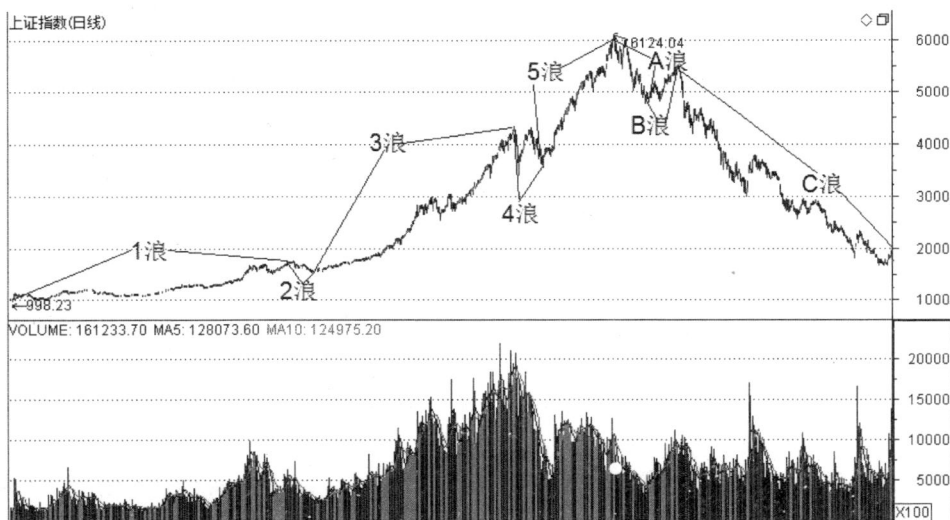

图6-1　上证指数日 K 线走势的波浪理论分析图

一、波浪理论的内容

作为一种受到重视的技术分析方法——艾略特波浪理论的主要内容包括以下几点。

（1）艾略特波浪理论最初是以周期为基础的。它把时间长短不同的各种周期分为在一个大周期之中存在的各个小周期，而小周期又可以细分成更小的周期。每个周期无论时间的长与短，都是以一种相同的模式运行着。

（2）艾略特波浪理论认为市场处在两个显著状态——上升和下降之中，该理论适用于任何自由交易资产、负债或商品。它是包含股票、债券、原油、黄金或整体房地产的价格在内的一个大领域。

（3）每个周期运行的共同模式就是 8 浪过程，也就是说一个完整的循环包括 8 个波浪，5 上 3 下。即每个周期都是由上升的 5 个过程和下降的 3 个过程组成。只有这 8 个过程完结以后，才能说这个周期已经结束，将进入另一个周期。

（4）股价指数的上升和下跌是交替进行的。推动浪和调整浪是价格波动的两种最基本的方式。艾略特认为牛市的发展分为 5 个运动阶段，即 5 浪上升模式。由 3 个推动浪中间夹着两个调整浪组成。在股市中价格以一种特定的 5 浪形态，其中 1、3、5 浪是上升浪，2 浪和 4 浪则是对 1、3 浪的逆向调整。

（5）调整浪通常以三个浪的形态运行，由 A、B、C 三浪组成，即三浪调整模式。五浪上升运行完毕，将有 A、B、C 三浪对五浪上升进行调整，其中 A 浪和 C 浪是下跌浪。B 浪是反弹浪，它有时候会超过前面第 5 浪的最高点。

（6）艾略特波段理论包括三部分：形态、比率及时间，其重要性以排列先后为序。

（7）第 1 浪有两种表现形式，一种属于构筑底部，另一种则为上升形态；第 2 浪有时调整幅度较大，跌幅惊人；第 3 浪通常最具爆发力，是运行时间及幅度最长的一个浪；第 4 浪经常以较为复杂的形态出现，以三角形调整形态居多。如果第 2 浪是简单浪，则第 4 浪以复杂浪居多；如果第 2 浪是复杂浪，则第 4 浪以简单浪居多。第 4 浪不应低于第 1 浪的顶，第 5 浪是上升中的最后一浪，力度大小不一。

（8）第 2 浪的回调永远不会完全吃掉第 1 浪。这一规则从不例外。推动浪总是 5 浪结构。然而，末期三角形波浪细分时，每 1 浪又细分为 3 个子浪。末期三角形与传统技术分析中的形状相同。通常这样一种形态出现在一次主要市场运动的末期。

（9）波浪可合并为高一级的浪，亦可以再分割为低一级的小浪。跟随主流行走的波浪可以分割为低一级的 5 个小浪。1、3、5 三个波浪中，第 3 浪不可以是最短的一个波浪。假如 3 个推动论中的任何一个浪成为延伸浪，其余两个波浪的运行时间及幅度会趋于一致。

（10）调整浪要么是三浪形态，要么就会发展成三角形。这些三角形或者是倾斜向上的，或者是倾斜向下的，也可以是对称的。

（11）A 浪对 5 浪上升进行调整，下跌力度大小不一；B 浪是修复 A 浪下跌的反弹浪，升势较不稳定，C 浪下跌的时间长、幅度大，最具杀伤力。

（12）除非整个 5 浪波动是末期三角形的一部分，否则第 4 浪和第 2 浪不应该重叠。第 3 浪通常是最大的一浪，但绝不可能是最短的一浪。一般趋势的第 3 浪至少是第 1 浪的 1.618 倍。如果第 3 浪是调整运动的一部分（如第 3 浪是更大 C 浪的一部分），那么它通常不会超过第 1 浪子浪的 1.618 倍。

（13）黄金分割率理论奇异数字组合是波浪理论的数据基础。经常遇见的回吐比率为 0.382%、0.5% 及 0.618%。

（14）调整形态通常不明显（也就是很难识别）。不规则的调整形态并不罕见，它们很可能发展为"规则"的调整形态。当 B 浪的回调幅度超过 A 浪时，不规则的调整运动就发生了。

二、波浪理论的基本原则

一般而言，在实战中运用波浪理论要注意以下几个原则。

1. 交替出现原则

这一原则是指股价指数的上升和下跌将会交替进行，即"调整浪"的形态是以交替的方式出现的。若第 2 浪是"单式"调整浪，那么第 4 浪更会是复式调整浪。

2. 价格波动的两个基本形态原则

价格波动的两个最基本形态是推动浪和调整浪。其中推动浪（即与大市走向一致的波浪）可以再分割成 5 个小浪，一般用第 1 浪、第 2 浪、第 3 浪、第 4 浪、第 5 浪来表示，同时调整浪也可以划分成 3 个小浪，通常用 A 浪、B 浪、C 浪表示。调整浪盘整的形态可用来预测后市行情的发展力度。

3. 波浪幅度相等原则

这一原则是指在第 1、3、5 浪三个推动浪中，其中最多只有一个浪会出现延长波浪，而其他两个推动浪则略相等，仍会以 0.618 的黄金比率出现对应的关系。

4. 波浪形态不变原则

这一原则是指时间的长短不会改变波浪的形态，因为股市仍会依照其基本形态发展。波浪可以拉长，也可以缩细，但其基本形态不变。

5. 艾略特的"自然法则"

依据艾略特的"自然法则"，第 4 浪的低点不能低于第 1 浪的高点；第 3 浪的波幅经常是最大的，而且绝不是最短的一个推动浪，依此可正确地数浪。

6. 轨道趋势原则

艾略特认为，"波浪理论的走势，应该在两条平行的轨道之内"。

三、波浪理论的特点

波浪理论被称为"八浪循环"但是每一个浪都有其不同的特点，下面对此分别进行详细的介绍。

1. 八浪的特点

（1）第 1 浪。仅就第 1 浪而言，几乎半数以上的第 1 浪，是属于营造底部形态的第一部分。因此，常常被第 2 浪大幅调整。第 1 浪是循环的开始，由于这段行情的上升出现在空头市场跌势后的反弹和反转，买方力量并不强大，加上空头继续存在卖压，因此，在此类第 1 浪上升之后出现第 2 浪调整回落时，其回档的幅度往往很深。与熊市中的反弹相比，其在技术上的结构特征更明显，成交量逐步增加，是因为此时大多数投资者对熊市走势深信不疑，深度看空，当产生第 1 浪时，认为是一次反弹而做空。

除了上面说到的那类第 1 浪之外，还有一类出现在长期盘整完成之后，在这类第 1 浪中，其行情上升幅度较大，从经验分析，第 1 浪的涨幅通常是 5 浪中最短的行情。

（2）第 2 浪。这一浪是下跌浪，由于市场人士误以为熊市尚未结束，其调整下跌的幅度相当大，在第 1 浪的买入者在第 2 浪时往往会被套住。当行情在此浪中跌至接近底部（第 1 浪起点）时，由于投资者对熊市更加深信不疑，市场出现惜售心理，抛售压力逐渐衰竭，成交量也逐渐缩小时，第 2 浪调整才会宣告结束。在此浪中经常出现转向形态，如头肩底、双底等。其回档可能较深，反映出人气尚未聚集，观望心理较重，其浪底可能是第一浪的 0.382 倍或 0.618 倍在第 2 浪中，成交量逐渐减少，表示空方力量减弱。

（3）第 3 浪。第 3 浪的涨势往往是最大，最有爆发力的上升浪，这段行情持续的时间与幅度经常是最长的，市场投资者信心恢复，成交量大幅上升，波浪趋势显而易见，波浪走势强劲，个股普涨。常出现突破信号，例如裂口跳升等。这段行情的走势非常激烈，一些关卡能轻易地被穿破，尤其在突破第 1 浪的高点时，是最强烈的买进信号，由于第 3 浪涨势激烈，经常出现"延长波浪"的现象。因为投资者认为牛市已经来临，成交量与价格明显上升。第 3 浪通常是最长的 1 浪，第 3 浪的个性明显，能够提供较明显的数浪依据。第 3 浪通常是最长浪，波幅大，时间长，第 3 浪的浪幅一般能达到第 1 浪的 1.618 倍或 2.618 倍。

（4）第 4 浪。第 4 浪是行情大幅劲升后的调整浪，其下调幅度是可以预测的，因为根据交替原则，与第 2 浪的调整不同，第 4 浪通常呈现一种盘整的走势，为第 5 浪的发动做准备。第 4 浪通常以较复杂的形态出现，经常出现"倾斜三角形"的走势，但第 4 浪的底点不会低于第 1 浪的顶点。对于那些在此时已呈现头部形态的个股来说，如果这种股票越多，第 5 浪的上升力度就会越小，市场已发出疲软信号。总而言之第 4 浪在前 3 浪的推动下已趋近顶峰，但在获利者的打压下进入调整期，跌幅通常为第 3 浪的 0.382 倍但不会低于 1 浪的浪尖。

（5）第5浪。第5浪常常通过动能背离来确认。第5浪的升幅比第3浪要小，其升幅速度也较慢。如果第5浪是延伸浪，那么第5浪中的价格升幅有可能超过第3浪中的价格变化。但是，成交量却没有明显放大，因此寻找比第3浪小的成交量是判定第5浪的规则之一。有些投资者指望在第5浪中出现"喷发行情"，但纵观股史，股票市场从未在第5浪中出现过最快的价格升幅，即使第5浪是延伸浪。在第5浪的上升过程中，尽管不是所有的股票普涨，但投资者也非常乐观、普遍看好，这为后市埋下了隐患。就第5浪而言，其浪幅上升的力度小于第3浪，虽然在价格上可能创新高，但能量已显不足，开始为下跌做准备。

（6）A浪。其实A浪呈现第5浪的运行态势，此浪为空头市场中的第一浪，下跌力度可能不大，不久后会回升，让人觉得这不过是上升中的回档而已，投资者往往盲目乐观，而实际上是多头陷阱。在下跌推动浪中的大A浪及大C浪并非像1、3、5三个上升推动浪中的有某些定律可予以严格的规定。这是因为A浪是跌势的开始，股指连续以大阴线的形式出现，并时常伴随利空消息的频传，是这一浪的一个主要特征。另外技术指标已开始钝化，表明是对前期升势的完结。这一浪既可以是3浪结构，也可以是5浪结构。

（7）B浪。这一浪呈现出3浪或5浪运行，量价背离，即上涨无量又下跌放量，主动性买盘并非十分活跃。热点主要集中在几支股票上，即前期末离场的主力机构在拉抬指数，以便清仓出局。情绪化、严重利空不跌、利多不涨是这一浪的一个主要特征。到底应将此浪划分成5浪还是3浪结构，这取决于上一层次波浪的方向：如果运动方向与上一层次浪的方向一致，将被细分为5浪结构；如果运动方向与上一层次浪的方向相反，则细分为3浪结构。

（8）C浪。C浪呈现出5浪运行态势。股市大幅下跌，时间可能很长，直到C浪结束，又是一个新浪开始。股指全面下跌，跌幅面广，其跌幅常常延伸为A浪的1.618倍。下跌持续时间较长。与前期的反弹B浪之间常有调控缺口出现。由于A浪的下跌和B浪的反弹使盘中的获利、解套筹码已陆续离场出局，余下的做空能量已开始减弱，但此时外围资金大多以观望为主，阴阳交错式的持续阴跌是该浪的主要特征。多数投资者在这一阶段结束时都会看跌，从而导致了下一个牛市建仓阶段的到来。

2. 上升浪的特点

以上对波浪理论中八浪的特点进行了解析，下面具体来看看上升浪具有怎样的特点：

首先，上升趋势中主浪的延长并不罕见，第 1 浪延长最不常见；第 3 浪延长在股市中常见；第 5 浪延长在期货市场中常见；不清楚的延长——出现有五主浪的九浪结构，其特征是五个主浪长度相等。在 1、3、5 三个上升浪中，只能有一个延长浪，其他两个未延长浪在时间和幅度上相等。

其次，把 1 浪乘 1.618，加到 2 浪的底点，可得出 3 浪的起码目标；再次，把 1 浪乘 3.236，分别加到 1 浪的顶点和底点，大致是 5 浪的最大和最小目标；

最后，如果 1、3 浪大致相等，则预期 5 浪延长。其目标值为 1 浪的底到 3 浪的顶长，将其乘 1.618 后加到 4 浪的底点上。

3. 调整浪的特点

调整浪作为波浪理论中一个基本形态的波浪形态具有的特点为：

首先，调整浪绝不会以五浪出现，而属于三浪结构。

其次，如果它是 5—3—5 锯形调整，那么 C 浪常和 A 浪相等。

再次，把 A 浪长度乘 0.618，从 A 的底点减去乘积，可估算 C 浪的长度。

最后，在 3—3—5 平台形态的调整下，B 浪可能达到或超过 A 浪的顶点，这时 C 浪长度等于 A 浪长度的 1.618 倍。在对称三角形调整中，每个后续浪都约等于前一浪的 0.618 倍。

一般而言，调整浪具有如表 6-1 所示的几种类型。

表 6-1　调整浪类型一览表

类型	具体分析
锯齿形 （5—3—5 型）	子浪以 5—3—5 序列出现
	包括：单锯齿、双锯齿、三锯齿，双锯齿、三锯齿中的每一个锯齿被一个或两个插入的"三浪"分开
平台形 （3—3—5 型）	子浪以 3—3—5 序列出现
	包括：普通平台形、扩散平台形、顺势平台形

类型	具体分析
三角形 （3—3—3—3 —3 型）	子浪以 3—3—3—3—3 序列出现
	三角形又包括：上升三角形、下降三角形、对称三角形和扩散三角形，常出现在第 4 浪，并总是在最后一浪之前；也可出现在 B 浪中
联合型	包括：双重三浪结构、三重三浪结构，多数情况下，联合型调整浪是水平的

四、波浪理论的缺陷

任何一种理论都不是完美的，都或多、或少地存在一些瑕疵，波浪理论也不例外，它的主要缺陷表现在以下几个方面。

1. 波浪理论家在现象的看法上存在分歧

每一个波浪理论家，包括艾略特本人，很多时候都会受一个问题的困扰，就是一个浪是否已经完成而开始了另外一个浪呢？有时甲看是第 1 浪，乙看是第 2 浪，看错的后果可能会十分严重。一套不能确定的理论用在风险奇高的股票市场，运作错误足以使人损失惨重。

2. 对于怎样才算是一个完整的浪没有明确的定义

股票市场的升跌次数绝大多数不按五升三跌这个机械模式出现，但波浪理论家却曲解说有些升跌不应该计算到浪里面，数浪完全是随意、主观的。

3. 没有回答在什么准则之下波浪可以伸展

波浪理论有所谓的伸展浪，有时五个浪可以伸展成九个浪。但是，波浪在什么时候或者在什么准则之下可以伸展呢？艾略特没有明言。

4. 某些理论的作用属于猜测

波浪理论的浪中有浪，可以无限伸延，也就是说升市时可以无限上升，都是在上升浪之中，一个巨型浪，多少年都可以；下跌浪也可以跌到无影无踪都仍然是下跌浪。只要是升势未完就仍然是上升浪，跌势未完就仍然是下跌浪。这样的理论有什么作用？能否推测浪顶浪底的运行时间甚属可疑，等于纯粹猜测。

5. 波浪理论没有客观的准则

艾略特的波浪理论是一套主观的分析工具，毫无客观准则。市场运行却是受情绪影响而并非机械运行。波浪理论套用在变化万千的股市中会十分危险，出错概率很高。

大多数人认为波浪理论过于深奥，不能运用于个股的选择上，且数浪选择较多而难以运用。其实"大道至简"，只要把握其主旨，运用波浪理论于股市实战，并不困难。波浪理论把握的是趋势，推崇波浪理论者，大都是想通过把握大盘与个股的趋势吃"鱼身"的。要想吃"鱼身"，就要将股票买在二浪底上，虽然买在四浪底上也是安全的，但可能吃的只是"鱼尾"了。

事实表明，平均来说，75%的股票随大盘一起上涨，而90%的股票随大盘一起下跌。当我们结合其他分析方法，将股票买在个股和大盘的二浪底上，一旦股市开始发力，大盘与个股两者合力的共振会将你的股票市值带到一个什么高度，我们不可想象。

五、波浪理论的应用——波段操作

一般情况下，如果在政策面、基本面联合支持的基础上，价格走势长期强势将是大势所趋。但是中小投资者还是应该抽出部分资金进行波段操作，在运用波段操作时必须要根据波段行情的运行特征，制订和实施波段操作的方案和计划，具体来说要把握好波段行情六要素：波轴、波势、波谷、波峰、波长、波幅。

（1）波轴。所谓的波轴，是指波段行情中多空相对平衡的位置。波轴是波段操作的核心要素，以中轴线指标 AXES 为衡量标准，当股价位于中轴线 AXES 之下时，投资者可以予以关注，股价接近波段行情下轨支撑线时可以择机买入；当股价位于中轴线 AXES 之上时，投资者可以持股不动；在股价接近波段行情上轨压力线时择机卖出。

（2）波势。所谓的波势，是指波段行情的整体运行趋势和方向。多数情况下，波段行情的运行趋势是保持一定斜率的向上或向下运行，绝对水平的波段行情比较少见。当股价水平运行而且波幅极小时，往往是行情即将突破的前兆，此时，除非有相当大的把握，否则尽量保持静观其变为好。

波段操作中关键是要讲究顺势而为，要根据波段行情的不同运行方向，包括不同的运行斜率，分别采用不同的波段操作方法，如波段行情向上运行时，投资者要在基本不丢失筹码的前提下，进行波段操作；而在向下运行趋势的波段行情中，投资者应该以做空的方式进行波段操作。

（3）波谷与波峰。所谓的波谷，是指股价在波动过程中所达到的最大跌幅区域；所谓的波峰，是指股价在波动过程中所达到的最大涨幅区域。波谷与波峰属于波段操作中的买卖进出区域，主要由以下一些因素组成：箱体运动的箱形顶部和底部位置，布林线的上轨线和下轨线，趋势通道的上轨趋势线和下轨支撑线，成交密集区的边缘线，投资者事先制定的止盈或止损位，股价与轴线之间的平均偏离值的位置。

（4）波长。所谓的波长，是指股价完成一轮完整的波段行情所需要的时间。股市中长线与短线孰优孰劣的争论由来已久，其实片面地采用长线还是短线的投资方式，都是一种建立在主观意愿上，与实际相脱钩的投资方式。投资的长短应该以客观事实为依据，行情波长较长，就应该采用长线；行情波长较短，就应该采用短线。投资者要让自己适应股市的发展，而不能让股市的发展来适应自己。

（5）波幅。所谓的波幅，是指股价在振动过程中偏离平衡位置的最大距离。由于交易成本等因素的制约，波段操作必须要有一定的获利空间才可以进行，如果股价的上下波动幅度过小，投资者就不宜采用波段操作。虽然近年来印花税和佣金都有所下降，绝大多数投资者的一次完整交易费用不会超过1%，但考虑实际操作中的正常误差，股价的波幅达到3%以上时，才是波段操作的最佳环境。

除了上面所列的几个方面的因素之外，在强势中参与波段操作还应该注意以下几个方面的因素。

（1）立足中长线，以"多"为核心。虽然强势之中会有波段，当然再强的市场也不会天天拉阳线。因此在具体操作中，投资者的思路要立足于中长线，以"多"为核心。在强势之中如果出现调整，可以在技术指标出现超卖之后，大胆介入，具体可以参考的技术指标为KDJ值中的J值，主要有这样几种情况：首先，当 J 值出现负值时，投资者不宜再去斩仓，而当 J 值连续出现两天以上负值且负值数较大，则可主动"申请被套"；其次，当市场出现上升时，投资者在有一定获利的基础上并不要急于一次性抛空，而是要将筹码分批抛出，强势中 KDJ 值中 J 值可以连续超买，一次性抛空往往会因抛得太早而使投资者减少收益。

（2）抓住主流板块。选股在强势中进行波段操作时最为重要，任何时段都会有不同的热点，不抓住主流板块，则会让投资者在强势中颗粒无收。其实在强势波段操作之中把握主流并非难事，行情上攻时有成交量支持，涨幅大的板块即为波段行情中的主流板块。

（3）少做短线，切忌频繁换股。在进行波段操作时，投资者一定要注意少做短线，更不宜频繁换股，频繁换股是一种未抓住主流板块的表现。在任何强势涨升波段中，市场都会有震荡，而盘中的震荡更是每日都有，波段操作是指投资者在一个阶段的低位或较低位介入后，在市场明显结束波段行情时（具体讲为热点板块突然缩小，庄股减少，市场下跌放量，运用技术指标严重超买等）进行抛出。由于市场波段行情中炒短线会增加失误次数，且市场运行时以升为主，差价难以把握，有投资者在"高位"抛出往往必须加价追回。投资者在具体操作时应注意减少或者不进行短线操作。

由于上市公司数量较多，要选择理想的股票也并不是一件容易的事，所以投资者在选择股票之前，应该具备一些选股的条件，下面从波段操作方面来设定一些选股的条件。

投资者首先可以从大盘上进行判断，一般而言适合进行操作的大盘条件如下：

（1）中期处于调整状态，短期处于稳定状态，可积极进行操作。

（2）中期处于慢牛上扬状态，短期处于上扬状态，视个股情况，符合选股条件和买入条件的方可介入。

（3）中期小幅下跌，短期反弹或进入调整，选取已经止跌的个股进行操作。

（4）中期暴涨，短期调整，可积极进行操作。

（5）中期暴涨，短期也暴涨，理论上不建议进行操作，建议跟庄。

通过上面五个方面对大盘的判定之后，投资者可以开始选股了，但是不论是用什么样的选股方法，其出发点都是为自己的资金安全性考虑，而非收益。只有在保障了资金安全的条件中，才能保持常胜不败，否则自己必将暴露在巨大的风险之中。所以，选股条件都是以控制风险为基础的。一般来说经常选用的选股条件有以下几个：

（1）大盘中长期均线不能离 5 日均线太远，如果离 5 日均线过远就要注意回调和减仓；日线 RSI 第二次在高点也要注意回调和减仓；MACD 红柱子有没有变短，绿柱子在变短之前不能介入，MACD 红白线有没有相吻或交叉、量能有没有跟上。

（2）30 日均线已走平，5 日与 10 日均线形成金叉向上的；成交量有调整缩量、上扬放量的良好表现的；筹码在底部大量密集，股价与筹码密集区乖离率不超过 20%（越小越好），或筹码密集在高位，股价与密集区至少有 10% 的空间的；股价与 30 日均线乖离在 5%～10% 之间的；日 MACD 低位金叉，日 KDJ 低位金叉向上的；股价再次回落到筹码密集区附近或者在 30 日均线附近遇到强支撑的个股。

（3）月周期从上一次高点到现在有 4 个月调整、震荡或小幅拉升的股票，也就是说月周期在第 5 个月；选择周周期在第 6～8 周的；日周期在第 7～8 日的股票，对于 5 连阳后第 6 日大阴线同时有放量的股票要特别注意；对于 4 甚至是 5 连阴而跌幅又不大，成交量也不大且慢慢减少的也要也别注意。

（4）多条均线排列有序，短期均线可能会相吻或交叉；股价不能离均线太远，如果有这种情况就要考虑回调减仓。

（5）对于顶部调整股，若与底部筹码密集区乖离大于 30% 的均属此类，此时风险大于收益，理论上不建议进行操作。

（6）股价与底部筹码密集区乖离小于 30%，或与上部筹码密集区至少有 10% 的空间的；股价与 30 日均线乖离不大于 15% 的（乖离越小越好，此时要是乖离在 5% 以内，成功率将大大提高）。

（7）股价突破时一定要放量；股价回调时量能慢慢变小。股价上升时量能跟着放大，到达一定高位时如果有一定缩量但股价继续上升可持股。

（8）对于底部突破股，日 MACD 低位金叉，日 KDJ 低位低叉向上的；日、

60分钟、30分钟、15分钟OBV线全部保持总体持续向上的；股价回落在30日均线或者上升通道下轨遇强支撑的。

（9）看日均线决定第二天买入或卖出后，第二天观察60分钟K线，在60分钟K线高点卖出或低点买入。

选股有道

很多投资者都希望用波段操作来增加资金的使用效率，可是有的投资者不是来回坐电梯，就是低卖高买，不赚钱甚至还赔钱。这就要求我们要认清趋势，踏准波段的节奏，控制好仓位，灵活操作。

第二节　利用趋势线选股

一名股票投资者要时时刻刻记住，趋势是你的朋友，永远顺着趋势做股票，不要逆势而为；顺势者昌，逆势者亡。而学会使用趋势线来确定趋势的方向，对于一个投资者来说，是必不可少的选股投资基本功之一。那么，如何把握趋势，进行选股投资呢？下面具体解析利用趋势线买入的实战技法。

一、短期下降趋势线向上突破是短线买入时机

不管是长期、中期还是短期下降趋势线，如果被股价向上突破，都是买入时机。

在实际操作中，短期下降趋势线可区分为三种情况：一种是中期下跌趋势中出现的短期下降趋势，另一种是中期上涨趋势中股价回调时形成的下降趋势，还有一种是中期横向趋势中出现的短期下降趋势。

在中期下跌趋势中，股价主要以下跌为主，高点和低点都不断下移。但

是，当股市下跌一段时间之后往往也会产生反弹，如果把握得当，这种反弹也会有可观的收益，而把握这种中期下跌趋势中的短线买入时机，我们可以在出现短期下降趋势线，即股价向上突破短期下降趋势线时迅速买入。

在中期上涨趋势中，股价主要以上涨为主，高点和低点都不断提高。但有时候，股价在急速上升一段时间之后，也会进入短期的下调整理，这时股价就会受到一条短期下降趋势线的压制，而当股价向上突破该条短期下降趋势线时，说明短期的调整结束，股价又将进入新的上升阶段，此时也成为中期上升趋势中的一个新的买入时机。

股价的中期趋势，除了中期上升和中期下跌趋势之外，还有一种中期横盘整理趋势，即股价在一定的价格范围内进行中期的箱体波动，时而上升，时而下跌。如果箱体上下空间较大且有一定差价，短线操作者可以在股价突破短期下降趋势线时买入股票，在股价靠近箱顶时卖出。

二、中期上升趋势中，股价回调不破上升趋势线又止跌回升时是买入时机

在中期上升趋势中，股价的低点和高点都不断上移，将其不断上移的两个明显低点连成一条向右上方倾斜的直线，便是主升趋势线，它将成为股价回档时的支撑。当股价每次回调至该线不破该线又止跌回升时，便是上升趋势中的短线买入时机，如图 6-2 所示。

三、股价向上突破水平趋势线时是买入时机

股价长时间运行，每次上冲到某一个价位，都受阻回调，把这若干个高点连接起来，便形成一条水平的趋势线。当股价放量突破水平趋势线时是买入时机。

四、在上下空间较大的箱体中，股价回落至箱底获得支撑时是买入时机

箱体是由水平趋势的两个平行谷底连成的水平支撑线与两个平行峰顶连成的水平压力线组成的。介于水平支撑线与水平压力线之间的范围称为箱体。水平支撑线称为箱体的箱底，水平压力线称为箱体的箱顶。一般而言，在水平趋势中，箱体箱顶与箱底的距离不小并有相当的差价时，短线操作者可以在箱体中抢反弹。当股票价格下跌碰到箱底时，由于水平支撑线的支撑作用，股票价

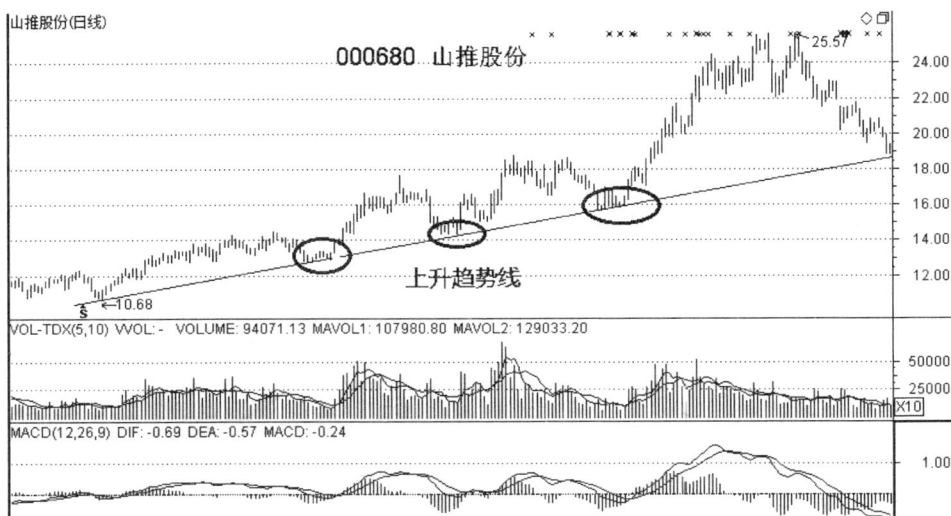

图6-2　股价回调不破上升趋势线时的买入时机

格进一步下跌的可能性不大，短线操作者可于此时买入股票，如图6-3所示。

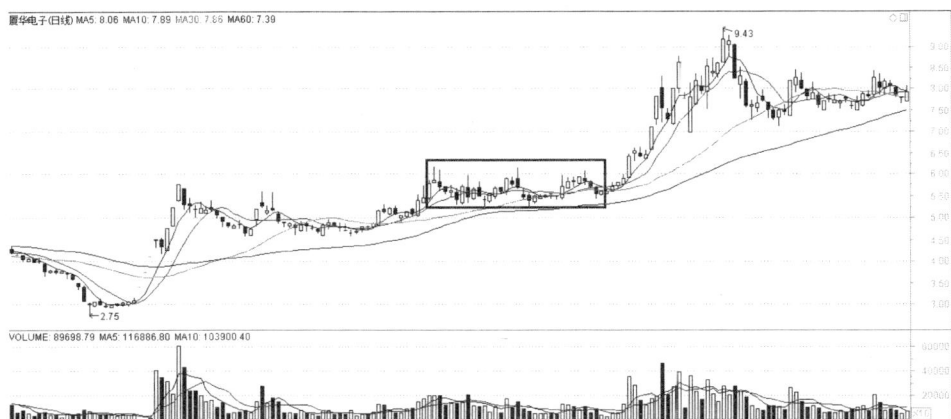

图6-3　厦华电子箱体底部的买入时机

选股有道

　　趋势线分为长期趋势线、中期趋势线和短期趋势线，长期趋势线是主要的，中期趋势线和短期趋势线是次要的。一般来说股价只要不跌破趋势线，就可以持股，跌破趋势线要果断止损。

第三节　利用轨道线选股

所谓的轨道线，又称通道线或管道线，是基于趋势线的一种。在已经得到了趋势线后，通过第一个峰和谷可以作出这条趋势线的平行线，这条平行线就是轨道线。

一般情况下，两条平行线组成一个轨道，这就是常说的上升和下降轨道。轨道的作用是限制股价的变动范围，让它不能变得太离谱。一个轨道一旦得到确认，那么价格将在这个通道里变动。而且，轨道线的上轨对股价有阻力作用，轨道线的下轨对股价有支撑作用。如当上升轨道形成以后，股价将会在这条轨道内运行，一般情况下，不会轻易地突破轨道的上轨和下轨。对上轨的突破则意味着股价已脱离以前轨道的限制，股价的上扬将会加速，即原来的趋势线将被更为陡峭的趋势线所代替。

轨道线的另一个作用是提出趋势转向的警报。如果在一次波动中末触及轨道线，离得很远就开始掉头，这往往是趋势将要改变的信号。它说明股市已经没有力量继续维护原有的上升或下降的规模了。

此外，需要指出的是，轨道线的优势在于其不但具有趋势轨道的研判分析作用，而且可以敏锐的觉察股价运行过程中方向的改变。

根据上述所述的轨道线的特点，我们可利用轨道线来选择股票的买入时机，此处的突破可采用通常运用的突破原则：时间为 3 天以上，突破时的成交量、突破的百分比为 5% 以上等。

一、向上突破下降通道上轨是买入时机

下降趋势线是由下降趋势的两个峰顶连成的直线，当下降趋势线确定以后，再选择居于组成下降趋势线的两个峰顶之间的谷作一条平行于下降趋势线

的直线,该平行直线与下降趋势线之间的范围就称为下降通道。下降趋势线称为下降通道的上轨线,与下降趋势线平行的直线称为下降通道的下轨线。一般来说,当股价在下跌过程中,跌至下降通道的下轨便会产生支撑而反弹,反弹至下降通道上轨时又会遇阻回落。当最终股价放量向上突破下降通道的上轨时,便宣告下降趋势的结束和上升趋势的开始,而成为重要的买入时机,如图6-4所示。短线操作者也应把股价在下降通道中下跌,碰到下轨线获得支撑时当作买入时机。

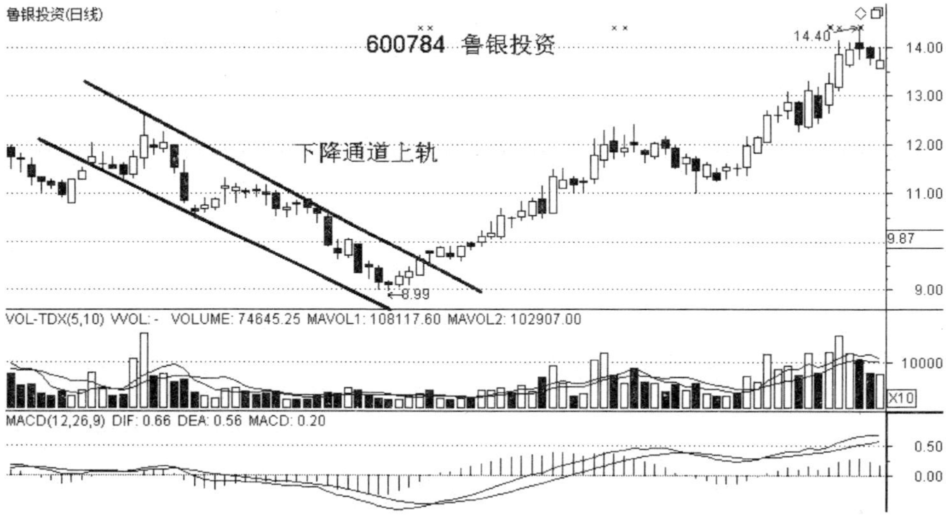

图6-4 向上突破下降通道上轨

在下跌趋势中,下轨线如果被突破,是短线极强烈的卖出信号,表明下跌趋势将要加速。

二、向上突破上升通道的上轨是买入时机

在上升趋势中,有时候股价前期的上涨沿着一定的上升通道有节奏地运行,即在上升通道的下轨形成明显的支撑,在上升通道的上轨股价又遇阻回落。但是,到了上升趋势的末期,主力大幅拉抬,股价放量向上突破上升通道上轨的压力,如果上轨线被有效突破,表明上升趋势的加速,轨势线将变得更加陡峭。短时间内升幅常常可观,把握得当,短期内可获丰厚的利润。因此,

在上升趋势中，当股价放量突破上升通道上轨时是买入时机，如图6-5所示。在上升通道中，股价每次回落至下轨线获得支撑时也是短线买入时机。

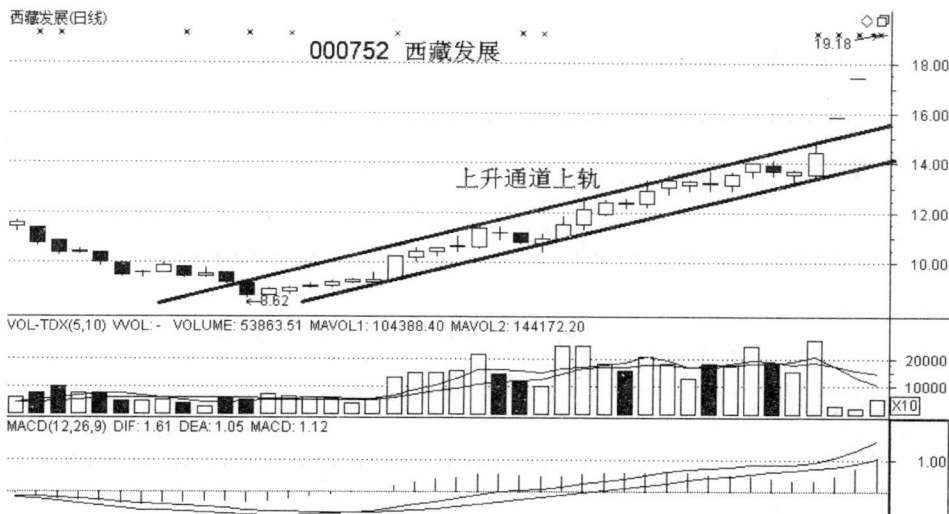

图6-5　向上突破上升通道上轨

在上升趋势中，下轨线被有效突破是短线极强烈的卖出信号。为趋势反转。上升轨道下轨被击穿后会出现对其下轨的反拉行情，下降轨道的上轨被有效突破会出现对下降轨道上轨的回抽行情。

实际上，上升通道在许多长庄股中比较常见，这类庄家善于挖掘行业和个股的价值投资和成长性，运作时不喜欢快速大幅拉升，而是采取把股价缓慢推高，走出人们常规说的"上升通道"。在图形上表现为波浪式推升，也就是股价的高点和低点逐次抬高，如果将所有高点和低点连成一条直线，股价行进基本上处于比较标准的上升通道内，当股价碰到通道的上轨线即压力线时就会回落，而碰到通道的下边即支撑线时就会止跌回升。从浪形结构来说，在1浪、3浪、5浪延长中，往往容易形成趋势向上的上升通道。

一般而言，股价呈现上升通道的走势，对于投资者来说，是很有实战价值的。尤其是轨道空间较大的上升通道个股，最适合在通道中采取低吸高抛的短线或波段操作策略。

　　轨道线是趋势线概念的延伸，当股价沿轨道趋势上涨到某一价位时，会遇到阻力，回档至某一价位又获得支撑，轨道线就在高点的延长线及低点的延长线之间上下徘徊，当轨道线确立后，股价就非常容易找出所在的高低价位了，对于投资者而言，可依此来操作股票。

第四节　利用移动平均线选股

　　在股市技术分析领域里，移动平均线（MA）是绝不可少的指标工具。它是以道·琼斯的"平均成本概念"为理论基础，采用统计学中"移动平均"的原理，将一段时期内股票的价格平均值连成曲线。这里需要强调的是可以用它来显示股价的历史波动情况，进而反映股价指数未来发展趋势从而挑选出具有投资潜力的个股。一般来说，利用此技术手法进行选股通常有以下几方面的要点。

　　（1）吸引作用——主要研究超跌股，对于研究股票的买点有着重要的意义。一般情况下，均线因为股价的大幅度上涨或下跌，就会出现"趋势明确的K线"。这时就构成明确的买卖信号，应该毫不犹豫的进行买卖操作。此时需要指明的是中短期的研判标准是5日、10日均线在下方距离60日均线越远越好，对于超跌股来说，标准是5日均线与60日均线差值达到股价的30%以上，构成的买点价值才算高，一般来说此时买入，短期收益会很可观。

　　（2）在上升行情的初期，短期移动平均线从下向上突破中长期移动平均线，形成的交叉叫黄金交叉。这个时候压力线被向上突破，表示股价将继续上涨，行情看好。黄色的5日均线上穿紫色的10日均线形成的交叉；10日均线上穿绿色的30日均线形成的交叉均为黄金交叉。

（3）在上升行情进入稳定期时，5 日、10 日、30 日移动平均线从上而下依次顺序排列，向右上方移动，称为多头排列，往往预示着股价将大幅上涨，应该把握好此等良好的时机。

（4）移动平均线的运行方向，可称为股价的指南针。当均线方向向上时，角度越大，对股价的助涨作用越大，短期涨升越快；同时，方向向上的不同周期均线越多，同时股价距离均线越近时，对股价的助涨作用越强；尤其需要说明的是短期操作要特别注意 5 日和 10 日移动平均线的方向和角度，如图 6-6 所示。

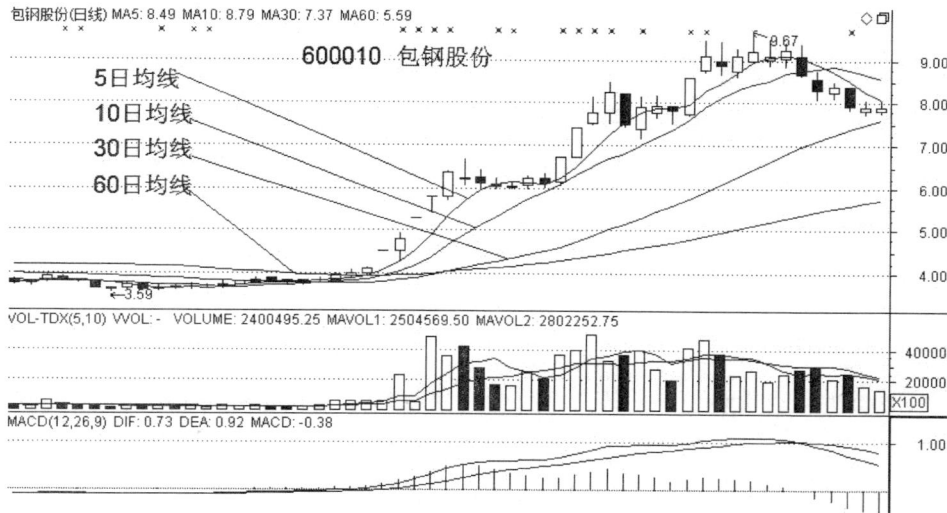

图 6-6　包钢股份日 K 线走势图

（5）在上升行情中股价位于移动平均线之上时，走多头排列的均线可视为多方的防线；当股价回档至移动平均线附近，各条移动平均线依次产生支撑力量，买盘入场推动股价再度上升，这就是移动平均线的助涨作用。

（6）在下跌行情中，股价在移动平均线的下方，呈空头排列的移动平均线可以视为空方的防线，当股价反弹到移动平均线附近时，便会遇到阻力，卖盘涌出，促使股价进一步下跌，这就是移动平均线的助跌作用。

（7）当移动平均线由上升转为下降出现最高点，或由下降转为上升出现最低点时，都是移动平均线的转折点，预示股价走势将发生反转。

（8）当某个交易日股票价格从 30 日平均线的下方移动到该平均线的上方时，建议投资者买进股票。因为这说明了市场买方力量高于 30 日以来的市场平均卖方力量，即当 30 日平均线位于股票价格 K 线图下方时，中线投资者可以买进股票。

此外，利用移动平均线进行的选股时要注意，必须先分析各平均线的排列情况，认清该股目前所处的形势，选股应选均线多头排列的股票，这些股呈强势，获利机会较大。

股价经常贴着趋势线运动，在趋势线没有改变之前，不必卖出手中的股票；而趋势线越陡峭的个股，反映出较强的走势，应该列入优先考虑选择之中。投资者可以选择那些均线系统呈多头的排列方式，且每次股价回档都在均线之上获得支撑，而回档也常常用横盘的方式来完成的，股价横盘等待均线上扬，一旦均线上升到接近股价的位置，便能发挥出均线的助涨功能，推动股价继续上扬的股票。

选股有道

移动平均线反映了股票的三个要素，即趋势、成本及时间周期，由于移动平均线所代表的时间长短不同，对股价反应程度也不同，短期均线比长期均线对股价的反应敏感，这要求我们在使用该指标时要长短结合。特别是当均线的趋势发生改变时，投资者一定要加以警觉。

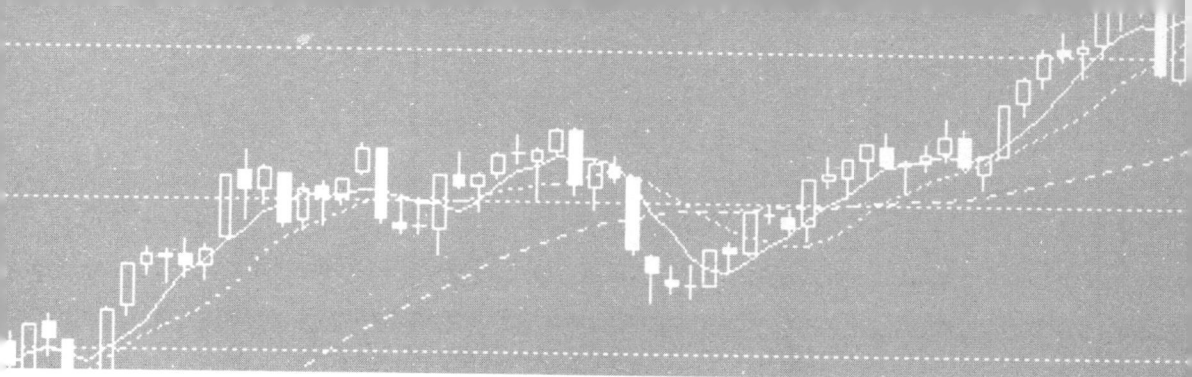

第七章
如何跟随主力资金选股

第一节　观察大资金的流向

资金流向的判断无论对于分析股市大盘走势还是对于个股的操作，都起着至关重要的作用，而资金流向的判断过程却比较复杂，不容易掌握。一般而言，研判大资金流向的方法有以下几种。

一、从成交量上观察大资金流向

在具备行情发动的条件（热资进场）时，可以从成交额（成交量）上观察资金流向的热点，研判大资金的流向。实践证明，根据成交量变化的以下特征，可以对盘中的大资金的流向作出较为准确的判断。

1. 沉闷的股票成交量放大，呈现价升量长的态势

原本沉闷的股票在成交量明显放大的推动下变得活跃起来，出现了价升量增的态势，这主要是由于大资金的举动所造成的。图 7-1 所示为 2015 年 2 月 17 日~3 月 3 日的棕榈园林，出现量增价涨的趋势，预示着有大资金要启动新一轮的行情，此后股价大幅上涨。

（1）大资金为了给以后的大幅拉升扫清障碍，不得不将短线获利盘强行洗去。这一洗盘行为，在 K 线图上表现为阴阳相间的横盘震荡。

（2）由于大资金的目的是要一般投资者出局，因此，股价的 K 线形态往往形成明显的"头部形态"。

2. 排行榜上大资金流向的热点

每天成交量（成交额）排行榜前 20~30 名的个股就是资金流向的热点，所要观察的重点是这些个股是否具备相似的特征或集中于某些板块，并且占据成交榜的时间是否够长（半天、一天、三天等，时间长短和对资金吸引的力度

图 7-1 从量增价涨的量价关系发现主力资金流向

大小成正比）。这里需要注意的是当大盘成交量比较低迷时，部分大盘股占据成交榜的前列，而这些个股的量比又无明显放大，则说明此时大盘人气涣散而不是代表集中的资金流向。表 7-1 为 2015 年 4 月 22 日股市成交量表。

表 7-1　上证 A 股 2015 年 4 月 22 日成交量表（节录）

序	代码	名称	涨幅%	现价	涨跌	买价	卖价	总量	现量	涨速%	换手%	今开	最高	最低	昨收	市盈(动)	总金额	量比
1	600030	中信证券	* 7.81	37.82	2.74	37.83	37.85	808.3万	3525	0.45	8.24	35.39	38.00	35.03	35.08	36.75	293.1亿	1.80
2	601766	中国南车	* -4.96	30.26	-1.58	30.28	30.29	773.5万	142	-0.03	6.57	28.91	31.84	28.66	31.84	78.59	230.2亿	2.25
3	601989	中国重工	* 5.39	14.27	0.73	14.28	14.29	1466万	153	0.07	8.16	13.41	14.88	13.24	13.54	89.39	209.2亿	0.96
4	600837	海通证券	* 10.01	30.22	2.75	30.22	—	672.7万	1	0.00	8.31	27.90	30.22	27.65	27.47	37.57	194.9亿	1.90
5	601299	中国北车	* -5.79	31.89	-1.96	31.89	31.90	580.3万	250	-0.31	5.73	30.47	33.85	30.47	33.85	71.18	182.4亿	2.12
6	601390	中国中铁	* 0.00	18.70	0.00	18.71	18.72	879.7万	482	-0.05	5.15	18.00	19.49	17.20	18.70	38.45	163.1亿	0.76
7	601318	中国平安	* 2.41	90.11	2.12	90.11	90.12	176.7万	17	0.28	3.26	88.79	90.68	88.33	87.99	20.97	157.7亿	0.82
8	601668	中国建筑	* 2.69	9.54	0.25	9.54	9.55	1431万	82	0.00	4.79	9.30	9.93	9.09	9.29	12.68	136.6亿	0.77
9	000725	京东方A	* -0.21	4.82	-0.01	4.82	4.83	2649万	364940	-0.82	11.34	4.91	4.98	4.80	4.83	66.39	129.0亿	1.34
10	601166	兴业银行	* 4.81	20.70	0.95	20.71	20.74	483.2万	156	0.77	2.99	19.88	20.75	19.60	19.75	7.72	97.6亿	1.16
11	601988	中国银行	* 1.67	4.86	0.08	4.85	4.86	1987万	433	0.00	0.94	4.79	4.86	4.75	4.78	8.44	95.4亿	0.85
12	600795	国电电力	* 7.21	6.10	0.41	6.08	6.09	1603万	477	0.16	9.00	5.70	6.18	5.63	5.69	6.18	94.9亿	0.96
13	600010	包钢股份	* 1.14	7.07	0.08	7.07	7.08	1223万	348	0.42	7.77	7.00	7.27	6.90	6.99	1509.09	86.2亿	1.50
14	601688	华泰证券	* 8.45	32.36	2.52	32.35	32.36	272.4万	185	0.52	4.87	30.46	32.79	29.81	40.39	84.5亿	1.67
15	601186	中国铁建	* -2.31	23.31	-0.55	23.32	23.34	358.0万	229	-0.38	3.49	23.20	24.49	21.72	23.86	25.35	83.0亿	0.69
16	600000	浦发银行	* 1.07	18.50	0.34	18.49	18.50	420.8万	128	0.16	2.82	18.30	18.55	18.08	18.16	7.34	77.1亿	0.92
17	600050	中国联通	* -0.13	7.99	-0.01	7.99	8.00	948.1万	140	0.25	4.47	7.85	8.31	7.82	8.24	75.9亿	0.90
18	601377	兴业证券	* 7.09	18.89	1.25	18.89	18.90	411.0万	251	0.00	7.90	17.83	19.00	17.62	17.64	55.14	74.8亿	1.75
19	600958	东方证券	* 3.52	33.86	1.15	33.84	33.85	214.5万	1666	-0.26	21.45	32.92	34.50	31.80	76.37	70.4亿	1.37
20	600886	国投电力	* 5.26	13.21	0.66	13.22	13.23	522.3万	54	0.15	7.70	12.70	13.49	12.53	12.55	16.02	68.0亿	1.30
21	600016	民生银行	* 1.30	10.87	0.14	10.87	10.88	616.7万	37	0.09	1.06	10.81	10.98	10.69	10.73	8.35	66.8亿	0.86
22	000002	万科A	* 2.76	14.88	0.40	14.87	14.88	446.9万	72763	0.06	4.60	14.50	14.92	14.48	10.43	65.7亿	1.03
23	600028	中国石化	* 2.48	7.45	0.18	7.45	7.46	889.2万	1065	0.13	0.93	7.30	7.48	7.24	7.27	19.02	65.3亿	0.78
24	601288	农业银行	* 1.25	4.04	0.05	4.04	4.05	1593万	1666	0.00	0.56	4.01	4.05	3.98	3.99	7.31	63.9亿	0.75
25	600036	招商银行	* 1.32	18.41	0.24	18.41	18.42	340.8万	38	0.16	1.65	18.47	18.61	18.06	18.17	8.30	62.5亿	0.78
26	600999	招商证券	* 5.25	37.32	1.86	37.33	37.34	169.4万	117	-0.02	3.63	35.55	37.70	35.01	35.46	56.29	61.4亿	1.52
27	601601	中国太保	* 6.03	36.91	2.10	36.90	36.99	171.0万	259	0.59	2.84	34.91	37.00	34.72	34.81	30.27	61.2亿	1.46
28	601099	太平洋	* 5.30	15.29	0.77	15.29	15.30	410.6万	243	0.06	12.42	14.73	15.49	14.45	14.52	99.35	61.0亿	2.14
29	600048	保利地产	* 1.52	14.06	0.21	14.05	14.06	433.2万	161	-0.28	4.04	13.83	14.31	13.71	13.85	12.37	60.6亿	0.89
30	600068	葛洲坝	* 2.16	13.70	0.29	13.71	13.72	437.2万	176	0.29	10.54	13.45	14.40	13.15	13.41	27.58	60.3亿	0.82

3. OBV、均量线表现出来的特征

OBV、均量线作为研判成交量变化的主要指标也会出现一些明显的特征，主要体现在以下两点：

（1）当出现以上大阴巨量时，股价的 5 日、10 日均线始终保持向上运行，说明大资金一直在增仓，股票交投活跃，后市看好。

（2）成交量的量化指标 OBV 在股价高位震荡期间，始终保持向上，即使瞬间回落，也会迅速拉起，并能够创出近期的新高。这说明单从量能的角度看，股价已具备大幅上涨的条件。

4. 洗盘阶段大资金流向的特征

在洗盘阶段，K 线组合往往是大阴不断，并且收阴的次数多，且每次收阴时都伴有巨大的成交量，好像大资金正在大肆出货，其实不然。仔细观察一下就会发现，当出现巨量大阴时，股价很少跌破 10 日移动平均线，短期移动平均线对股价构成强大支撑，大资金低位回补的迹象一目了然。

二、从涨跌幅榜观察大资金流向

选股时需要注意资金流向的波动性，可从涨跌幅榜观察资金流向的波动性，主要体现在以下两个方面。

1. 进场不同

大资金（通常是我们所说的机构投资者或主力资金）的进场与闲散小资金进场是有所不同的：首先大资金更善于发掘有上升空间的投资品种（从图形上看就是在相对低位进场），而闲散游资是否集中进场更多取决于当时大盘行情是否好。

因此，从盘面上来看，板块个股具有轮动性，并且大资金总体上进出股市的时间早于小资金进出的平均时间。

2. 涨跌幅榜的表现

看涨跌幅榜就可以发现大资金是否已经动手了，看涨跌幅榜要看以下两方面的内容：

（1）龙头股或者像龙头股的。最初发动行情的个股（涨幅居前，成交量

放大）往往最具备示范效应，投资者如果没有买到龙头股就买像龙头的但还没大涨的个股（从走势上和板块上去看），因为资金具有轮动性，一定要记住。主力只会做抬轿的事而不会干解放的活。

（2）看跌幅榜居前的股票。主要是看跌幅榜居前的一些个股是否前两天有过上涨行情，这两天成交量是否也比较大。如果是，则说明人气被聚集起来了，跟风的资金比较坚决，有利于行情的持续发展，当然大幅上涨后放量下挫则不在此列。

(K) 选股有道

资金流向对行情拐点的判断十分重要，相对低点大资金是否进场，行情是否会转折？相对高点大资金是否出场，行情又是否会转折？在个股的选择上究竟是选热点短炒还是打埋伏等大资金来抬轿，这些都与资金流向的判断分不开。所以我们分析股票市场一定要把资金分析摆在第一位，说到底无论何时何地，股票流通市场永远是资金在博弈、在推动。

第二节　各类典型主力资金的选股方式

一、基金选股法

基金选股法，是以投资基金重仓持有的股票所属行业及各股的持仓比例为基础去加以分析和研判的选股方法。要想获知某只基金持有的个股，可到专业基金网站如天天基金网，输入该基金代码后，就可查看基金持仓情况，该只基金持有的个股一目了然。

1. 运用基金选股法的注意事项

中小投资者的信息来源，局限于国内的各种媒体报道和报刊。而证券投资基金的信息，则是通过直接对上市公司加以调研和分析得出的。查看基金的持仓比例和种类，就能得到更为直接的信息。因此，基金选股方法也就成为中小投资者比较信赖的一种选股方式，但是在运用该方式时，还要注意以下两点：

（1）查看基金重仓持有股票的涨幅。在选股时首先要查看投资基金重仓持有的股票是否已经有了一定的涨幅，如果 1 年之内涨幅已经超过 80％ 或者是 150％，此种股票在基金公布投资组合以后，很有可能利用投资者对基金的信赖而出货。由于基金公布投资组合限制在 1 月 20 日、4 月 20 日、7 月 20 日和 10 月 20 日以前，这就给了出货的时间和空间。投资组合截止日期为每季度末目的 31 日，公布时已经到了下个月的 20 日，在这 20 天中，股东可以把持有的股票逐渐减仓，甚至出得很干净。

投资者在分析投资基金的各种仓位的时候，不要只看投资基金持有的股票占基金净值比例的大小，而应重点分析投资基金所持有的股票种类，以及各股的涨幅是否达到了投资基金获利的目标价位。一般情况下，投资基金持有的股票涨幅超过 100％，则此类股票就是投资基金需要出货的获利目标区。

（2）基金持有占净值的比率。那些基金持有占净值比率小的股票，往往是基金刚刚介入的股票，股价尚没有大幅拉升。也有的以少量参与的心态介入股票，不一定做主力庄家，也像中小投资者一样，把资金分成许多份，分散地进行投资，以便于进出。

2. 软件基金选股法的步骤

市场最大的庄家是基金，但这里说的"基金"并不是市场上的开放和封闭基金，而是基金在新的季度做的新增仓的股票。

（1）基金十大持股。也就是通过这一步找一个认为做得好的基金，这就需要去掉其中的封闭基金、选股范围少的基金，从剩下的基金中再选自己感兴趣的，从中找出该基金新增的股票，用笔记下来。

例如：以华夏大盘基金为例，该基金十大重仓股，如表 7-2 所示。

（2）股东人数统计。输入第一步时记下来的股票代码，查到该股后，看该公司的资料，选择股东人数，要求至少最近两个季度股东人数减少，人均持股增加的，并把符合条件的股票记下来。

（3）打出符合条件的股票。打出符合以上两个条件的股票，看该股是否在软件中发出买入信号。可能会出现以下两种情况：a. 没有发出买入信号，等待发出买入信号；b. 已经发出买入信号，看该股是否创近期新高（是，满仓；不是，半仓）。

表7-2　华夏大盘十大重仓股统计表

持股集中度：43.66%　　　　　数据截止日期：2015-03-31

序号	股票简称	日涨幅	占净资产比	持股变动(万股)
1	万达信息	-1.20%	8.04%	0.00
2	银之杰	--	4.88%	11.39
3	长城汽车	1.35%	4.73%	-72.78
4	陕西煤业	2.81%	4.15%	1312.11
5	金螳螂	3.61%	4.09%	299.63
6	歌尔声学	--	3.05%	236.12
7	中材国际	2.91%	2.91%	460.91
8	华录百纳	1.94%	2.89%	153.06
9	上海钢联	-2.02%	2.55%	56.70
10	天地科技	4.25%	2.55%	405.23

完成了上面两个步骤之后就剩下等信号了，只要没有卖出信号，即可持股待涨；发出卖出信号，全仓打掉。再重复以上两个步骤。

当然，基金选股最重要的还是要看投资基金所持股票涨幅的大小。一旦涨幅过大，就应该放弃选择这种涨幅大的股票；如果涨幅不大，应参照投资基金持有股票的行业和个股，并对其加以适当的关注和介入。这是中小投资者研判投资选股的捷径。

二、QFII 选股方式

从一些 QFII 机构透露的选股思路分析，核心仍然是"价值投资"，动态市盈率偏低、平均年利润率稳步增长的绩优成长股是其首选。综上所述，QFII选股取向呈现以下几个特征。

1. 公司属性

所谓的公司属性是上市公司的基本面特征，一般而言，从公司属性来看，QFII 关注以下几类公司：

（1）自然垄断领域的上市公司。行业如机场、港口、高速公路和广电类公司；个股如深圳机场、皖通高速、中原高速、中信国安、盐田港等。

（2）市场占有率大，在行业内具有一定垄断地位。如海螺水泥、燕京啤酒、中国神华等就属于这种类型。

（3）能够发挥中国的比较优势的公司。如劳动密集型企业，它就有中国

191

劳动力成本低的优势。如嘉欣丝绸、开开实业、杉杉股份等。

（4）拥有稀缺性、不可再生资源的资源类公司。这类公司往往容易得到包括 QFII 在内的主流机构的钟爱，如山东黄金、紫金矿业等。

（5）具有民族品牌的公司，如中药、白酒等。具体而言，中药类上市公司，如云南白药、东阿阿胶、天士力等；白酒类上市公司，如五粮液、泸州老窖等；家电、通信类民族品牌，如大唐电信等；乳业类公司，如伊利股份等。

（6）同我国目前的宏观经济背景紧密地联系在一起，受宏观调控影响较小的行业受到关注。如消费行业的燕京啤酒，公用事业的南海发展、穗恒运等。

（7）资源类公司，包括油田、煤矿、铁矿和旅游资源等。具体公司如兖州煤业、桂林旅游等。

2. 股票属性

所谓的股票属性，是指诸如股价、盘子上的要求，等等。从股票属性上来看，QFII 关注以下几类股票：

（1）流通市值在人民币 5 亿元以上，流动性较好。

（2）一般选择无 H 股的上市公司，同时，带 B 股的 A 股将不被考虑。

（3）价格不能太高，市盈率如果在 20～30 倍之间基本可以接受。

（4）青睐可转债，可转债、基金都可成为其投资品种，而且所占比例不小，其中对可转债的关注度一直高涨，套利是 QFII 大量增持可转债的主要原因，所参与的转债全都有较高的利息及补偿条款的回报，进可攻——上市首日套利，退可守——长线持有，稳吃利息，伺机转股。

（5）公司管理层的素质高，公司财务要具有透明度。

选股有道

虽然 QFII 在选股时有以上特点，但是 QFII 的选股策略和特点并不是一成不变的，QFII 的选择更加实际。如不投资带 B 股、H 股和 N 股的 A 股，这表明其投资 A 股的目的更多地在于在全球范围内配置资产，而非看好整个 A 股市场；对股票的要求不是从股价的变化上来衡量，而是从市盈率的角度来衡量。因为如果业绩持续上升，股价上扬也未必意味着有风险。这比用股价涨幅作为标准要来得更加客观；与此同时，为了未来保证业绩的真实性，QFII 还加了要求管理层素质高，公司财务具有透明度的要求。

三、社保基金的选股方式

从目前的情况来看，社保基金的投资方向将继续贯彻价值投资理念，股票买卖上仍将执行六大投资基金原有的原则。从以下几个方面可以看出社保基金选股的特点。

1. 从获利周期来看

社保基金的投资会倾向于中短线，尤其是会倾向于1年左右的获利周期。因为根据规则，社保基金将进行一年一度的考评，以对六大基金管理额度进行调配，这样六大基金公司将不得不面对为期1年的中短期投资获利压力。所以，在股票选择方面，社保基金会相对偏向中短线。

2. 从社保资金的性质来看

社保基金投资以稳定为主，是不能亏损的。作为管理中央政府的战略储备基金的机构，社保理事会不但受到包括财政部和劳动保障部在内的各部委的牵制，而且在投资上，理事会也一直处在风险控制和投资扩张的自相矛盾中。

3. 从选股公司的属性来看

社保基金基本上偏重于目前市场的五大主流板块，未来社保基金会在金融股、航空机场类股、乳业股、公共事业类股等几方面重叠投资。

4. 从选股思路来看

实际操作中，不妨从社保基金的角度考虑，按以下几条思路进行选股：业绩稳定增长、市场形象良好的；具备良好的筹码流动性；在行业中具有一定的地位，是行业龙头企业；不一定是市场的热点，但与政策热点相关联；当前（仅仅是当前）的价值低估，最好破净的；回避基金、QFII的重仓股，以及游资驻扎其中的；基本面上，比较稳健，有充足的经营现金流，利润大部分来自于主营业务收入，其他的长、短期的偿债能力指标都在正常的范围之内。但是社保基金只对规定范围内的股票进行投资，部分股票如ST股、规定时段内涨幅过大的股票以及部分亏损、微利股均被排除在该范围之外。

5. 从股票的属性来看

从股票的属性上来看，总的要求在对流动性的要求上，对流通盘、市值都作了3亿元下限规定。社保基金仍然坚持"三不买原则"：不买ST股和违规上市公司的股票；不买两年内涨幅超过 100% 股票；不买小规模股票，如市值在 3 亿元以下和流通盘在 3000 万元以下的股票。

选股有道

社保基金更加注重"避嫌"，而不是盈利。社保基金要求投资对象不能是 ST 公司，但事实上 ST 公司中不乏大黑马股，而且目前环境下地方政府对辖地上市公司有补偿倾向，所以漏了 ST 这一群体，未必是好的选择；另外，两年内涨幅超过 100% 的股就不能买，这显然也不是一个好选择，因为好股票涨上 10 倍也并非罕见。而且，如果碰上大牛市所有股票在两年内都有可能翻番。

四、私募基金的选股方式

一直以来，与公募每个季度对外公开持股品种不同，阳光私募重仓股只针对客户公开，但是，私募的持股品种还是有迹可循的。下面介绍两种比较流行，而且高效的私募选股方式。

1. 基本面、技术面互相印证选股

股市是尔虞我诈的战场，但是任何狡猾诡异的股票走势都会留下蛛丝马迹。技术面和基本面都是暴露庄家形迹的场所，因此，通过技术面和基本面相互印证也是一种可盈利的选股方式。由于先后顺序不同，具体方法又可以分为两类：先看基本面，再看技术面印证；先看技术面，再看基本面印证。

2. 私募建仓尤爱"草根股"

所谓的"草根股"，是指股票大多为严重超跌、股价不高、业绩平平，但多重题材缠身的股票。私募重仓的股票多为草根股而非权重蓝筹股，这些草根股要么是刚刚扭亏，要么是即将面临重组或资产注入，甚至包括 ST 股，而这些草根股接下来的表现却极为抢眼——股价大涨，收益颇丰。

选股有道

事实上，对于私募基金来说，其之所以能够跑赢公募和大市，最关键的一点在于以追求绝对收益见长的操作策略的灵活。对后市行情，尽管目前多数市

场人士都认为迟迟未动的蓝筹股会有大表现，但无论从基本面还是从估值的角度来讲，炒股最重要的是成长性和预期，小盘股、资产重组类、外延式增长、乌鸦变凤凰式的个股，才是产生黑马的温床。

五、保险资金的选股方式

保险资金已经成长为市场当中重要的机构力量，其整体的操作风格攻守兼备，其动向历来为市场所关注。根据保险资金追求安全性和稳定收益的特点以及相关的管理规定，使得保险资金在选择上市公司时更加强调公司的资产水平、财务质量、收益水平和所属行业的景气度，结合细则颁布前后市场的状况来看，保险资金在选股时将会瞄准具有以下特点的几种类型的股票。

1. 大盘指标股

保险资金入市将推动大盘股行情，因为根据有关规定的一些限制性因素，明显是鼓励保险资金投资大盘股，而且保险资金的投资理念是长期投资，既然是长期投资，对于中国经济骨干的超大型蓝筹企业当然不容忽视，更何况股价的下挫又为保险资金入市提供了很好的机会。而且，保险资金也会通过权重股的运作来体现其重要的市场地位，也可进一步强化其政策导向的作用。因此，保险资金入市自然会将目光转到蓝筹指标股。

需要指出的是，保险资金对于传统蓝筹品种可能会有一次再认识的过程。这是由于下面两个原因：

（1）二级市场中这些个股连续下跌，后市是反弹还是反转需要再认识。

（2）国内的宏观调控与国际市场价格的稳步攀升的矛盾需要再认识。

由于后期央企上市扩容速度加快，保险资金在二级市场方面的资产配置可能更多会通过一级市场完成。当然，对于市场低估的蓝筹指标股，保险资金也会在二级市场予以"采购"。

2. 潜力股

保险资金入市的目的是增加投资渠道，在保值的基础上争取增值，绝对不是为现有市场资金济危扶困而服务的。因此，初露尖尖角的"潜蓝股"会是保险资金二级市场运作的最好目标。这些被市场初步挖掘的股票所处行业景气度高，业绩增长迅猛而且持续期长。只是由于股价、股本或者业绩表现尚未达到最高峰等因素，其性价比往往被低估。保险公司介入这样的股票，顺应了市场的口味，能够在较短时间获得较高的收益。从另一角度来看保险资金入市后不会介入基金已经重仓持有并有一定涨幅的个股，而是会选择具有长线投资价值，并一度被基金减持，同时仍处于低位徘徊的品种。

3. 新股与次新股

由于规定保险资金申购新股没有上限，只要申购总额不超过自己资产总额的10%即可，这也是在鼓励保险资金申购新股，特别强调风险控制的保险资金拥有了一级市场获取稳定收益的投资渠道后，将不会完全介入二级市场。而一部分已经介入二级市场的资金也会极为青睐次新股，因为次新股中暂时还没有大资金运作，也没有被过度炒作，其中一些成长性较好的个股将会吸引保险资金。

4. 业绩有可能大幅增长的个股

保险资金入市的最大目标，就是获取资本市场的高收益，因此保险资金决不会只依靠上市公司分红来获取投资收益。而要获得高额收益，发掘基本面有较大改变，而且业绩有望获得大幅增长的个股就是捷径。所以，如果保险公司投资亏损股，市场投资人根本不必感到意外。因为暂行办法只是规定，保险资金不得投资严重亏损的上市公司。

5. 景气周期恢复的品种

该类个股有可能成为保险资金中期运作的对象，也是引发市场阶段性波动的原因之一。比如煤炭、电力、农业、矿产资源、汽车等板块。煤炭、电力周期性循环明显，汽车板块的发展值得期待，政策重点扶持同时受制于自然条件变化的农业板块波动难免，与国际市场连动的矿产资源的反复同样显著，这些板块中的个股如长安汽车、丰乐种业、兰花科创等值得关注。

6. 激发市场人气的品种

保险资金在其逐步入市的过程中，将首先树立自身的市场形象，培育自己的忠实跟风者。在此前提下，全新的、市场尚未完全认知的升值消费概念有望被其重点挖掘。对于此类个股中线看好、短期波段操作的可能性比较大。

选股有道

与其他投资相比较而言，保险资金更加看重投资的绝对收益，其投资配置上并不关注行业配置的平衡性问题，而更看重个股的素质。在选股思路上，保险资金更看重的是收益稳定且具有可持续性的股票，那些在国民经济中具有垄断优势的行业以及具有国际估值水平优势的行业将成为保险资金的投资重点，而其所选择的个股也不可能脱离蓝筹板块，那些收益稳定、具有估值优势，且分红收益较为稳健的个股将是其主要选择。

第三节　跟庄家选股

一、快速盈利就跟短线庄

短线庄家是指驻庄炒作时间比较短的庄家，炒作周期在 3 个月以内，最短的几天就结束。

短线庄家是股市上数量最多、最常见的庄家。不仅在上升单边市中能见到其活跃的身影，就是在反弹中、盘整中，甚至在盘跌中，仍然可以见到其在股海大显身手的足迹。

短线庄家大致可分为两种。一种是炒反弹的，在大盘接近低点时接低买进 1~2 天，然后快速拉高，待广大散户也开始抢反弹时迅速出局；一类是炒题材的，出重大利好消息前拉高吃货，或出消息后立即拉高吃货，之后继续迅速拉升，并快速离场。短线庄家的特点是选股重势不重价，也不强求持仓量。这种庄家爆发力极强，成交量大，容易拉出连续涨停板，待散户开始跟进时迅速出局，绝不会打持久战，如图 7-2 所示。

跟短线庄首先必须判断短期股市走势，对其总体趋势有一个清醒的认识。一般来说，短期内没有特别的利好或利空消息，大市不会改变其运作方向。

其次，看成交量是否有较大的变化。如大盘在上升途中，成交量增大，表明将加快上升；如果大盘在下跌途中则会加速下跌。

再次，看市场是否有新的热点。一般在没有市场热点的情况下，大市平稳，处于一种相对宁静的状态。在市场热点频频变化的情况下，大盘也会波动起伏。

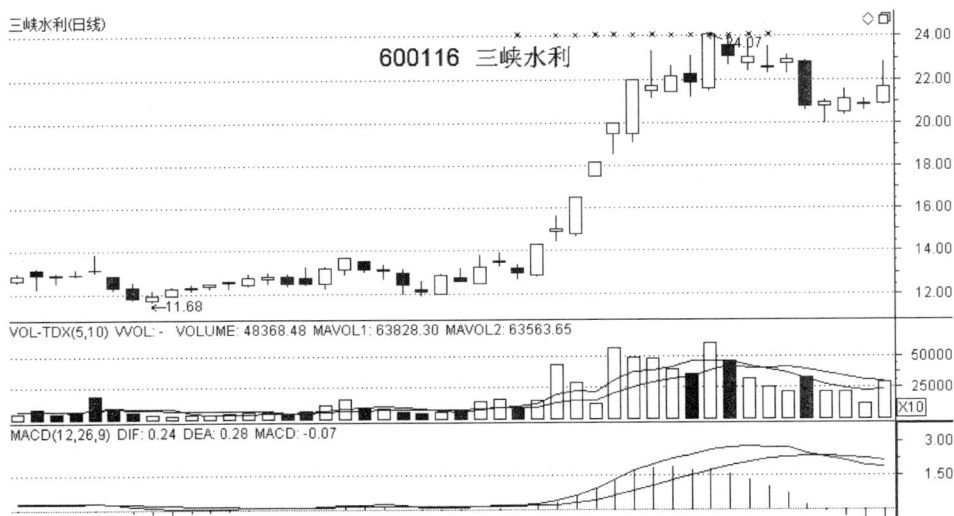

图 7-2　三峡水利日 K 线图

最后，观察技术指标。大盘如果处在箱体震荡或盘局时，技术指标有明显的帮助作用，且各指标表现较一致。但在行情剧烈波动时，技术指标基本不起作用。

因此，投资者在跟短庄操作时要注意以下策略：

（1）低位突破放量时应立即跟进。因为庄家既然在做短线，其进货行为时间就不会拖得太长，一旦吃到一定的筹码，就会拉高股价，投资者稍一犹豫就可能错失良机。

（2）期望值不可太高，上涨 10% ~ 20% 即可沽出，否则可能被套住。一般而言，如果没有发生特大变故，庄家炒作的目标价位应在 20% ~ 50%，但作为散户，切不可贪图太多，应见利即撤，取得切实成果。

（3）追高要谨慎。短线庄家既无上市公司配合，也没有雄厚资金作后盾，不打算长期坐庄，其拉高的目的就是为了出货，投资者追高的风险较大，弄不好可能会血本无归。

（4）设立止损点。投资者错过出货的最佳时机时，千万不要追入，设立止损点是一个防止长线被套的好措施，尤其对散户更加重要，止损点一般定在 10% 较为合适。

（5）注意股市热点转移。短线炒手必须紧扣市场脉搏，密切注意观察下一板块的启动迹象，以免延误时机。

发现短线庄家的最佳方法是寻找短线的投资机会。当发现大市或个股有获利机会后，再留意成交量，若成交量轻微放大，即可跟进。有短线投资机会就肯定有一定的升幅。成交量轻微放大，表明庄家已出动，这时跟进胜券在握。

短线投资机会有以下五种：超跌要求反弹，包括热门股二、三次探底不穿；大市或个股超跌，KD 在 10 左右；大市十分活跃，明显有上升空间；盘整中比价结构明显落后的个股，或低价久盘成交量萎缩的个股，明显低于价值的个股；有利好消息或题材的个股。

选股有道

总之，短线跟庄的成功关键点只有一个，只要选对股票就能在最短的时间赚到不错的利润。请投资者牢记短庄选股标准：两低——股价低、位置低，股价处在历史最低位。此外，短庄还特别喜欢选择在利空打击下，短期极度超跌的个股。

二、跟紧中线庄，赚钱不用慌

中线庄家是指运作周期相对较长，是介于短庄和长庄之间的庄家，一般运作周期为 3 个月至半年左右。中线庄家常对一些板块进行炒作，而且通过板块联动效应以节省成本、方便出货。

一般来说，决定股市中线走势的关键在于政策面的指导。所以，领会政策导向是把握中线行情的主要脉络，当政府鼓励大家投资的时候，股市绝对不会坏。当市场投机气氛较浓，大力强调提高风险意识时，股市也基本到顶，要绝对相信宏观经济政策的调控能力。

同时，还要研判供求关系的变化。在一般情况下，影响股市的供求关系中在一定的时间内供大于求时，股市就会下跌；而当求大于供时，股价就会上涨。因此把握好资金面增减情况与新股扩容的矛盾所产生的变化，是估计中期走势的一大要素。

再者，还要看市场投资者的信心。市场的波动是靠人的买卖行为发生的，而买卖行为则是由投资者对股市的认识来决定的。这种对股市的认识往往有一个渐进的过程，不会一下子逆转过来。所以，一段中级行情也是由信心的逐步丧失或逐步树立来推动的，投资者对此要具备敏锐的观察力。

中线庄家看中的往往是大盘的某次中级行情，中线庄家的一次操作往往是苦心经营数月，没有丰厚的利润，庄家根本从一开始就不会去进行操作，某只股票的题材，中线操作必须有一个良好的炒作题材，以便庄家拉抬时师出有名，比如业绩题材、送配股题材、购并题材、资产重组题材等。中线庄家经常会对板块进行炒作，中线庄家往往是在底部进行 1~2 个月的建仓，持仓量并不是很高，然后借助大盘或利好消息拉高，通过板块联动效应以节省成本、方便出货，然后在较短的时间内迅速出局。正是由于中线庄家操作的升幅大，所以不少跟庄者都十分热衷于跟这类庄家。而作为机构只要有条件，也都会尽可能地做中线庄，以图获得丰厚的利润。

紧跟中线庄，投资者应注意以下几方面的内容：

（1）一年之中只做 1~2 波行情，即年报行情和中报行情。如中间另有特别的利好消息刺激股市时，也不要放弃，应积极跟进。

（2）选股注重业绩和成长性。中报行情应注重绩优股，因为绩优股始终是报表行情的热点，庄家也会借题发挥；而年报行情应注重次新股，尤其是资本公积金高、股本较小、业绩又不错的股票，因为这类股题材丰富，易受市场追捧。

（3）中线炒作应在有量盘整时介入。如不注意几角钱的差价，很可能就是在买套时抄底成功。

（4）做足波段，不轻易退出。只要该股的基本面情况没有变化，不管它的短线涨跌，坚决持股不放，待大盘见顶时再予沽出。

（5）买股要集中在一个股上，资金最好为 80%，留下 20% 资金作配股之需。

Ⓚ 选股有道

中线庄家的派发短则十天八天，长则几个星期，我们切莫因股价已经从高位回落，就掉以轻心。如大势呈现盘跌状态，应设定止损点，暂离场观战，不可恋战，死死抱股不放。

三、赚大钱就要跟长线庄

长线庄家是指运作周期长，一般都在半年以上的时间，有的长达 2 ~ 3 年。长线庄家看中股票业绩，是以投资心态入市的，由于长线庄家的资金实力雄厚、底气充足、操作时间长，在走势上才能够看出吃货、洗盘、拉高、出货等过程。

所谓的黑马股，一般都是在长线庄家的炒作中产生的，长线庄家最重要的特点是持仓量。由于选时往往在经济周期的谷底附近，又有股票的业绩做支撑，因此庄家志向远大，有时股价涨了 1 倍时还依然在不断地吃货。出货的过程也一样漫长，而且到出货的末期会不计成本地抛售。

跟长线庄也必须测估长线的发展趋势。首先看政治环境是否稳定，经济是否发展，对一个时期的政治局面和经济预期要有一个大概的认识。

经济发展有其自身的发展周期性，同时又受外部条件的影响。因此，测估股势的长期趋向，应考虑到目前所处时期是经济复苏期还是衰退期，以及国民经济增长与衰退状况，如处于复苏期，则可大胆介入，否则应谨慎处之。

世界经济形势也是应考虑的因素。每个国家的经济发展都不是完全独立的，它与世界经济和地区性经济有密不可分的联系，所以，进行长线投资还必须对世界经济格局有一个大体的认识。

同时，还要考虑股市周期性的影响。股市周期与经济周期虽相差不大，但有一个滞后性。所以，做长线的投资者在介入这个市场以前，应对目前股市处在牛市的末期还是熊市的末期作一番了解，前者不能跟进，后者则可介入。

长线庄家往往看中的是股票的业绩，他们选中的是业绩有很大改观或连续几年大幅增长的股票，在吸纳筹码时耗时较长，也不太计较几十个价位（几角钱）的成本，往往采取台阶式的收集方式。股价在不受特大突发性利空消息的打击下，形成较长时间的上升趋势，一个周期下来，涨幅惊人。

从事股市长线投资跟长线庄，应该注意以下事项：

（1）入市时间应选择市场较为清淡时，因为这样可以避免高位被套牢。

（2）选择股票以公用事业板块中的能源股为最佳，因为这类股票不存在行业风险，只有业绩好与差的差别，亏损的可能性极小。

（3）平时可以不理会股价的波动，但中报及年报时应注意上市公司的送配方案，以免错过配股时间。

（4）在基本面条件没有发生根本变化的情况下，无论庄家如何炒作，不轻易抛售股票，下决心捂股，中间也坚决不做差价，直到自己设定的价位方才出货。

主力庄家吃进多少筹码，掀起什么样的行情，是决定散户抱多高期望值和跟庄策略的关键。长线庄家一般选业绩有较大提高潜力的成长股，拉升空间100%以上，获利目标一般为100%以上，往往把筹码锁定，盘面特征为形成较长期的上升通道，如图7-3所示。

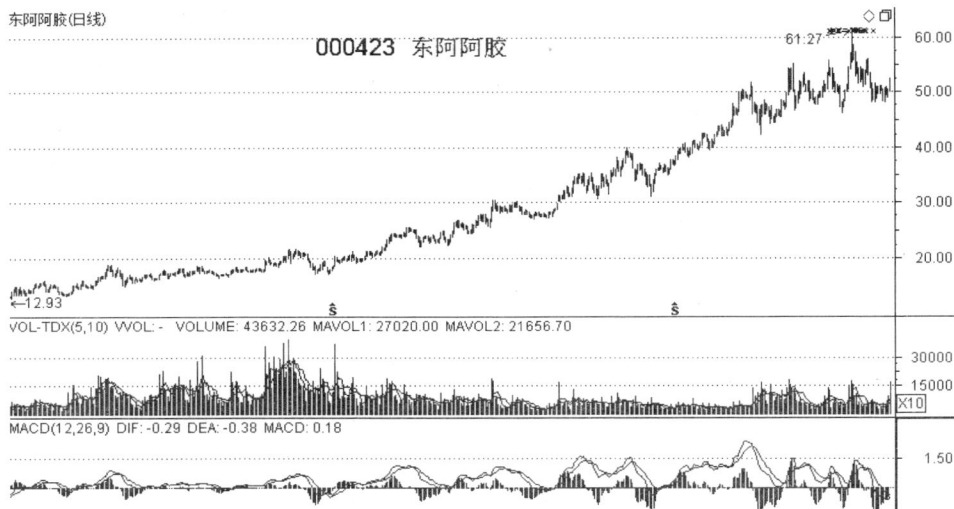

图7-3　东阿阿胶日K线走势图

如果主力庄家选择新股和龙头股板块，采取轮炒方式，投入资金不多，只在于调动股市人气，则散户应该警惕主力庄家在大盘股上悄悄出货。

散户跟庄，最要紧的就是要跟定这类庄家。由于主力庄家实力强大，一般不会受挫。同时还由于跟上了一波大行情至少是中级行情，散户的收益会非常可观。此外，庄家炒大市所借助的手段往往是炒作大盘股板块、新板块或龙头股板块，散户较易于鉴别，加上庄家进货、出货量大，时间长，散户具有从容应对的时机。

选股有道

跟此类庄家，不要为小幅升跌而患得患失，不要太过留意于中途的波折，唯有当经济周期顶峰到来，股市狂热得丧失理智时，庄家才会抛出手中股票，散户此时也已获利颇丰，此时才应出货。

四、跟上筹码高度锁定的庄股

跟上筹码高度锁定的庄股，理由是筹码锁定度高的个股往往有一段轻松上涨的过程，能给投资者带来丰厚的利润。筹码锁定度高的个股形成的原因：一种是庄家通过大比例建仓，实现对股价的相对控盘，这类个股属于控盘类筹码锁定，多数情况发生在走势强劲的牛市行情中；另一种是股价经过漫长而又深幅的调整后，其中大部分筹码因为被严重套牢，持股人不打算斩仓割肉，庄家只需要少量建仓就可以锁定剩余浮动筹码，这类个股属于被套型筹码锁定，大多出现在走势低迷的熊市行情中。股价的涨跌在很大程度上取决于筹码的分布情况——集中或者分散，筹码分布一个显著的特点就是直观性。

1. 高度锁定庄股的特征

（1）筹码锁定度高的个股的最重要特征是能够以低标准的放量达到巨大涨幅，甚至能够以很少的成交量直封涨停。说明庄家的筹码已被锁定，庄家具备了控盘的能力。

（2）筹码锁定度高的个股在股价运行过程中，庄家资金运作痕迹十分明显，表现在盘面上就是股价常常有异常的大起大落，日 K 线上不时出现较长的上、下影线，但股价的异常波动却不会改变其上行趋势。

（3）筹码锁定度高的个股在大盘处于正常调整阶段时，能表现出良好的抗跌性，K 线走势我行我素，不理会大盘而走出独立行情。

2. 高度锁定庄股的投资策略

（1）投资控盘类筹码锁定个股应该以中长线为主，在不减少筹码的前提下，适当进行滚动式操作。

（2）控盘类筹码锁定个股的买入，一般选择个股已经具有明显的筹码被锁定的特征，同时股价运行于标准的上行趋势中，并且在股价的绝对涨幅不大的时候，如图 7-4 所示。

（3）控盘类筹码锁定的个股卖出应该以成交量是否放大作为重要依据，因为庄家在这类个股中介入较深，建仓比例大。突发性利空消息袭来时，庄家措手不及，散户筹码可以抛了就跑，而庄家只能兜着。于是从盘面上看到利空袭来的当天，开盘之后抛盘很多而接盘更多，不久抛盘减少，股价企稳。由于

广晟有色(日线)

600259 广晟有色

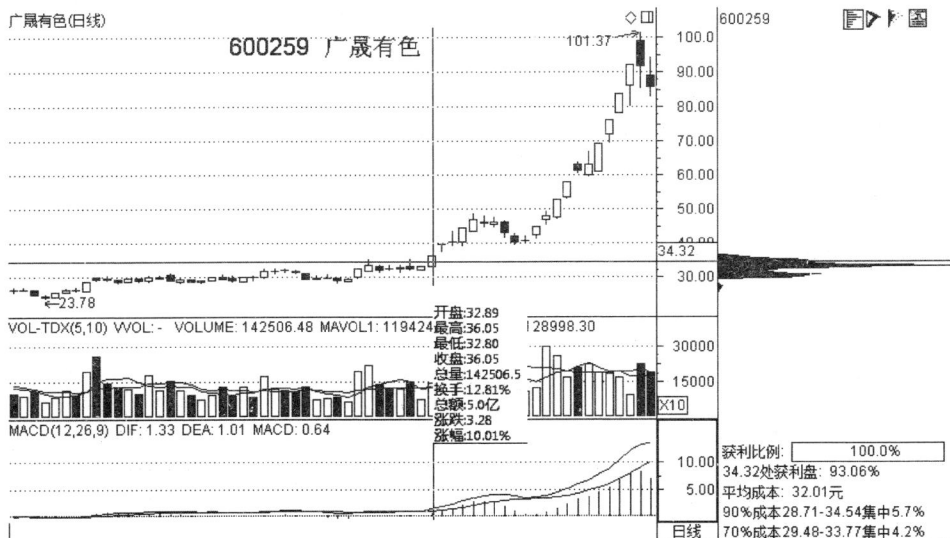

图 7-4　广晟有色筹码锁定

害怕散户捡到便宜的筹码，第二天股价又被庄家早早地拉升到原位。如果试图全身而退，往往需要大成交量的配合。如果控盘类筹码锁定个股涨幅巨大，并伴有不规则的放量时，投资者应该选择卖出。虽然庄家的出货不会在瞬间完成，有时放量后，个股仍有最后一涨。但作为稳健的投资者，此时最起码要适当清空部分仓位，使自己处于进退自如的主动位置。

（4）投资被套型筹码锁定个股，应该以短线为主、以波段操作为主。

被套型筹码锁定个股的买入一般选择个股经历过较深的跌幅，股价已经远远低于前期的成交密集区，乖离率负值偏大，移动成本分布获利盘的数据长期小于5%，同时个股的地量记录被不断改写的时候。地量不断出现，表明该卖的都已经卖了，没有卖的也不想再卖了，此时是股价即将见底的时候，如果再结合其他基本面、技术面的分析，一般来说均会有上佳的收益，如图 7-5 所示。

被套型筹码锁定个股的卖出应该以前期成交密集区作为参考标准，因为这类个股的筹码锁定性是依赖于个股的被套，一旦股价接近或到达前期成交密集区时，就会有大量的解套筹码蜂拥而出，筹码的锁定性就会被松动、破坏。而且，被套型筹码锁定个股的庄家一般投入资金不大，实际控盘程度不高，除非未来的市场行情非常强劲，否则，庄家是不会逆市顽强做多的。因此，投资者在股价尚未到达成交密集区之前，就要及时果断地卖出。

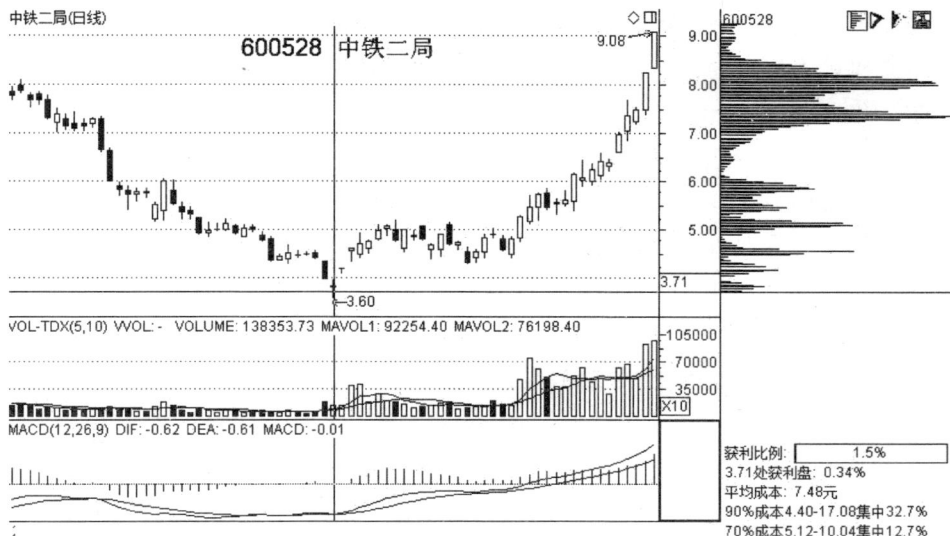

中铁二局(日线)

600528 中铁二局

VOL-TDX(5,10) VOL:- VOLUME:138353.73 MAVOL1:92254.40 MAVOL2:76198.40

MACD(12,26,9) DIF: -0.62 DEA: -0.61 MACD: -0.01

获利比例： 1.5%
3.71处获利盘： 0.34%
平均成本：7.48元
90%成本4.40-17.08集中32.7%
70%成本5.12-10.04集中12.7%

图 7-5 中铁二局被套型筹码锁定

五、跟在庄家建仓结束时

研究庄家的动作，是股票交易操作过程中最关键的环节之一。一般而言，庄家建仓是庄家坐庄的关键的一步，值得投资者予以重视。散户跟庄炒股若能准确判断庄家的持仓情况，盯牢一只建仓完毕的庄股，在其即将拉升时介入，必将收获一份财富增值裂变的惊喜。这里面的关键是如何发现庄家已锁定筹码。具体来说，某一庄股吸货时所耗的时间与盘子大小、庄家的操作风格、大盘整体走势有密切的关系，投资者对不同的个股可以根据不同的方法判断。

一般具备了下述特征之一就可初步判断庄家筹码锁定，建仓已进入尾声。

1. 放很小的量就能拉出长阳或封死涨停

事实上，建仓主要是由于庄家和跟庄者把先前的筹码在股价高位派完后，人为地把股价打压到低位。当股价到达低位后，庄家和跟庄者又开始收集筹码，从而产生建仓段。经过一段时间的收集，如果庄家用很少的资金就能轻松地拉出涨停，那就说明庄家筹码收集工作已近尾声，具备了控盘能力，已可以随心所欲地控制盘面了。

2. K线不理会大盘而走出独立行情

即大盘涨它不涨，大盘跌它不跌。这种情况通常表明大部分筹码已落入庄家囊中：当大势向下，有浮筹砸盘，庄家便把筹码托住，封死下跌空间，以防廉价筹码被人抢了去；大势向上或企稳，有游资抢盘，但庄家由于种种原因此时仍不想发动行情，于是便有凶狠的砸盘现象出现，封住股价的上涨空间，不让短线热钱打乱炒作计划。股票的 K 线形态就横向盘整，股价静如止水般的沉寂。股价始终在某一极小价格区间内窄幅波动，使投资者缺乏炒作空间。

例如，大盘在 2015 年 1 月 23 日~2 月 6 日期间暴跌，而深圳燃气的 K 线走势我行我素，不理会大盘而走出独立行情，显示处于收集筹码末期。其后该股一路飙升，如图 7-6 所示。

图 7-6 深圳燃气日 K 线走势图

3. K 线走势起伏不定，分时走势图剧烈震荡，成交量极度萎缩

庄家到了收集末期，为了洗掉短线获利盘，消磨散户持股信心，便用少量的筹码作图。从日 K 线上看，股价起伏不定，一会儿到了浪尖，一会儿到了谷底，但股价总是冲不破箱顶也跌不破箱底。而当日分时走势图上更是大幅震荡。委买、委卖之间价格差距也非常大，有时相差几分，有时相差几角，给人一种莫名其妙、飘忽不定的感觉。成交量极不规则，有时几分钟才成交一笔，有时十几分钟才成交一笔，分时走势图画出横线或竖线，形成矩形，成交量也极度萎缩。股价碰到上箱顶的次数大于探底的次数，上档抛压极轻，下档支撑

有力，浮动筹码极少。

4．新股上市数天内特别是首日换手率高

由于新股发行进入二级市场后，上市首日成交量大，应是庄家将其作为坐庄目标，利用上市首日大肆吸纳，完成大部分的建仓任务。判断新股中庄家建仓的依据如下：

（1）上市首日换手率超过50％。越高，说明庄家介入的可能性越大，日后拉升的高度可能会较高。若换手率较低，则说明筹码惜售，不便于庄家建仓或控盘，上攻的空间会打折扣。当然，这里还要区分有无多家机构争抢筹码，如有，则股票日后的表现会延期或打折扣。要注意的是换手率高虽然表明了市场交投非常活跃，资金介入踊跃，但由于是交易的第一天，当换手率过高的时候，也表明了资金争抢筹码非常激烈，不但使得大量的跟风盘一拥而上，推高了股价，也有可能打乱主力资金的操作计划。

（2）完成首个100％换手率时，股价有强势表现。强庄在做新股时可能会采取连续拉升的方法，这一般出现在上市首日股价定位不高的情形。更多的庄家会选择横盘震荡来完成首个100％换手率，以完成建仓任务。

（3）在大盘无忧时，新股中的庄股股价不会跌破上市首日的最低价。首日庄家如果大举介入，后市必然会护盘，否则让跟庄者拿到一大批比自己仓底货还要便宜的筹码，那是庄家难以容忍的。偶尔跌破也是为了震仓，时间短，幅度浅（不超过10％）。若大盘出现中期调整，反正市场上敢于买进的人会很少，庄家借机打压再补更低位的筹码则又另当别论。满足以上条件时，新股的庄家基本上难以遁形。日后如何演绎行情，不同的庄家手法自然各异。

5．遇利空打击股价不跌

遇利空打击股价不跌反涨，或当天虽有小幅无量回调，但第二天便收出大阳，股价迅速恢复到原来的价位

个股利空消息突袭而来，主力措手不及，散户可以抛了筹码就跑，而主力却只能兜着。于是我们可以看到，有庄家建仓的个股，在利空袭来当日或次日，盘面上抛盘虽多但接盘更多，这是因为庄家害怕散户借利空捡到便宜筹码而大举接盘。不久抛盘减少，股价便会被主力早早地拉升到原来的水平。

6．建仓完成时的特征

建仓完成时通常都有以下特征：如股价先在低位筑一个平台，然后缓慢地

盘出底部，均线由互相盘绕转为多头排列，特别是若有一根放量长阳突破盘整区，更加可确认建仓完成，即将进入下一个阶段。观察庄家是否建仓结束还应注意大阳线次日的股价表现。通常一支没有被控盘的股票，大阳线过后，次日一般会成交踊跃，股价上蹿下跳，说明多空分歧较大，买卖真实而自然，主力会借机吸筹或派发。而如果在大阳线过后，次日成交清淡，波澜不惊，多半说明已被控盘，主力既无意派发，也无意吸筹。

7. 低位整理时间长

低位盘整时间越长，庄家越有时间进货，行情一旦启动，后市涨幅往往很大。

六、踏准庄家洗盘结束点

能发现股价的底部并及时跟进者，无疑是股市赢家，但这种机会对多数人来说是可遇而不可求的，从股价在底部时成交量往往极度萎缩的状况也可以看出，能成功抄到底部的人毕竟是少数幸运儿。但投资者可在主力洗盘结束之际再跟进，这样即使错过了第一波行情，也能抓住庄股的第二春。

所谓洗盘，是指庄家收集到一定的股票筹码后，为防有跟风盘或原持有的人搭乘顺风车而进行打压的一种手法。洗盘是做庄过程中的必经环节，能够识别主力意图的投资者完全可在主力洗盘时趋利避害：即可在股价出现一定涨幅之后先行退出，等待洗盘结束之后再大举介入。此时短线风险已经释放，买价亦较便宜，且洗盘结束之后往往意味着新一轮拉升的开始，可达到买入即涨的效果。

就庄家洗盘的位置而言，一般在历史的横盘区域，或在过前期顶部附近。关键看位置及成交量，如果轻松过前顶，则上升一段可能才洗盘；如果洗盘时的阴量不大，则洗盘的时间和幅度不会太大；如果阴量放得过大，有可能是深幅洗盘，或洗的时间较长。

洗盘结束时一般有以下三个信号。

1. 下降通道扭转

有些主力洗盘时采用小幅盘跌的方式，构筑一条平缓的下降通道，股价在通道内慢慢下滑，某天出现一根阳线，股价下滑的势头被扭转，慢慢站稳脚跟，表明洗盘已近尾声。

2. 缩量之后再放量

部分主力洗盘时将股价控制在相对狭窄的区域内反复震荡整理，主力放任股价随波逐流，成交量跟前期相比明显萎缩，某天成交量突然重新放大，表明沉睡的主力已开始苏醒，此时即可跟进，如图7-7所示。

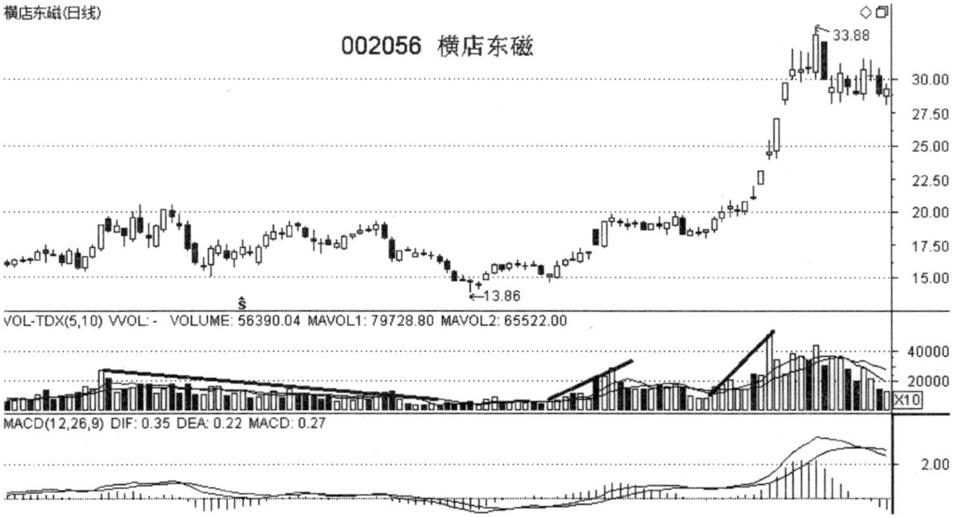

图 7-7　横店东磁日 K 线图

3. 回落后构筑小平台，均线由持续下行转向平走再慢慢转身向上

洗盘都表现为股价向下调整，导致技术形态转坏，均线系统发出卖出信号，但股价跌至一定位置后明显受到支撑，每天收盘都在相近的位置，洗盘接近结束时均线均有抬头迹象。

选股有道

洗盘是做庄过程中的重要环节，能够识别主力意图的散户可在主力洗盘时先行退出，等待洗盘结束再大举介入。既能躲避下跌风险，同时股价也较便宜，洗盘结束之后的新一轮拉升，可以跟庄获大利。但关键是要把握好庄家的洗盘结束点。

七、跟上正要启动的庄股

发现了庄股固然是好事，但介入时机不好也令人扫兴。买早了，空等几个星期甚至几个月，股价就是不动；买迟了就更不用说，白白损失了一截利润。因此，把握好火候，在庄家发动攻势的前夕介入，是最让人高兴的事。

从实际盘面情况来看，庄股启动初期，大致以下面几种日 K 线形态为主。

1. 长阳十字星组合

长阳十字星组合指某支股票某日在低位放量收出一根长阳线（多为涨停）后，第二个交易日收出一根十字星进行洗盘，那么说明主力已进场大幅建仓，如图 7-8 所示。

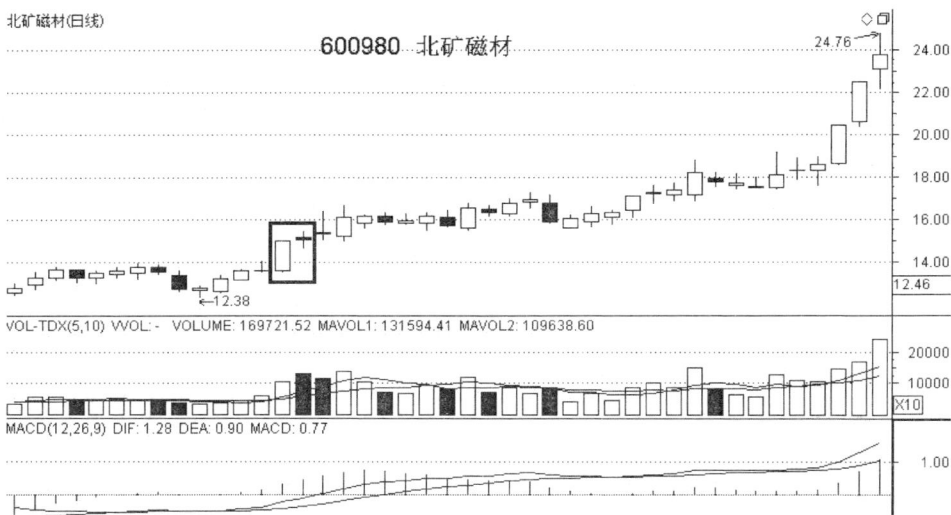

图 7-8　长阳十字星组合

2. 放量过平台

放量过平台指某支股票某日放量突破一段时间来盘整的平台，收出一根长阳。如前如述，放量长阳说明主力正收集筹码，而刚突破平台，说明上档抛压较轻，该股上升空间广阔。

3. 连收大、中阳线

连收大、中阳线指某支股票在低位连续放量收出大、中阳线，主力强行收集筹码。这类股票有一较大特征是启动前跌回原形或跌幅较深。当大盘出现转机时，主力为了节省建仓时间，连续放量拉高股价建仓。

4. 放量不封涨停

放量不封涨停指某支股票在低位明显放量，具备封住涨停板的能量，但主力刻意控制上升幅度或进行洗盘，就算盘中涨停，收盘前也会打开。

5. 低开阳线

低开阳线指某支股票某日大幅低开后，迅速走强，股价迅速回升到上一个交易日的收盘价附近，显示主力借低开阳线画图。

短线投资者在参与即将启动的庄股时，应注意以下三点：

（1）对低位放量的个股可采取"围而不打"的方式，让其吸足筹码。不宜过早介入，打草惊蛇，吓跑庄家或打乱其计划。

（2）关注启动时机。当庄家吸足筹码，准备拉升前，即启动前最后一次洗盘时，投资者再逢低介入。

（3）投资者可根据密集成交区的累计成交量和平均价格，大致计算出主力的进货成本、总的持仓量，从而推测出主力的拉升目标，享受坐轿的乐趣。

八、跟上具有突破态势的庄股

经过长时间整理后，从某一天开始散户朋友们会发现股价突然如火山爆发一样连续拉出涨停，进入庄股的快速拉升期。此阶段庄股不仅具有极高的上升速度，而且往往也具有很大的上升空间，因此在此阶段之前介入，无疑是快速获利的最佳良机。这个阶段就是股市上常说的庄股的突破阶段。

突破是指股票的价格在经过一定的上升后，达到前期高位并在短期内产生较大幅度的涨升。突破和拉升有相似之处，但突破的市场作用和拉升不完全相同，两者既有联系，又有区别。联系是两者都是市场股价向上发展；区别是突破的市场影响力更大，具有时间短、升幅大的特点，股价底部的不断抬高给散户一种股价压不住要下跌的感觉，具有一种神奇的市场自然力量，股价不是主力或其他散户所能控制住的；而拉升更多的则是主力庄家的行为所致，依靠资金实力拉抬股价，股价上升幅度由主力控制，具有很大程度的人为操作性。

突破态势具有三个主要特点：一是时间短；二是价格升幅大；三是市场属性强，受人为因素影响小，可测性强。突破态势的特点决定它是众多散户股民千方百计寻求的暴利机会。

1. 突破条件

（1）主力通过建仓吸筹，控制了绝大多数流通筹码，并且可以人为控制筹码，在拉升过程中不作卖出，从而不对拉升和突破造成巨大的卖压，因此筹码的锁定程度好是庄股突破的重要条件。

（2）主力利用大量资金对股价进行拉升，其资金必须能够应付在拉升过程中出现的市场上其他散户的抛压。因为主力不可能完全控制全部筹码，所以其他散户手中的筹码就成为主力拉升过程中的获利卖盘，主力只有将这些获利卖盘全部接手，才能将股价拉升上去，形成向上的突破之势。

（3）经过一段彻底的震仓洗盘，将其他散户手中的股票震出，造成其他散户出现亏损，打击跟庄者的持股信心，让不坚定的持股者出局，为拉升股价创造条件。

2. 庄股突破的时机

（1）主力通过吸筹和洗盘，已经控制了大量筹码，并人为地进行锁定，不断地清除盘面中的浮动筹码。庄家通过主动性买入，认为抛压较小，向上拉抬的道路已经扫除干净。

（2）由于主力掌握了大量筹码，在将要突破时卖盘非常零散，而主力却可利用资金以大手买盘封住股价下跌的空间，使股价形成推土机式的逐渐上升之势。此时无论是主力或是其他散户，主动性加价买入，股价就会上涨，从而形成突破态势。

（3）从技术形态看，当均线系统形成多头排列，庄股已有完整的建仓、洗盘拉起行为，且每次股价拉抬后回档的低点位置不断向上，显示买盘力量大于卖盘，从而将股价压缩在一个底部抬高的点，当抬高的股价底部高于前期高点时，即形成突破。

3. 突破形态

为了使散户股民能够更好地捕捉到快速拉升前稍纵即逝的介入良机，以下给出几种可能出现突破的典型形态。

（1）箱形突破。个股通过长期的箱形运行使股价有规律地形成多个高、低点，庄家则通过反复震荡、吸筹，蓄势发动一轮波澜壮阔的拉升行情。一般来说箱形运行时间越长，后市向上突破的机会与空间就越大。此种形态下捕捉突破箱形整理的上升点的机会，散户股民除了要了解庄家的操作手法之外，最为关键的还是要能拿得住手中的股票，不少散户股民就是因为缺乏耐心而失去了与庄共同获利的机会，如图7-9所示。

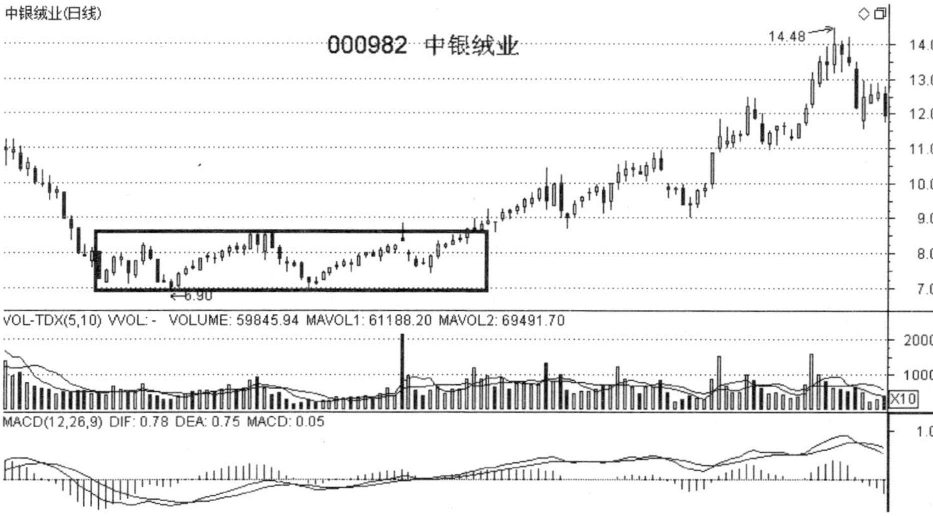

图7-9　箱形突破

（2）横盘突破。横盘突破要比箱形突破来得更为迅猛，此类个股在长期卧底中一片死寂，但静寂之中正酝酿着一场大风暴。此类能够长期忍受寂寞的庄家一旦认为时机成熟，会演绎出相当精彩的扬升行情。参与这些个股的最好策略是尽量避免过早介入，不要期望在最低的底部进入，而应等待这些个股放量拉出大阳线，尤其是确认脱离底部区域之后再介入，短期内获取最大的一段利润空间就足够了。

4. 突破态势的跟庄技巧

（1）对经过建仓和洗盘等阶段的庄股密切关注，对其中可能产生突破行情的个股进行分析。

（2）利用均线进行观察，对均线多头排列的个股进行重点研究——洗盘时股价在30日均线以上受到支撑并重新拉起的个股，及已形成突破行情的个股。

（3）当庄股拉升形成底部不断接近前期高位，如有成交量配合，则形成黑马突破行情的可能性更大。散户股民可试探性地介入。

（4）当庄股股价已达到和超过前期高点时，且伴随成交量放大，说明突破态势已经确认，散户股民应立即介入，千万不可迟疑，以免延误战机。一般可在股价突破后有约 20% 升幅时卖出，如突破后成交量不能有效放大，则升幅有限。

（5）对于这种庄股，散户在观察到其具有建仓、洗盘行为并逐渐拉抬后，就可判断有产生突破的可能性，宜及早介入；或突破之时快速跟进，短短数日，赚 20% 以上的利润应该是没有问题的。

总体来说，捕捉庄股的快速拉升行情并不是没有可能的，不少个股在启动前已明显透露出主力的活动迹象，关键是要充分掌握几种有效的分析手段、多看图形走势，研究主力操作动向。当某只庄股出现有效突破之后，便可积极介入以获取超额的利润回报。

九、跟上不同境遇庄股的技巧

1. 跟新庄股的策略

新庄指的是主力介入时间不长，一般是指入市时间没有超过 1 年的庄家。一般他们会介入刚上市的新股，或者老庄已经撤出很久的个股。

新庄股具有以下优点：

新庄股的资金介入时间不长，时间成本压力小；新庄选择坐庄的股票，一般是历史上没有经历过疯狂炒作，价格偏低且具有一定投资价值和炒作题材的个股，并且往往是当前最新流行的市场热点；由于新庄有备而来，其选择的入市时机往往比较恰当，多在熊末牛初进入股市；新庄股炒作时资金、技术、题材、信心都比较到位；由于主力刚刚介入，股价涨幅不大，新增资金的获利有限，后市往往有更大的上涨空间。

散户跟新庄股的策略如下：

（1）研判庄家的介入时间。投资新庄股的重点是要研判庄家的介入时间。有些个股没有明显的主力介入痕迹，股价走势却表现为控盘行情，则大多属于被套的老庄股。只要这些股票中近期有明显的放量，则为新主力介入的庄股，如图 7-10 所示。

（2）研判新庄股的特征。新庄股一般具有五个共同特征：次新、小盘、高成长、题材丰富、股本可扩张性强。

（3）把握新庄股的介入时机。投资者介入新庄股的时机有两个：一是在

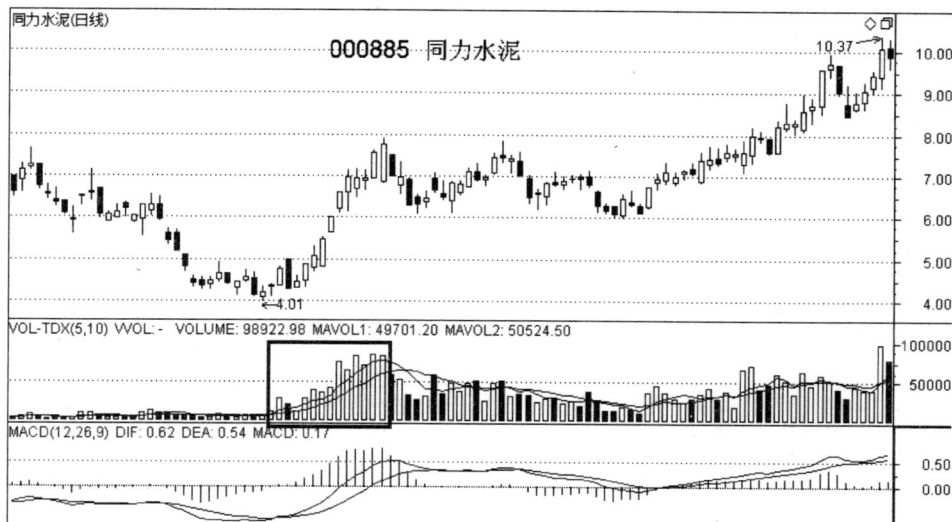

图 7-10 同力水泥日 K 线图

新庄股的潜伏阶段介入。这一阶段属于新主力的隐蔽建仓期，股价走势会有一种压抑的感觉，但成交量却不小，显示增量资金在不断进入。这时投资者可用主动买套的方法，不论短线是否获利，均耐心持股不动。二是在新庄股的发力阶段介入。新庄股的爆发力往往超过其他类型的庄股，在投资策略方面，由于新庄股炒作空间和上升潜力都颇富想象力，因此发力阶段的新庄股最有参与价值。投资者要注意把握时机，勇于追涨。

2. 跟老庄股的策略

老庄股指的是一段时间以来一直有主力驻守其中，他们对个股的股性比较清楚，对股价的走势也往往把握得较好。其股价走势基本不与大市亦步亦趋，甚至逆市而为，在 K 线图上常常表现为长上下影线的日 K 线，忽大忽小、参差不齐的成交量，并且不论量大还是量小，都与其流通盘不甚协调的一类个股。由于这类个股的盘中表现有其相对独立性，散户在实际操作中也应该注意相应的变化，并采取相应的措施。

老庄股在大势下跌时往往比较抗跌甚至逆势上涨，因而可以在跌势中规避风险，甚至获得弥足珍贵的弱市（甚或熊市）利润；而在大市向好时，老庄股却往往表现滞涨甚至不涨反跌，必须加以回避。这就是老庄股在市场中常常表现的"双抗"性。

同时，老庄股的走势与其流通盘的关系也不一定十分密切。因为所谓老庄股实际上也就是主力已经持有了相当部分的流通筹码，分散在外的流通筹码已不是很多，或者说比例已不是很大，此时流通盘的大小在一定程度上也就失去了意义。

散户跟老庄股的策略如下：

（1）适时进退。适时进退指的是严格遵照"追跌杀涨"的原则，在回调低位吸纳，但必须是形态未坏，无破位之虞者，因为如果主力尚不想大举出货，其一定会维持一定的技术形态不被破坏，而不是像拉升初期一样常常进行洗盘以震出浮动筹码。如果形态已坏，主力即使想修复也会付出较大的代价，中小散户实在没有必要去为庄家"添砖加瓦"。

（2）适量参与。由于老庄股的走势存在一定的惯性与惰性，且一旦主力出货意愿较强时可能面临较大的风险，因而最好不要重仓打进，而应该以自己能够控制的仓位适量参与，如此方能做到"进可攻，退可守"。另外需要注意的是，对绝对价位颇高的老庄股要保持足够的戒心，股价超过 20 元者应多加小心，因为此时主力获利已经十分丰厚，如果其出货心切，或大市明显向淡时有较为迫切的减仓要求，老庄股因为多次的送配股及分红，成本要比我们估计的低得多，急于出货时有可能以放量暴跌的形式展开。

（3）适可而止。老庄股大都有自己的运行轨迹，如平缓的上升通道或具有一定震荡空间的箱形等，我们也因此没有必要去追涨，而应该在其形态的低点埋单介入，在到达形态高点时必须卖出，以获得我们预期的差价收益。需要注意的是，参与老庄股的炒作必须防止其股价的大幅跳水，以免造成资金的大幅缩水。

3. 跟被套庄股的策略

被套庄股指被套牢的庄家股，按被套程度不同分轻度被套庄股和重度被套庄股两种。被套庄股拉高不需收集。轻度被套庄股，往往也不过分拉高，只要达到解套位，有人跟进，庄家就会出逃。庄家多采用震荡方式出清筹码。

深度被套庄家股要解套，必须有较大的升幅，因此庄家往往会利用利好消息和市场的乐观气氛，在短期内大幅拉高。

对于轻度被套庄股，散户通常应在成交量见地量时跟进，因为此时由于抄底者少，庄家又得采取拉高方式吸引买盘，有一定升幅，有人追涨，庄家就开始出货。因此，跟这种庄，最忌追涨杀跌。

对于深度被套庄，散户若发现在市场气氛十分乐观时庄股猛然上升，就应当跟进，此时一般可获较丰厚利润。要注意，若在利好出现前已有相当升幅则在出现该股利好消息后迅速抛股，在发现庄家大量派发时也应迅速斩仓。

选股有道

不同的角色做庄，股市就会产生不同的变化，其炒作过程也各有特点。因而，对于不同的角色，散户应采用不同的跟庄方法。

十、瞄准循环低点的跟庄技巧

把握好介入时机是稳妥赚取庄家的钱的关键，其中，个股的循环低点即是介入的安全区域。

每个股票都有不同的升跌循环，涨久了会跌，跌深了会涨。某支股票跌至一定价位似有一股神奇的力量使其止跌回升，这个价位称为循环低点。在循环低点介入一般来说风险很低，中线持股获利的机会很大。

循环低点分为三种情况，即波段性行情的低点、上次行情启动附近的位置和历史低点附近。

1. 波段性行情的低点

不少个股呈现波段性行情，每次的高低点都比较接近，投资者在此股的上次低点附近可果断介入。

2. 上次行情启动附近的位置

若某支庄股在本轮调整浪中直线下挫至启动前的位置，回调幅度为100%，在此位置一些逢低买入盘、庄家自救行动汇集成一股强大的多头力量，股价止跌回升的概率极大。

3. 历史低点附近

若某支个股创下历史新低后股价企稳，表明此时有增量资金的介入，股价明显受到支撑，则更应密切关注。说明风险已充分释放，投资者可趁机捡便宜货。因为很多牛股大都是从创新低后开始步入上升的。

例如，柘中建设创出新低 13.85 元/股后，开始缩量横盘震荡，数日后放量突破，此后一路上扬，如图 7-11 所示。

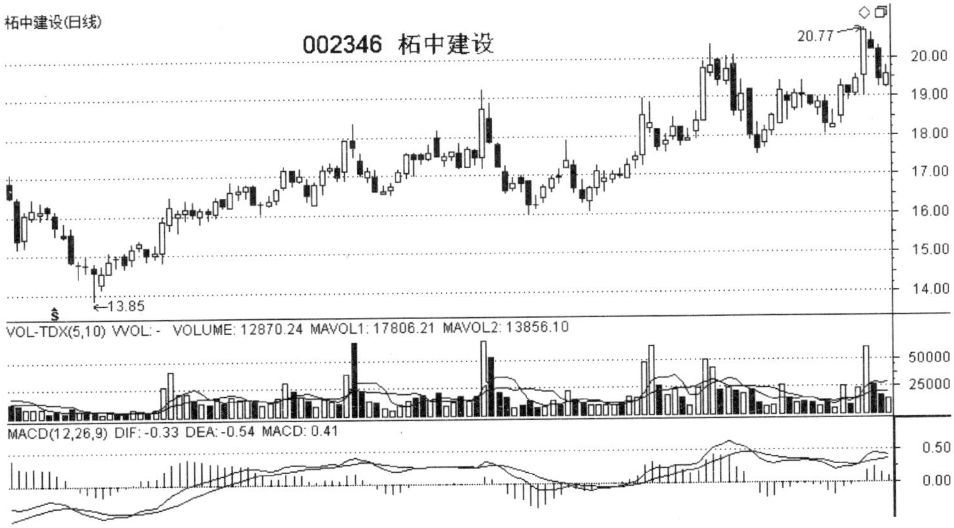

图 7-11　柘中建设日 K 线图

用循环低点来炒股，非常适合上班一族，只要跌至低价区便可大胆介入。但此方法也有一定的适用范围。即该股基本面没有出现恶化，若业绩大幅下滑、官司缠身、被特别处理，等等，股价有可能一再创出新低，也即意外的因素打破了该股的运行轨迹，此时不能套用"老"的低点作出买卖决定。

应当说明的是，循环低点不是一个绝对的"点"，而是一个区域。只要股价跌至该区域内即可放心购买，投资者不要企求买到最低价，只要在低价区域内买到即可持股待涨。

选股有道

有时出现跌穿低点、股价创出新低的现象，此种情况的出现通常是由于受大盘的影响，股价短线出现超跌，价格严重偏离其价值，此种情况通常不会持续很久，被套是暂时的，此时要沉得住气，甚至可不断进行低吸补仓。

十一、对上市公司庄家的跟庄策略

上市公司庄家指操纵和炒作本公司上市股票或其他公司上市股票的上市公司。上市公司用自有资金、拆借资金或者通过某种渠道将上市募股资金用来坐庄，活跃了股性，获取了暴利，也维护了公司在二级市场的形象。有的公司为了配合内部职工股上市或顺利进行配股而采取行动，也有的公司纯属为了获利而兴风作浪。

上市公司庄家有以下特点：

（1）可随心所欲的根据需要制造消息、编造题材。如公司放出风声，年报有高比例送股，散户得到消息后纷纷跟进，庄家则乘机大量派发，当货已出尽，公司通过股东大会否决分配预案，结果散户竹篮打水一场空，庄家却笑看云起云落。

（2）做亏本买卖。为了维护本公司的市场形象，上市公司会出来护盘，不惜冒被套的风险，将上档抛售筹码接在手中。

（3）抗跌性强。上市公司坐庄的股票，在大盘下挫的过程中通常比同行业其他个股的下跌幅度小，主要是由于庄家的护盘行为所致，但此时一般也不会有上涨的表现。如果在盘整市道或上升市道中发现庄家有收集筹码的现象，则可以考虑跟进，这时可能会有利好消息出台。

投资者选择上市公司庄家应采取以下策略：

（1）在盘整市道和上升市道里发现有庄家收集筹码，可以考虑跟进，这时可能有利好消息出台。

（2）在下跌市道中，庄家的收集会是护盘，此时不宜跟进；反弹时也不抄它的底，因为跌幅不深，反弹升幅也不会大。

K 选股有道

大盘回升时，不要买进上市公司坐庄的股票，一是因它跌幅浅因而升幅也不会高；二是上市公司可能会对股指进行调节，回吐部分股票，从而抽走部分资金。

十二、对炒作板块庄家的跟庄技巧

炒作板块庄家主要是指把整个板块作为炒作对象，通过各种方法去影响、控制整个板块中股价的升跌的庄家。这类庄家经常以某一龙头股作为领涨股，同一板块其余个股随后呼应，即采取轮动炒作的方式，等到整个板块全面启动之时，则往往是主要品种调整（减仓）之际。

纯粹炒板块的庄家与炒大市的庄家有几点区别：一是炒板块庄家的资金远不及炒大市的庄家。因此，其炒板块的目的不是控制大市，一般不炒大盘股板块；二是在同一板块的炒作中往往采取轮炒的方式，一方面因庄家实力小，这样操作便于集中资金，另一方面也好掩护其撤退。利用题材和概念进行炒作，是炒板块庄家的惯用手法。炒作前看准某个题材，不断营造一种概念的气氛，然后动用资金炒作其中一只具有特点的股票，以拉动其他相关股票，造成大众投资者的一种心理定式，形成齐涨齐跌的错觉，以号召散户跟进。

散户在跟炒板块庄家时要注意两点：一是当属于某板块的个股被炒时，如果发现早，可跟进；若发现晚，可观察分析同一板块其他个股，看有否异动，若有，可买入，然后坐以待涨。二是注意在轮炒中换股操作，但不要太贪心，不要想在每只股上都赚足。

十三、对炒个股庄家的跟庄技巧

个股庄家指的是把特定的个股作为炒作对象，运用各种手法影响、控制股价升跌的庄家。这是最为常见的一类庄家，即所谓的"撇开大盘做个股""轻大盘，重个股"。其多以某支股票作为炒作对象，用各种方法控制该股票价格的升跌。炒个股之所以盛行，是因为一方面由于资金实力庞大的庄家联手炒作协调管理难度高，所以庄家各自为政，而且炒个股相对机动灵活；另一方面，发掘个股题材较之发掘同类板块或大盘题材要容易，因而更易找到炒作机会。

对散户来讲，跟这种庄家的机会最多，散户在跟炒个股板块庄家时应该研究走势图，了解庄家进货时间、成本、进货的数量，再配合市场上流传的消息，推测庄家坐庄时间的长短以及可能的炒作幅度。如果是短庄，晚了就不要跟，是中线和长线庄家则要随时监视其出货，以免错过了获利时机。

选股有道

炒个股时最好在大市盘整或向上时进行为好，否则，即使有好题材，在大市下滑的市道里，也很可能得不到认同，只能由庄家一路自拉自唱，难以出局。

十四、跟上成交量突变的庄股

庄家在吸筹、拉高、出货等阶段，可以用多种技术指标蒙骗股民，但千蒙万蒙，成交量是无法蒙骗人的。因为一支股价要涨，必须有主动性的买盘积极介入，即买的人多了，股价自然上升；反之，大家都争先恐后地不惜成本地卖，股价就下跌。这在成交量上能反映得比较清楚。

所以，股价一上升，必定有成交量的配合，说明庄家在大量购入股票，散户此时应紧紧跟上。下面就成交量的变化情况，介绍散户的介入时机。

（1）当股价呈现底部状态时，若每笔成交量出现大幅跳升，则表明该股开始有大资金关注；若每笔成交量连续数日在一较高水平波动而股价并未出现较明显的上升，更说明大资金正在默默吸纳该股。当散户发现了这种在价位底部的每笔成交量和股价及总成交量出现明显背驰的个股时，应予以特别关注。一般而言，当个股每笔成交量超过大盘平均水平50%以上时，就可以认为该股已有庄家入驻。因为如果个股放量过度，往往会极大地消耗该股做多的能量，使短期后继的资金无法及时注入，个股的上涨将缺乏持续性的动力，从而使股价上涨一步到位，缺乏实际的投资价值。

（2）机构庄家入庄后，不获利一般是不会出局的。入庄后，无论股价是继续横盘还是"慢牛"式爬升，其间该股的每笔成交量较庄家吸纳时是有所减少还是持平，也无论成交量有所增加还是萎缩，只要股价未见大幅放量拉升，都说明庄家仍在盘中。特别是在淡静市道中，庄家为引起散户的注意，还往往用"对敲"来制造一定的成交假象，甚至有时还不惜用"对敲"来打压震仓，若如此，每笔成交量应仍维持在一个相对较高的水平。此时用其来判断庄家是否还在场内，十分灵验。然而，一旦是个股在高涨幅的前提下出现了剧烈的放量，投资者一定要谨慎。例如，科达股份由低点6.62元，仅仅用了20个交易日就飙升至12.61元，短期涨幅巨大，该股在10元/股高位上放出巨量，投资者应该果断离场，避免被套，如图7-12所示。

（3）应特别警惕股价放量大阳拉升但每笔成交量并未创新高的情况，因为这说明庄家可能要派发离场。而当股价及总成交量创下新高但每笔成交量出现明显萎缩，也就是出现背驰时，跟庄者切不可恋战，要坚决清仓离场，哪

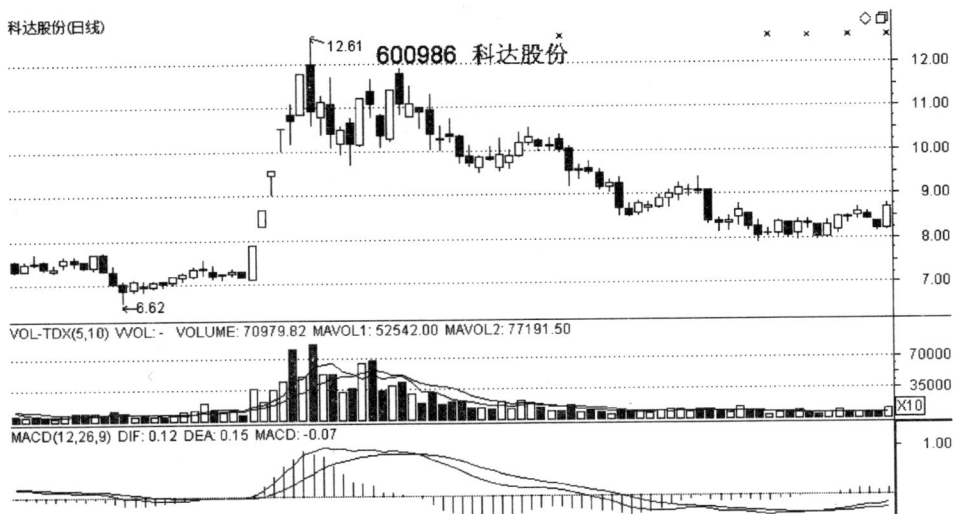

图7-12 科达股份日K线图

怕股价再升一程。

综上所述，可以得出一个简单的投资总结：当每笔成交与其他价量指标出现明显的背驰状况时，应特别引起散户的注意。同时，散户应注意"每笔成交金额"（股价×每笔成交量），因为10元/股的每笔成交量显然要比5元/股的庄家实力强劲。

选股有道

股市有句话叫"有量就有庄"。意思是说，凡是有量的股票必然有庄家在里面活动。因为，没有庄家在里面活动就做不出那么大的量来。股票成交量的变化在无庄家资金的有效介入时，是无任何意义而言的。而一旦有主力资金介入其中，其股票的形态组合与成交量的各种变化状态都会处在控盘主力庄家的微妙调控之下，所以通过成交量的变化可以看出庄家操作的节奏。

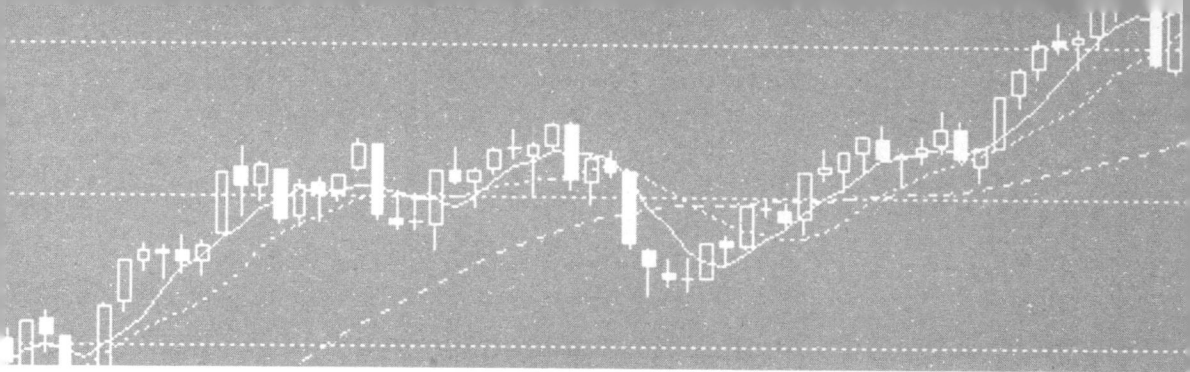

第八章
如何选黑马股

第一节　黑马股的特点

股票的价格可能脱离过去的价位而在短期内大幅上涨的股票被称为黑马股。虽然众所周知黑马股是可遇而不可求的，被大家都看好的股票就很难成为黑马股了，投资者不用刻意地搜寻黑马股，只要是好股票，就可以赚得到钱，其实找到黑马股并不像想象中那么难。

一、黑马股的特征

只要是认真地观察，就会发现黑马股都有三个特征。

1. 低起点

低起点表示股价还在底部区。当然也有高起点之个股，但那是少数，绝大多数黑马股都是在低价位启动的。

例如，2015 年的大牛股中国南车在 2014 年年初时只有 4.96 元/股，而到了 2015 年 4 月该股股价接近 40 元/股，涨了 7 倍，属于低起点的黑马股，如图 8-1 所示。

2. 远景题材

股票具有远景题材相当重要，该股必须具有远景题材，并且远景最好具有很大的想象空间。虽然目前每股的盈利并不突出，但是只要其背后有动人故事的题材，想介入的人就会有一大堆，人在小时候是听故事长大的，长大了也还是喜欢听故事，最好这故事有曲折性与爆炸性，听起来更惊心动魄。

3. 动力

动力也是黑马股应具备的一个必要条件，一定要有动力出现，才不会等太久而令股民失去耐心，尤其从周 K 线上观察，底部出了大量的个股，隔不了

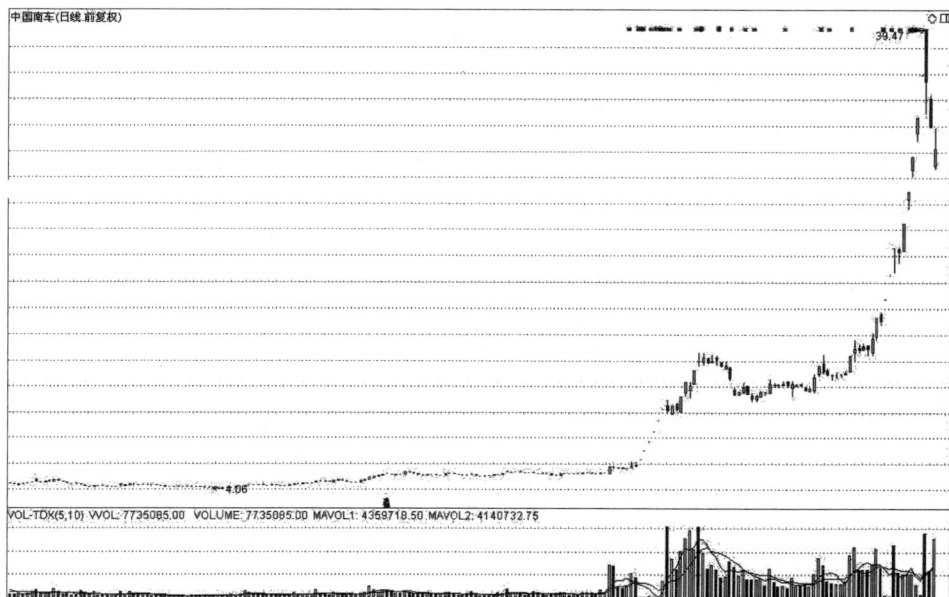

图 8-1　中国南车日 K 线

多久都会爆出大行情。如果具备诱人的远景题材，其爆发力就更大，在牛市中技术选股最好多看周 K 线，才会发觉选黑马股就是这么简单。

二、黑马股启动前应具备的要素

黑马股在启动之前，会出现这样几个要素：首先是市场的浮动筹码减少，股价的震幅趋窄。如果有连续多个交易日的阶段性地量交易过程出现，往往就是主力启动的前兆，当然如果主力某天休息则盘口的交易就非常清淡。其次，股价的 30 日均线走平或者开始缓慢上移，30 日均线代表着市场平均成本，如果一支股票的 30 日均线走平则意味着多空双方进入平衡阶段，30 天之前买进股票的投资者已经处于保本状态，只要股价向上攻击，投资者即刻就可以进入盈利状态。由于市场平均成本处于解套状态，该股向上的套牢盘压力比较轻，并且刚启动时市场平均成本处于微利状态，相应其兑现压力也比较轻，因此行情启动之初主力运作将相对轻松。最后，周 K 线指标及月 K 线指标全部处于低位，日 K 线指标处于低位并不能说明什么，主力依靠资金实力可以比较轻松地将日 K 线指标尤其是广大投资者都熟悉的技术指标如 KDJ、RSI 等指标做到低位，只有周 K 线指标与月 K 线指标同时处于低位，该股才真正具备黑马股个股的潜在素质。

三、从技术上看黑马股

准确挑选黑马的核心技术是识别黑马的特征，而黑马最重要的特征就是不被大众投资者看好。其具体特征如下。

（1）一般来说，次日会涨停或大涨的短线个股有下面几种情况：首先就是通常流通市值要小，但必须注意首先流通盘要小；其次是股价要低，这样一来流通市值小、流通盘小，抛压就轻，庄家易拉升，在大盘出现不利的情况时有能力护盘；日 K 线组合符合经典上涨图例。

（2）股价长期下跌末期，股价止跌回升，上升时成交量放大，回档时成交量萎缩，日 K 线图上呈现的阳线多于阴线。阳线对应的成交量呈明显放大的特征，用一条斜线把成交量峰值相连，明显呈上升状态，表明主力庄家处于收集阶段，每日成交明细表中可以见抛单数额少，买单大手笔数额多，这表明散户在抛售，而有只"无形的手"在入市吸纳、收集筹码。

（3）5 日、10 日、30 日等均线呈多头排列或准多头排列；常规技术指标均呈强势，特别是日 MACD 即将出现红柱，且 5 分钟、15 分钟、30 分钟 MACD 至少有两个即将或已出现一两根红柱（此条件非常关键）。

（4）股价形成圆弧底，成交量越来越小。这时眼见下跌缺乏动力，主力悄悄地入市收集，成交量开始逐步放大，股价因主力介入而底部抬高。成交量仍呈斜线放大的特征。每日成交明细表留下主力踪迹。

（5）股价低迷时刻，上市公布利空。股价大幅低开，引发广大中小散户抛售，大主力介入股价反而上扬，成交量放大，股价该跌时反而大幅上扬，唯有主力庄家才敢逆势而为，可确认主力介入。

（6）股价严重超跌、技术指标（如 6 日 RSI）出现底背离且当日动态日 K 线为阳线的股票中容易出现 V 形反转的黑马。上面所说到的个股不仅当日容易涨停或大涨，而且次日或随后几日股价还将上涨。

（7）K线形态呈长方形上下震荡，上扬时成交量放大，下跌时成交量萎缩，经过数日洗筹后，主力庄家耐心洗筹吓退跟风者，后再进一步放量上攻。

四、成就黑马股的条件

一只股票成长为黑马股，一般需要以下几个条件。

1. 启动前会遇到各种各样的利空

事实上，能成为黑马股的个股在启动前总是会遇到各种各样的利空。这些利空主要表现在：上市公司的经营恶化、有重大诉讼事项、被监管部门谴责和调查，以及在弱市中大比例扩容等。所有的利空消息有一点是共同的，尽管利空的表现形式多种多样，那就是利空消息容易导致投资者对公司的前景产生悲观情绪，有的甚至引发投资者的绝望心理而不计成本地抛售股票。

2. 形成前的走势让投资者对其不抱希望

尽管终将会成为黑马股，但是在形成之前其走势却往往让大众投资者对它不抱希望，这主要是因为其走势非常难看，通常是长长的连续性阴线击穿各种技术支撑位，从走势形态上也会显示出严重的破位状况，各种常用技术指标也表露出弱势格局，使投资者感到后市的下跌空间巨大，心理趋于恐慌，从而动摇投资者的持股信心。

3. 在底部出现不自然的放量现象

能成为黑马的个股在筑底阶段会有不自然的放量现象，显示出有增量资金在积极介入。因为，散户资金不会在基本面利空和技术面走坏的双重打击下蜂拥建仓的，所以，这时的放量说明了有部分恐慌盘在不计成本地出逃，而放量时股价保持不跌常常说明有主力资金正在乘机建仓。因此，这一特征反映出该股未来很有可能成为黑马股。投资者对这一特征应该重点加以关注。

一般的散户不可能像庄家一样知道何时重组、跟谁重组，以及业绩如何扭亏为盈。拉高股价后又如何高比例送股，制造何种令散户意料不到的利好派发。等到黑马被散户发觉的时候，刚准备上马甚至刚刚上马就会冷不丁地吃了主力庄家给的"下马威"，庄家开始大幅洗筹，上下震荡，不愁散户不从"马背"上掉下来。当散户纷纷落马,主力庄家挥舞"资金的马鞭",骑着黑马股绝尘而去。

选股有道

发现黑马股首先要求助于富有经验的投资专家,但是专家提供的线索总的来说仍然只是原始资料,而要从其中迅速筛选出若干家值得进一步研究的公司,则主要靠经验了。如果主力发觉有少量高手仍牢牢跟风,就会采取不理不睬该股的做法——股价死一般的沉寂,盘整几天、十几天甚至数月,对散户进行"耐心"大考验。当又一批散户失去耐心纷纷落马后,这只黑马股再度扬蹄急奔。当然,这时黑马的身份往往已远高于一些优质"白马股"。因此,只能通过细心观察,发觉有主力庄家介入"黑马股"后,紧跟庄家耐心持股才能取得最后的成功。

第二节 几种典型的黑马股形态

所谓"黑马股",是指一些超出常态,在股市中异常活跃,往往脱颖而出,具有很大的发展前途的股票。如果投资这种股票,投资者往往可获丰厚的利润。那么,如何才能知道要投资的是不是黑马股呢?所以掌握黑马股启动前的形态是必要的。其实,黑马股的启动也不是一种偶然现象,因为其中必有大庄潜伏。既然属于黑马股,那么在股价启动之前必然有主力大规模的建仓过程,或是长时间的隐蔽建仓,或是快速的放量拉高建仓。因此,只有主力依靠资金实力收集了绝大多数的流通筹码后,该股才具备了成为黑马股的前提条件。一般而言,黑马股启动之前的形态有以下几种。

一、K 线形状

黑马股在底部横盘时的 K 线形状排列得既紧密又整齐,而且呈现出一种碎粒状的样子，也被称为"小豆排列"，具有鲜明的特色。当股价在低位进行震荡时，经常出现一些特殊图形，出现的频率超出随机的概率。典型的包括带长上、下影线的小阳、小阴线，并且当日成交量主要集中在上影线区域，而下影线中存在着较大的无量空跌，许多上影线来自临收盘时的大幅无量打压；跳空高开后顺势杀下，收出一根实体较大的阴线，同时成交量明显放大，但随后并未出现继续放量，反而迅速萎缩，股价重新陷入表面上无序的运动状态；小幅跳空低开后借势上推，尾盘以光头阳线报收，甚至出现较大的涨幅，成交量明显放大，但第二天又被很小的成交量打压下来。这些形态如果频繁出现，很可能是主力压低吸筹所留下的痕迹，如图8-2所示。

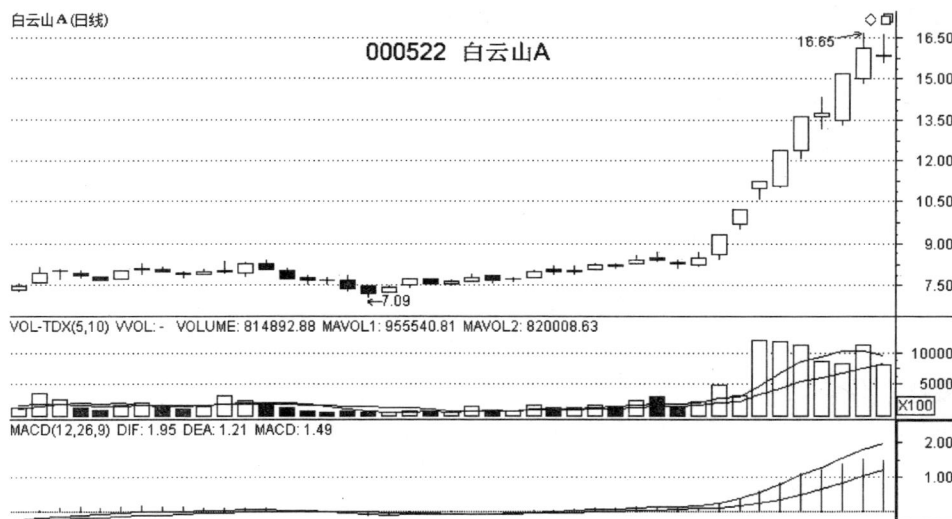

图8-2　K线小豆排列

二、股市的浮动筹码减少，股价的振幅趋窄

如果没有主力的参与则盘口的交易异常清淡，启动之前通常有连续多个交易日的阶段性地量交易过程。

三、均量线长期拉平

不少黑马股在底部横盘时的成交量均会大幅下降，在成交量指标上会形成均量线长期拉平的情形，如图 8-3 所示。

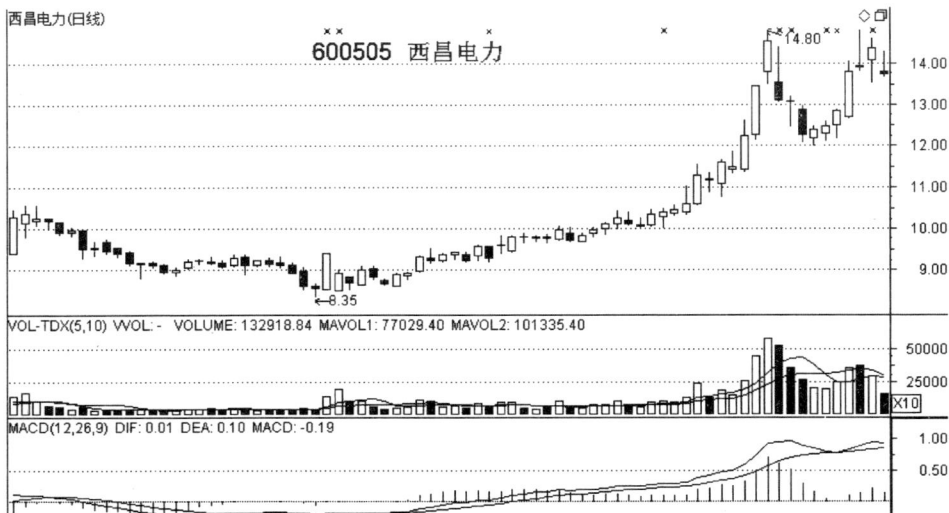

图 8-3　均量线长期拉平

四、成交量不断变化

经常出现上涨时成交量显著放大、涨幅不高的滞涨现象，但随后在下跌过程中成交量却以极快的速度萎缩。有时，则是上涨一小段后便不涨不跌，成交量虽然不如拉升时大，但始终维持在较活跃的水平，保持一到两个月后开始萎缩。由于主力进的比出的多，日积月累其手中的筹码就会不断增加。

五、K 线指标均处于低位

日 K 线指标处于低位不能说明什么，主力依靠资金实力可以比较轻松地将日 K 线指标尤其是广大投资者都熟悉的技术指标如 KDJ、RSI 等指标做到低位。所以，只有周 K 线指标和月 K 线指标也同时处于低位时，该股才真正具备黑马股的潜在素质。周 K 线、月 K 线反映的分别是一周、一月的交易状况，短期 K 线出现的较大波动在周 K 线、月 K 线上一般都会被过滤和烫平。在实行操作中，首先分析周 K 线、月 K 线是否安全，然后再分析日 K 线的组合和量价关系配合是否合理，更易抓到大黑马。

K 选股有道

俗话说，"乱世出英雄"。若某支股是超级大黑马股，则必将上涨。既然要上涨，那肯定很多时候是大盘跌，它却在涨！据此，寻找此类超级大黑马股，可以将每次大盘跌时上涨的个股记下来，特别是当大盘暴跌时。所以，只需进行连续观察、统计一周的时间，如果某只股经常处于大盘跌时它却在上涨，同时伴随着大盘上涨常常也跟着涨，那么这样的个股就可被认为是超级大黑马股。

第三节　从次新股中寻找黑马股

一般来说，从市场的角度来看，次新股的上市时间比较短，并且其前期的股价也随着大盘的震荡而升跌不休。但不容忽视的是，次新股的上档阻力比较小，反弹行情一旦展开，将会创出上市新高而进一步拓展其上涨空间，成为一匹黑马。从实际情况来看，我们也可以发现一个重要的运行规律，即每次大盘展开反弹行情时，次新股中都会涌现出短线的强势品种，甚至有的次新股还可能会领涨短线的大盘股。不过，在炒股的大潮中并不是所有的次新股都能成为黑马的。所以，如何从次新股中寻找黑马股便成了投资者成功投资的关键。

一、如何在次新股中选取黑马股

1. 分析新股和次新股的行业背景

通过分析新股和次新股的行业背景，可将其分为三类：朝阳（高成长）行业、一般性行业、夕阳（衰退性）行业。通常来讲，行业的种类就能决定这支股票上市后的"戏份"。通过筛选和分析，还可以找出一些主力长期介入的股票，或者可以找出一些特殊行业的股票。所以需要提醒股民的是由于行业的特殊性，这些公司的股票首日上市就容易受到大主力的重视。

2. 分析次新股的基本素质

一般来讲，具有黑马股潜力的次新股的流通盘较小、业绩优良，具有高送转、高派现题材等特点。

例如，利源精制 2014 年 12 月 1 日晚间披露年报高送转预案，公司 2014 年度拟向全体股东每 10 股转增 10 股并派现 1.6 ~ 2 元/股。此后该股股价一路上扬，如图 8-4 所示。

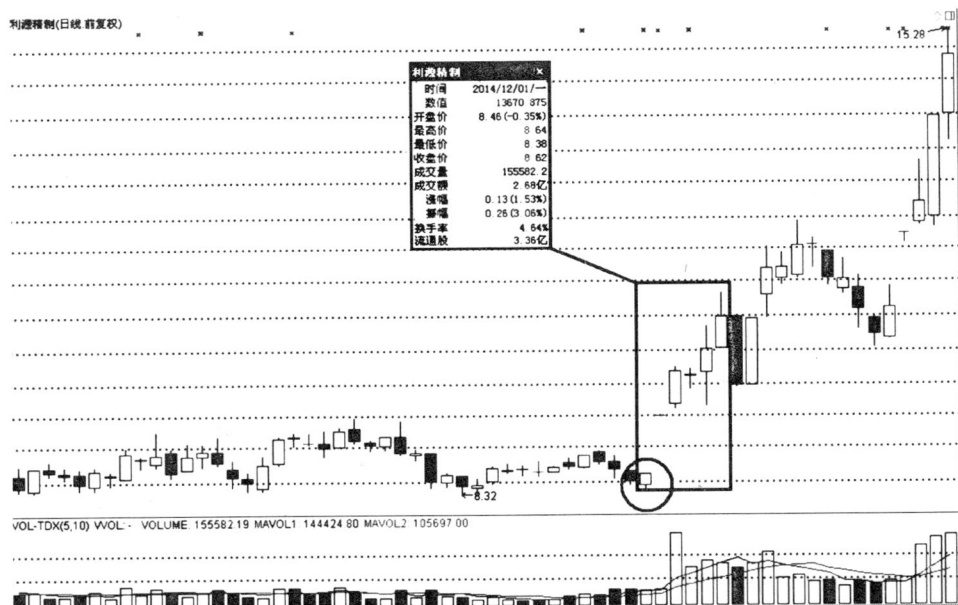

图 8-4　利源精制日 K 线图

3. 二级市场的首日表现分析

新股开盘后一般有两种情况，即可能开盘高走，也可能开盘低走。不过都有投资的机会。需要指出的是，通过统计分析得知，有 99.5% 的新股增长后的股价超过首日开盘的最高价。因此，新股板块风险最低、收益最高。只是在介入时，应选择在低点的谷底吸纳。

4. 分析次新股的技术指标

通常来说，炒作次新股的投资者，重点参考的指标有人气指标 AR 和意愿指标 BR。其中人气指标 AR 可以反映次新股买卖的人气；意愿指标 BR 可以反映次新股买卖意愿的强度。需要指出的是，当次新股的 26 天 AR、BR 指标中 AR 和 BR 线均小于 100 时，如果 BR 线急速有力地上穿 AR 线，投资者可以积极的逢低买入。

5. 分析上市公司的基本面和主要财务指标

在上市公司的所有公开信息中，招股说明书含金量较高，也是上市公司的首次公开亮相，从中可以挖掘出一些有价值的信息。再次，综合一些因素，也可大略得出公司管理层对待投资者的诚实度和透明度。一般来说，小盘新股后市都有股本高扩张的要求，大盘新股派发红利的为多。

6. 掌握次新股的放量特征

一般来说，在次新股放量上涨的过程中，投资者仍可以积极选股。但是要注意成交量是否过大，因为如果成交放量过大，会极大地消耗股价上攻的动力，容易使股价短期见顶，转入强势调整。

7. 横向比较二级市场的定位

利用比价效应，找出价值被低估的股票。具体来说，可横向比较开盘价是否被低估或高估，以及最高价和最低价的表现模式。通过比较，就可找出一些价值被低估的股票，而且高送配的股票一般都出现在小盘股上。例如，比较 500 万元 ~1 亿元股本的新股，同行业、同类型股票，最终可发现一些价值低估的股票。

8. 了解次新股的历史特征

在这方面投资者需要重点关注以下几点：其一，次新股上市时间的长短；其二，次新股是否曾经被疯狂地炒作过；其三，次新股的业绩是否稳定；其四，上档是否有沉重的套牢筹码。

二、哪些次新股最易成为黑马股

（1）在低迷市道中上市时，定位明显偏低的个股。

（2）一轮行情中率先启动的龙头类次新股。

（3）"生不逢时"的次新股，主要是在牛市末期和熊市初期上市的高定位次新股，可以关注其中调整时间较长、下跌幅度远远大于股指的低价超跌类次新股。

（4）上市后没有经历过大幅炒作的次新股，这类个股上档没有套牢盘和成交密集区，上升阻力小，一旦大势走好，容易有出色的表现。

（5）流通盘与总股本均不大，有多年滚存利润和丰厚公积金的次新股。这类次新股具有较强的股本扩张能力，能为将来的强劲走势提供保证。

三、次新股的筛选技巧

当新股上市一段时间之后，就成为次新股。投资者可以通过对次新股的财务数据、基本面情况、市场表现和投资情况等方面进行综合分析，从中发现有望成为黑马股的次新股。在实际操作中，对次新股进行筛选时需要综合考虑的因素，如表8-1所示。

表8-1　次新股进行筛选时需要综合考虑的因素

序　号	因　　素
1	对近期上市新股可重点追踪
2	关注次新股上市定位后的股价涨跌
3	关注净利润是否出现增长
4	关注主营业务收入是否出现明显上升
5	关注每股收益是否超过股市的平均水平
6	关注市盈率是否低于两市的平均水平
7	关注次新股上市公司的投资情况，注意其募集资金的使用方向和投资项目的进展状况
8	重点关注中小板市场的次新股

选股有道

一般来说，次新股年报行情中表现最好的股票并非上市时间短、人气高的股票，上市日与次新股炒作之间存在着一个不短的时间差。这说明，次新股炒作的核心问题在于其筹码结构。只有筹码足够时，才可能具备较大的炒作空间。

第四节　利用公开信息捕捉黑马股

信息，一直被认为是股票市场不可缺少的因素之一，我国沪深股市更被投资者称之"消息市"，足以证明信息在我国股市中的重要性。每当年报、中报公布期间，有关上市公司的业绩、送配方案、重组方案等不同内容的小道消息便早早地流传于股市中，因为这些小道消息中有些在后来也有被证实的案例，所以更是受到了很多投资者的热爱，不辞辛苦地去打听消息，以其作为投资依据。

由于我国股市目前为止还处于初级阶段，在信息披露方面仍有许多不规范之处，通常是待到利好公布的时候，股价早已被事先知晓的主力炒得高高在上，利好一经公布，主力马上顺势出货，还美其名曰为利好出尽。其实就是常说的"见光死"。正是因为信息不对称的原因，导致中小投资者宁愿去打探小道消息，也不去用心研究上市公司公开信息的怪现象。

其实，上市公司的公开信息并非真的没用，一些细心的投资者正是通过对其公开信息的认真分析、研究、追踪，才挖掘出一支支闪亮的黑马股。

需要我们注意的是，公开信息虽然重要，不过投资者在进行分析时也要结合技术走势、大盘状况等信息进行综合考量，方能提高胜算，我们需要高度重视的公开信息有以下几种。

一、股权转让

在沪深股市发展的历史上，每一支黑马股几乎都和股权转让方面的信息有一定的关联。由于股权转让会在一定程度上给原上市公司的主业带来变化甚至"转行"，给上市公司带来了从头至尾的变化。另一方面，每年的年报、中报公布前，总是有些上市公司"出让股权，转让资产"的公告，此动作会直接给上市公司带来收益，投资者需要多加留意。

二、资产置换

对股权转让而言，更加彻底的就是"资产置换"这一方式，常常发生在"ST""PT"公司。我们所说的"资产置换"其实就是把原上市公司的劣质资产剔除，由另一方直接注入优质资产，快速提高上市公司的业绩，这类公司年报业绩的"成长性"通常好得让投资人看不明白。当然，置换方也不是活雷锋，不用您操心，其自然会在其他地方"找平"，这是不需要怀疑的。所以，投资者对那些重组后公布业绩奇好、股价高高在上的股票还是要持谨慎态度，不要一时被其好的一面所迷惑。

三、预亏、诉讼公告

管理方推出"预亏公告"，其目的其实就是为了控制过度投机炒作，但其真正实施起来却像当初的"ST股"一样，改变了其最初的意义，"预亏公告"时常成为庄家炒作的题材，每到年报、中报时一定准时"发作"，特别以中报为甚，形成了一道奇怪的风景。

四、职工股、转配股上市

种种历史因素导致很多投资者手中持有转配股或是职工股，这部分筹码成本非常低，有的几乎能忽略不计，一旦上市，一定会给二级市场带来相当大的压力。所以，很多投资者把这个消息看作"利空"也就不奇怪了。当广大投资者形成近乎一致的思维时，也就表示主力机构可能拥有了反方向操作的能力，当大家纷纷抛售之时，也是主力大肆收集兼并筹码的大好机会。所以，这些个股当日低开高走，放量之后屡创新高的走势，在操盘手看来也就十分正常了。

综上所述，投资者在面对纷繁的信息时，应该具备逆向思维的能力与逆向操作的勇气，才能战胜股市波动，使其脱颖而出。

选股有道

平时要注意广泛、深入地收集个股的信息，对消息属实的个股进行深入、细致的调研，对于流传的小道消息要慎之又慎，因为主力要操作哪支股时是不会让普通的投资者知道的，等投资者知道时就是主力出货之时。

第五节　利用除权寻找黑马股

不少个股在拉升至一定的价位后，其绝对价位也不低，股权集中度比较高，由于主力持仓量较大，在较高的价位难以全部将股票抛掉，使得场外资金没有合适的切入点，资金搜集优质筹码的工作比较困难。因此，常会在股价上升后，让上市公司配合公布送股的利好消息。

在除权、除息后的一段时间里，如果多数人对该股看好，该只股票交易市价高于除权（或除息）的基准价，即股价比除权、除息前有所上涨，这种行情称为填权。

对短线投资者而言，在除权之后，买入后觉得风险比原来股价在高位时的风险小，甚至还会认为该股会有较大的填权空间。对主力而言，如果高位出货，高价位对一般投资者缺乏吸引力，可能接盘的人很少。因此在除权后并不会立即出货，等到股价稳定，尤其是大盘进入强势市场之后，主动会在盘中造成一种填权的气势，有的个股甚至填满权后还会继续上涨。

以山东黄金（600547）除权之后的走势为例，如图8-5所示。

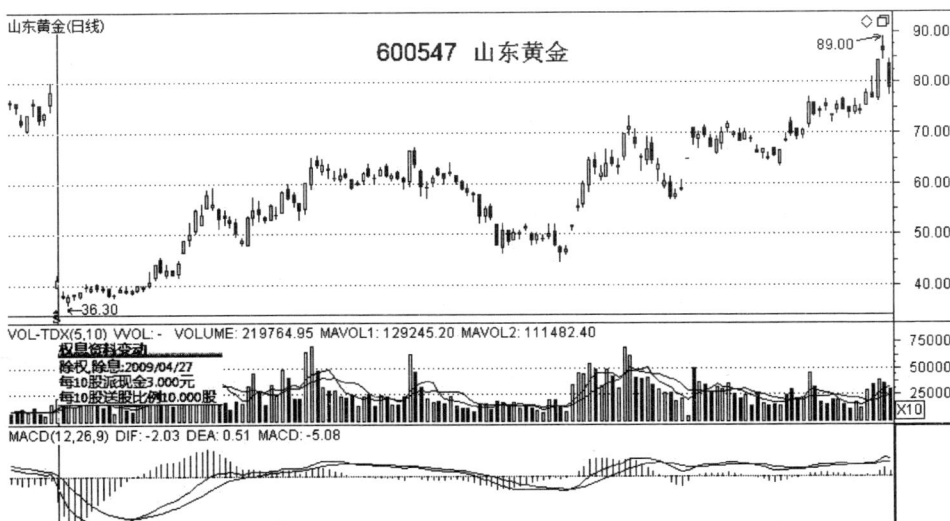

图 8-5　山东黄金日 K 线图

这类股票的介入需要以下两个条件：

（1）大盘位于极强的走势中，在大牛市时主力会充分利用除权后再填满权进行炒作；而在弱势市场中，除权类的股票常会出现贴权的情况。

（2）介入成交量未放大的庄股。当发现某强庄股在除权后成交量极少，可以在其拉阴线的过程中介入，若该股在除权后成交量一下子放得过大，短线只有出局而不能买进。一般情况下，对前期在高位横向整理的强庄股，在其除权后，只要成交量仍然处于前期的水平，就可以逢低吸纳，随后在其成交量放出后出局。

选股有道

对短线操作者而言，最重要的是如何捕捉跟随主力获利的机会，不但要抓到那些实力强大的强庄股，而且要找好跟进买入的最佳切入点，这样才能获利丰厚。

在除权类股票中，有的时候主力的实力不是很强，但为了达到出局的目的，有时主动在股价并未拉高的情况下也会放量出货，这种情况只宜卖出而不能短线介入。因此，对除权类股票的介入既要看其成交量的变化，同时还要研究该股在前一阶段的股性，对股性极佳的股票可以介入，而对股性呆滞的股票则不宜介入。

第六节　从缩量中寻找黑马股

投资者刚入股市时，可能会听闻一些经验之谈：买股票一定要看成交量，因为通常来说成交量是不会骗人的，只有在放量上涨时才能够跟进，如果是量价不匹配，万不能买进。虽然这有一定的道理，但是经过实战就会知道，主力可以通过对倒来做出成交量，专门诱使特别重视成交量的投资者上当。

不过庄家虽然可以通过对倒来制造出假的放量，但是无论如何都无法制造出假的缩量。只有缩量才是最不能骗人、最真实的。在实际操作中，我们可以通过观察股票的缩量情况，来帮助投资者在近期的股市中进行操作。

一、缩量上涨

某些股票在底部出现明显放量后，开始在一个上升通道中震荡上行，随着股价运动到比较高的区域，成交量反而逐步缩小。这些股票的缩量，反映了这些股票的庄家通过在底部的吸货和洗盘，已经将筹码大量聚集在自己的手中，所以股价越是向上走，成交量就会越小。遇到此类股票，可在其上升通道中逢低吸纳，会有较大的收益。

例如，大洋电机放量上涨后缩量回调，之后再度放量上涨，其再度上涨是因为筹码集中于主力的手中，所以是缩量上涨，如图8-6所示。

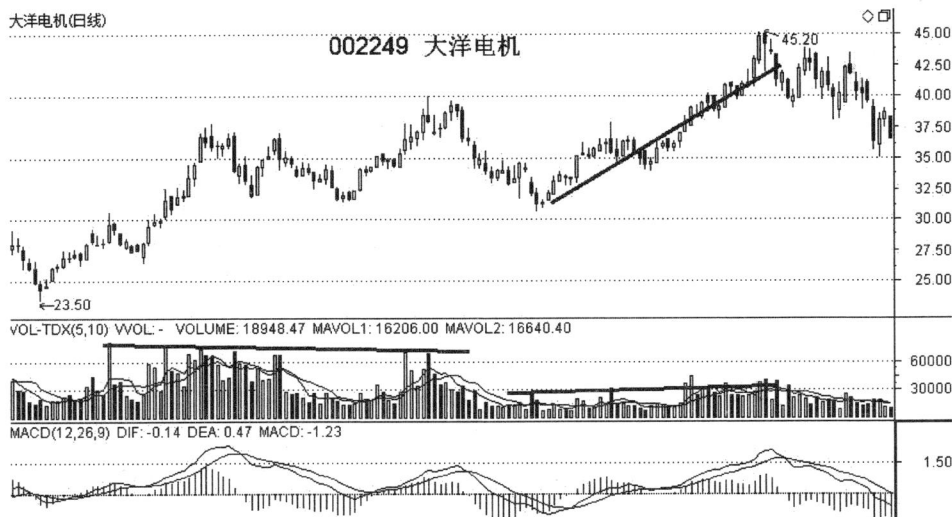

图 8-6　大洋电机日 K 线图

二、缩量横盘

缩量横盘的特点是股票经过一轮上涨之后，在高位开始横盘，K 线小阴、小阳交错，成交量与其在底部时比大幅萎缩，长期均线持续上移和股价逐渐接近，同时市场上关于该股票的传闻很少，股评也较少推荐，丝毫不被人注意。此类股票的庄家通常持仓量极大，也根本没有出货的机会，横盘正是在等待时机发动波澜壮阔的主升浪。

例如，华润三九（000999）经过一轮上涨后开始缩量横盘，直至再次放量上涨，如图 8-7 所示。

三、缩量回调

一般而言，一只股票在拉升前大多会有一个砸盘的动作，就比如人要跳起之前会微蹲下一样。因为之前庄家已经建仓结束，在拉升前的最后一次洗盘时成交量会比以前明显萎缩。如果投资者发现一只股票在底部温和放量、小幅拉升后，忽然收了一根明显缩量的阴线，则此时通常是该股最好的介入时机。

华润三九(日线)

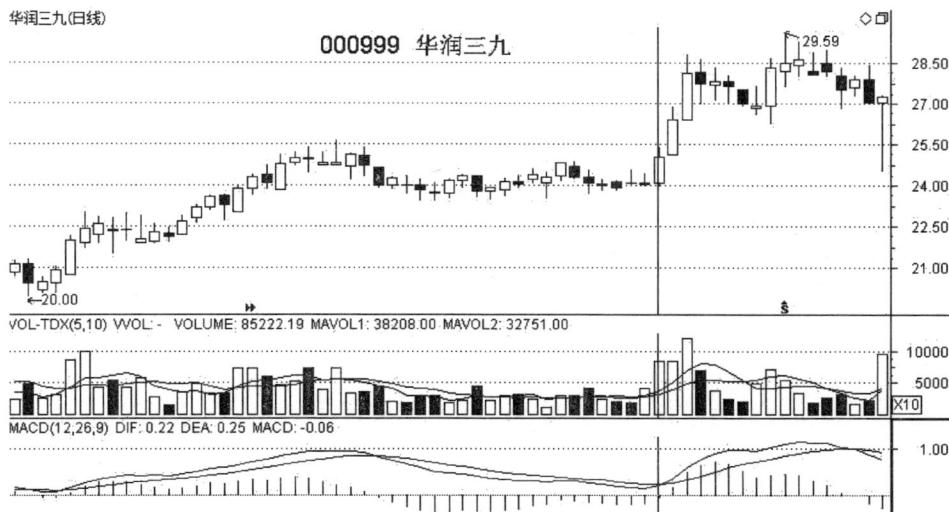

图 8-7　华润三九日 K 线图

选股有道

　　缩量中虽然易选出黑马股，但有一点需要投资者注意，在股价上涨末期，往往也会出现价跌量缩，这表明股价短期涨幅已大，虽然其不一定能够就此形成头部，但出货迹象明显，投资者应该谨慎持股。但若次日股价反转，投资者则宜出局，保住胜利果实。这种走势的原因总结起来有以下几点：一是投资者看淡后市，卖多买少，所以急剧缩量；二是市场处于弱势，极小的成交量就能打低价股，投资者坚决出局。投资者可等缩量到一定程度后，开始放量上攻时再买入。

第七节　从成交量中寻找黑马股

　　目前，在炒股的大潮中，根据成交量的变化寻找黑马股，是投资者首先要考虑的选股方案。因为成交量是一种供需的表现。当供不应求时，人潮汹涌，都要买进，成交量自然放大；反之，供过于求，市场冷清无人，买气稀少，成交量势必萎缩。那么，在实战操作中，我们当如何把握投资的良机呢？尽管很多情况下，主力吸筹的动作会比较隐蔽，成交量变化的规律性并不明显，但也不是无踪可觅。

成交量是判断股票走势的重要依据，也为分析主力行为提供了重要的依据。所以，要想准确地投资，掌握大盘成交量的变化势在必行。

一、利用成交量组合法选择黑马股的七大要素

掌握影响成交量变化的七大要素，是选到黑马股的心要条件。利用成交量组合法选择黑马股的七大要素，如表8-2所示。

表8-2　利用成交量组合法选择黑马股的七大要素

序　号	利用成交量组合法选择黑马股的七大要素
1	成交量温和放大伴随股价小幅上涨，这种组合是大涨的前兆，后市一般会连拉几根大阳线
2	当日内平均成交量的概念要牢记，当若干日内平均成交量非常接近一致时，表示庄家在上攻之前成交量已调整到位，浮码已清除干净；经过观察可发现5日成交均量与10日成交均量相匹配，在股价上涨之前发出的买入信号比较明确
3	当日成交量非常重要，它记录了当日多空双方在战斗中所投入的兵力及消耗的印花税、手续费；当K线图、技术分析指标与成交量在预测后市发生矛盾时，以成交量为准
4	成交量放大伴随股价上涨，回档时跌幅较浅且成交量急剧缩小，这种组合表示持股者惜售，预示着大行情即将产生
5	5日成交量均线低于10日成交量均线，表示近期内成交量一直在萎缩，而后成交量突然放大并伴随股价上涨，超过5日甚至10日的成交均量，这通常是庄家的试盘行为，在回档中赶快买入，大幅拉升即将开始

序　号	利用成交量组合法选择黑马股的七大要素
6	RSI 指标显示底背离时，成交量放大，5 日成交均量超过 10 日成交均量，表示庄家此时已是出少进多，底部承接盘踊跃、买气旺盛，大底出现了，最佳买入时机已到来
7	前一阶段，成交量一直呈豆粒状，并伴随股价横盘整理，每日起伏很小，而后成交量突然放大，表明大行情来临，股价回档时应赶快吃进

二、从成交量中寻找涨停黑马股的策略

1. 寻找适度放量的个股

一般来讲，股市中的某支股成交量较前日开盘时放大，并且日 K 线图在横盘底部放量的可首选为黑马股。因为如果个股放量过度，往往会极大地消耗该股做多的能量，使短期后继资金无法及时介入，个股的上涨将缺乏持续性的动力，从而使股价上涨往往一步到位，缺乏实际的投资价值。

2. 观察成交量均线

该策略需要注意的是，如果成交量在均线附近频繁震荡，股价上涨时成交量超出均线较多，下跌时成交量低于均线较多，则此种情况说明该股蕴含着黑马股的潜力。

3. 领会股市行情，把握放量大小

当放量有了一定的升幅以后，庄家就会清洗短线浮筹和获利盘，并允许看好该股的投资者介入，目的是增大市场的平均持股成本，减少再次上涨时的阻力。由于主力是看好后市的，是有计划的回落整理，因此下跌时成交量无法连续放大，在重要的支撑点位会缩量盘稳，盘面浮筹越来越少，这时候如果再次拉升股价，条件就具备了。当然，等到成交量再次放大，且能够达到推动股价上涨的时候，就是介入的良好时机。

4. 结合股价的变化进行分析

绝大部分股票中都有一些大户，其短线操作同样会导致成交量出现波动，

需要提醒的投资者的是要区分这种随机买卖所造成的波动与主力有意吸纳造成的波动的差异。我们知道，随机性波动不存在刻意打压股价的问题，成交量放大时股价容易出现跳跃式的上升，而主力吸筹必然要压低买价，因此股价和成交量的上升有一定的连续性。

5. 利用股票软件中的量比排行榜

因为股价的抬升，首要条件便是成交量要有所放大。所以，当开盘后 15 分钟时，就可以先从量比排行榜的前 20 位股票中选择黑马股。目的是翻看近期量比小的个股，剔除冷门股和下降通道的个股，选择那些曾经连续放量上涨，近日缩量回调的个股进行跟踪，待股价企稳、重新放量，且 5 日均线翘头和 10 日均线形成金叉时，就可果断介入。

6. 买入放量突破之前高点的股票

一般而言，股价能够突破之前的高点，亦证明庄家还要继续拉抬该股的股价，所以可介入。

7. 注意观察成交量的堆积

寻找涨停黑马股，成交量的堆积也是一个重要的制约因素，它对于判断主力的建仓成本有着重要作用。除了刚上市的新股外，大部分股票都有一个密集成交区域，股价要突破该区域需要消耗大量的能量，所以该区域也就成为主力重要的建仓区域。

8. 不要追买连拉多日大阳线的股票

虽然这些股票每日都较之前一天放量，但是这离庄家全线逃命时日不远，天天拉大阳线其中必有阴谋，并且风险太大，所以不宜追买。

选股有道

需要注意的是，在主力开始建仓后，某一区域的成交量越密集，则主力的建仓成本就越靠近这一区域，因为无论是真实买入还是主力对敲，均需耗费成本，密集成交区也就是主力最重要的成本区，累积成交量和换手率越高，则主力的筹码积累就越充分，而且往往实力也较强，此类股票一旦时机成熟，往往有可能一鸣惊人，成为一匹"超级大黑马股"。

第八节　抓住重组股中的黑马股

重组股是股票市场中最重要的组成部分，也可以说是股市中长胜不衰的题材。在重组股中常常会诞生出涨幅惊人的"黑马股"来。但是，因为它的范围比较大，数量也比较多，所以有时难免会产生一些良莠不齐的现象。投资者在选股时应该重点关注下面几种重组股，以免造成失误。

（1）在上市公司公布的年报中，应注意观察前十大股东的排列构成。对于第一大股东持股比例较低的、前几大股东持股比例比较接近的股票，需要重点关注，这类股票重组的可能性会比较大。

（2）关注小盘的重组类个股。一般来说，小盘股重组的成本比较低，也比较容易被重组，而且便于庄家控盘和拉抬股价。在市场上，更容易受主流资金的垂青。一旦被主力选中，上升速度之快可想而知。

（3）关注因为国有股权的转让而给上市公司带来资金重组机遇的个股。

（4）要关注低价位的重组类个股，特别是在熊市中曾经严重超跌，而目前却涨幅不大的个股。以前有过涨幅翻番行情的重组股，大都是从股价较低时崛起的，这是在曾经出现过的现象。

（5）关注那些业绩差、年度收益最多只能是微利的重组股。如果是一些亏损的或者是即将被特殊处理的就更好了。上市公司越是亏损或者是面临着被特别处理及退市等原因时，重组压力就越大，该上市公司也就越容易被重组，如图8-8所示。

我们在重点关注以上几种重组股的同时，还要掌握重组股的规律。那么重组股都具备哪些规律呢？以下从几个方面告诉了投资者最好的答案。

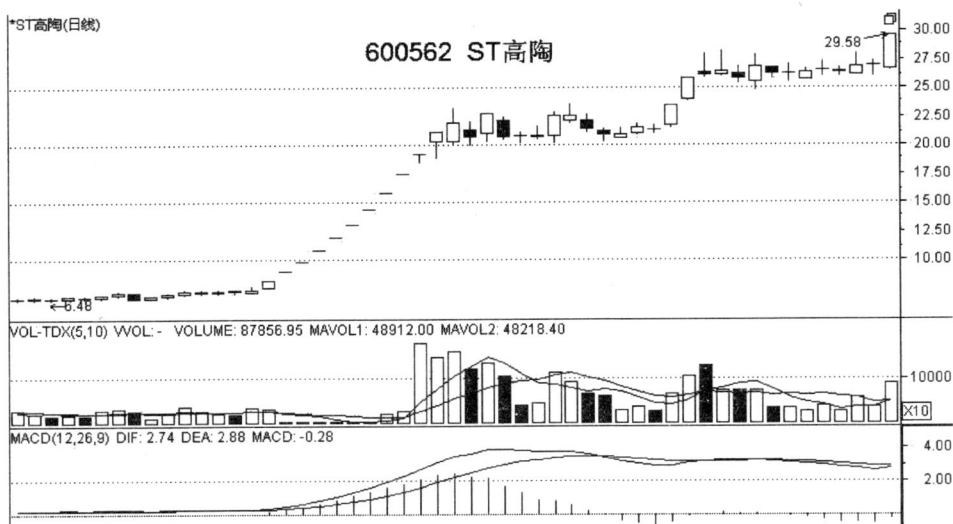

图 8-8　ST 高陶日 K 线图

（1）经营上陷入困境的公司，最易成为重组的对象。

（2）股权转让是重组的前奏。新股东以转让股权的方式成为第一大股东，表明重组已开始。

（3）第一波行情不宜介入。第一波行情往往是知道内情的人入场抢筹码所致，随后必然会出现一次急跌洗盘的过程。

（4）第一波行情冲高之后急跌，伴随着基本面的利空消息，如公布亏损累累的报表等，这是最后的利空，该公司往往将各种潜亏全部计提，也因此出现最后一跌，可成为投资者参与的最佳时机。

选股有道

选择重组股要特别把握以下几点：

（1）具有壳资源的价值是重组的前提。总股本和流通盘偏小，资产质量相对较好，债务包袱不过于沉重，重组起来才相对容易。

（2）上市公司的情况不断恶化，股价不断大幅下跌并创新低时，上市公司才有重组的愿望和动力，重组方才有利可图，庄家才会吸纳到足够的低廉筹码。

（3）重组方的实力、重组项目的含金量将决定股价后市的上升空间和潜力，非实质性的重组只是为了配合二级市场短炒一把，后市潜力不大。

（4）股价处于低位。

（5）随着公司上市变得容易后，是退出机制真正发挥效力的时候，上市公司壳资源的价值将不断降低，"咸鱼"将会变得越来越臭，这时候黑马股可能会更大，但不小心也可能会踩上一匹死马。

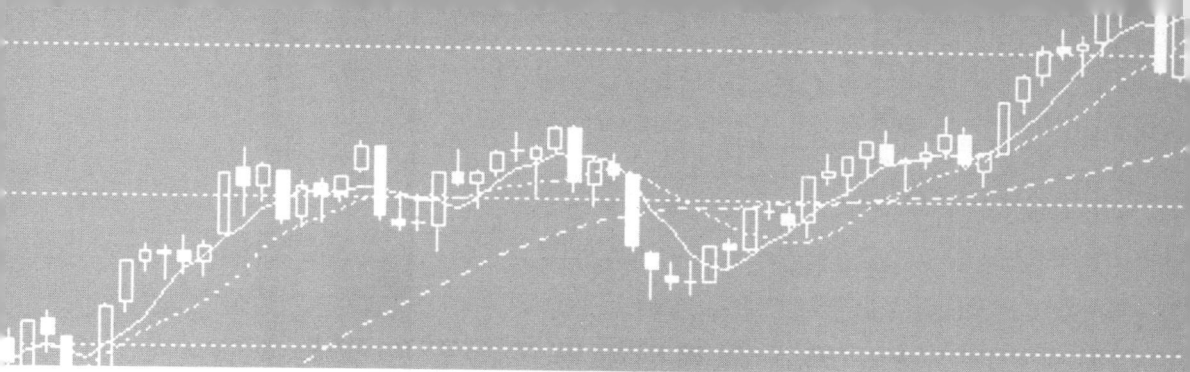

第九章
如何选涨停股

第一节　准确捕捉涨停板要先学会选时

涨停板可以启动行情，可以拉升一波行情，推动行情飙升，可以刷新股价历史，使股票青史留名。

然而并不是什么时候都可以追涨停，必须在个股技术形态良好、存在一定上扬空间、分时图显示出的庄家向上做盘意愿强烈，以及大盘的条件相对配合等因素都具备的条件下，才能采取追涨停的战术，使风险降到最低。当一支股票即将涨停时，如果能够及时判断出今天一天涨停将被牢牢封死，可马上追进，那么在第二天出现的高点将给你非常好的获利机会。所以，要想准确捕捉涨停板，选择介入时间是非常关键的。

一、捕捉涨停板的关键是学会选时

选时指相机买卖，重在不同操作时机的选择。不同的时段，股票市场的升幅（或跌幅）是不同的。在上升时段，多数股票都升；在下跌时段，多数股票都跌。所以说，学会选股重在选时。

涨停表示股价有最强烈的上涨欲望，而股价出现的第一个涨停往往就是短线上涨的临界点所在。股票涨停后，对本来想卖股票的人来说，会提高心理预期，改在更高的位置卖出；而对想买的人来说，由于买不到，也会加强看好股票的决心，不惜在更高的位置追高买进。所以，涨跌停板的助涨、助跌作用非常大。当一支股票即将涨停时，如果能够及时判断出今天一天涨停将被牢牢封死可马上追进，那么在第二天出现的高点就是股民的受益之时。

当然，如果了解、认识涨停板的运行轨迹和走势，就为投资者提供了有准备、有意识的头脑并最终有效地捕捉涨停。这就是在股价运行出现涨停走势的特征时，尤其是在临盘分时走势图中出现涨停走势的特征时，及时介入可享受欣喜、获取利益。

因此，投资者能敏锐地捕捉住涨停的各个时段，是准确捕捉股票涨停板的重要条件。

二、捕捉涨停板的选时策略

1. 分析 K 线组合

K 线组合是几个交易日 K 线的衔接和联系，主要的优点是它从不加掩饰地透露着股票价格运行趋势的某种征兆。事实上炒股中我们对许多诸如"强势整理""突破复合箱体""两阳夹一阴""东方红太阳升""三线开花"等 K 线组合及均线系统的分析研究，无外乎是对股票的不同时段的仔细推敲。

2. 分析集合竞价情况

投资者对于自己重点关注的股票，在分析研究集合竞价情况的时候，一定要结合该股票在前一交易日收盘的时候所滞留的买单量，特别是第一买单所聚集的量的分析。通过结合这种分析对于当天的操作及有效地捕捉涨停的效果有着十分重要的意义。

3. 关注股价回落的幅度

股价冲高要回落，这是一种自然现象，也是股票价格变化的必然性，但是这并不意味着股价冲高回落没有什么操作价值，相反其冲高回落的幅度和角度，对股价当日的走势却有着至关重要的意义。一般来说，尤其是对早盘的开盘后半小时（包括午市开盘后的半小时）的走势必须十分关注，因为这个时候股票价格的变化，对股票价格全天的走势有着一定的指导价值。

4. 关注二次上攻时的动能

动能是股票价格波动的能量，它常常从其运动的角度上反映出来。上攻角度越大，动能越大，当上攻角度大于 $60°$ 时，集中反映了做多动能的不可抑制性。但股价上冲一般难以一蹴而就，总要在上攻后有一次回落，然后二次上攻。这就需要投资者加倍关注了，因为此时的动能大小往往反映得比较清晰。

需要提醒投资者的是，如果想要在这个时候介入，就应该以高于成交的价格挂单买入，否则容易踏空。

5. 如果大盘当天急跌，有涨停也不要追

一般而言，大盘破位下跌对庄家和追涨盘的心理影响同样巨大，庄家的拉高决心相应减弱，追涨盘也停止追涨，庄家在没有接盘的情况下，经常出现第二天无奈立刻出货的现象。因此，在大盘破位急跌时最好不要追涨停。在这里需要提醒投资者的是，大盘在盘整时趋势不明，投资者应该深思熟虑，切忌急于求成、冒然投资。

6. 关注开盘价的支撑力量

它是主力精心策划的盘面信息之一，尤其是对于主力资金关照的个股来讲是有特殊意义的。在上升期中，股价在盘中一般是不会跌穿开盘价的，即便有时偶尔跌穿，也会被迅速拉起，或者会被有力地拉起。如果临盘时股价轻易跌破开盘价，并在较长的时间里不再被拉起，在这种情况下它对捕捉涨停板的意义是不太大的。如果盘中股价在开盘价处获得强有力的支撑，或被巨大的买单拉起，这表明主力在此还有"戏"，应在其向上突破、超越前期高点时果断介入。

例如，从中国联通 2015 年 4 月 17 日的分时走势图可以看到，该股以 6.71 元/股高开，之后在抛盘的打压下跌穿开盘价至 6.56 元/股，此后在开盘价附近短幅震荡。至 14.26 元/股上冲至 7.28 元/股，至 15：00 收于 7.07 元/股，全天涨幅6.64%，如图 9-1 所示。

7. 涨停时间早的比晚的好，最先涨停的比尾盘涨停的好

在当天交易中第一个封涨停的最好，涨停时间最好在 10：10 以前。如果上午停牌，下午复牌后在 13：15 以前封涨停的也是相当不错的。

选择其他时间段涨停的股票会就相对差一些，其中 10：10～10：30 以前涨停的股票，如果磨到涨停时换手率不高，所以比较差一些。在 10：30～11：10涨停的股票，这种风险更大，经常有下午开盘后涨停就被打开的情况。在下午 1：15～2：00 涨停的 ST 股，如果涨停时换手率很低（低于1%），分

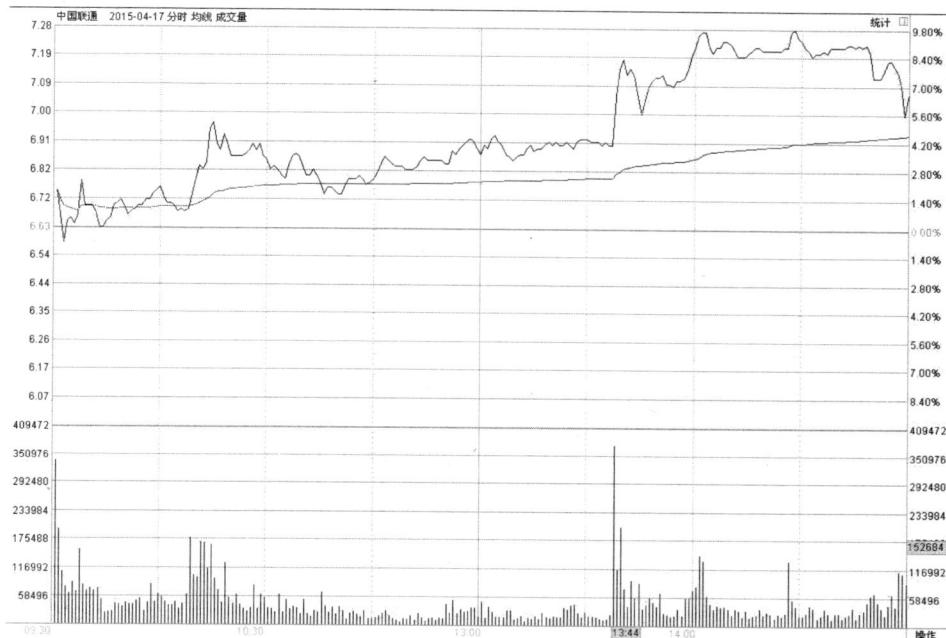

图9-1　中国联通分时走势图

时图表现为在冲击涨停前只有非常稀少不连贯的成交量，只是在冲击涨停时才逐渐有量放出，并且在冲击涨停时股价走势比较连贯，没有大起大落，也可以介入。

下午2：00~3：00间涨停的个股，除非大盘在连续阴跌后，在重大消息的刺激下出现反转走势，或者是在下午走强的板块中的龙头股（这时大盘还必须处于强势中），否则轻易不要去追。

8. 关注上攻时的成交量

一般来说，成交量往往是多空战斗力的对比。当大单低挂时，它往往会打压股价，使其节节走低；当大单高挂时，它往往会提升股票价格，使其节节走高，随波上攻。所以，选股是否成功的关键是看其在大单低挂还是大单高挂时。

选股有道

一般来说，股价在当日之所以能涨停，是因为该股有庄家存在。有庄股才能是可操作的对象，而操作无庄的股票则如跳进一潭死水，无法浮出水面。同时，需要说明的是，股价运行的另一个规律是强者恒强。因此，追强势股才是股市赚大钱的捷径，而能涨停的股票则又是强势股中的强者。

第二节 追涨排名居前股的买点

"居前股"这个概念，无非就是指能够在短线涨幅超过同期市场的其他个股，或者是总体上讲能够超过一段时间的股指涨幅。说白了，就是大家经常讲到的能跑赢同期大盘的那类股票。在炒股生涯中，一般认为排名居前股是股市中的明星，它们的股价可以在极短的时间内完成大幅飙升，令人惊心动魄。一个高水平的投资者会在一波行情风声乍起之时，看准买入时机而果断出击，从数只率先拉涨停的个股中筛选出 1~2 只居前的股票。下面就排名居前股的买点进行阐述。

一、居前股的种类

凡是在涨幅榜、量比榜和委比榜上均排名居前的个股，表明已经开始启动新一轮行情，是投资者短线追涨的重点选择对象。

追涨盘中强势股：盘中追涨那些在涨幅榜、量比榜和委比榜上均排名居前的个股。这类个股已经开始启动新一轮的行情，是投资者短线追涨的重点选择对象。

追涨龙头股：主要是在以行业、地域和概念为基础的各个板块中选择最先启动的领头上涨股。

追涨涨停股：涨停板是个股走势异常强劲的一种市场表现，特别是在个股成为黑马股时的行情加速阶段，常常会出现涨停板走势。追涨强势股的涨停板，可以使投资者在短期内迅速实现资金的增值。

二、不同的市态下居前股买点的表现

大盘强势初期：每天选出的个股很多，有时两市能选出 0 ~ 50 只个股，说明市态很强，不少于 30 只时，大盘不会深幅下调。

大盘盘整中：每日选中的个股只有几只或十几只，投资机会就在这些选中的个股中。

大盘下跌中：每日选中的个股只有几只或根本没有，这时需要提醒投资者的是最好清盘出局，停止操作。

大盘火爆时：由于强势股已较长时间放大量，其 40 天成交量均线已连续放大，与 2 日成交量平均线的量差已明显缩小，所以续强股就选不出来了，但选出的初强股仍可重点关注。

三、平时追涨居前股

一般来说，在没有动作的时候，买卖双方都不会在买一到买五、卖一到卖五处挂特别大的单，这种情况下往往都是散户自行交易的行情。不过，一旦发现买一到买五、卖一到卖五处开始逐渐挂上大单了，就一定要密切跟踪其动向，这往往是主力又开始上班了，切记一定不能放过主力新的拉升机会。

四、追涨居前股要重势不重价

很多投资者在追涨股票的过程中，往往会受个股基本面的分析所影响，有时会认为这不是一个绩优股而放弃买进强势股。其实，这种做法是错误的，因为买强势股重要的是趋势，应该觉醒的是该股与买白马股重视业绩好坏的特点是不一样的。

五、追涨居前股中的强势股时不必担心缩量

投资实战中的阴线缩量、阳线放量也是强势股的一大技术特征，属于正常现象。但是，如果强势股在经过短期连续上涨后出现长上影线的 K 线时，可考虑至少减一半的仓位。

六、追涨居前股时，对各种刺激性的传闻、消息等应该具体分析

在消息没有兑现前，可以积极介入参与，一旦消息兑现，则需要根据消息的内容具体分析。一般来说，受消息影响而上涨的个股，往往持续性不强，缺乏必要的可操作性和必要的获利空间。因此，需要提醒投资者的是对于单纯受消息影响而进入涨幅榜的个股，介入时要谨慎。

K 选股有道

当个股出现位于三榜前列的情况时，投资者需要根据该股所处的历史位置迅速作出是否追涨的决策。这类个股成为短线飙升黑马股的概率极大，如果股价仍然处于较低价位或者股价虽然已经涨高但仍然有良好的上升趋势时，投资者应该积极追涨买入。

第三节 追涨成功突破股的买点

股市中当个股形成突破性走势后，往往就相当于股价已经打开了上行的空间。通常来讲，如果在阻力大幅度减少的情况下，就比较容易出现强劲上升行

情的局面。因此，股价突破的位置往往正是最佳追涨的买点。

一般来说，追涨成功突破股的买点包括以下几个。

一、股价成功突破箱体时的买点

这里的买点形成的原因是股价在箱体里反复震荡运行一段时间，在成交量放大的配合下，股价终于突破箱体顶部、开始向上盘升所致，并由此最终形成了比较好的买入位置。

二、股价成功突破下降趋势压力线时的买点

个股经过长时间的大幅下跌，在成交量放大的配合下成功突破长期下降趋势线的束缚，很快出现了大幅上涨的走势，给投资者提供了一次良好的买入机会，如图9-2所示。

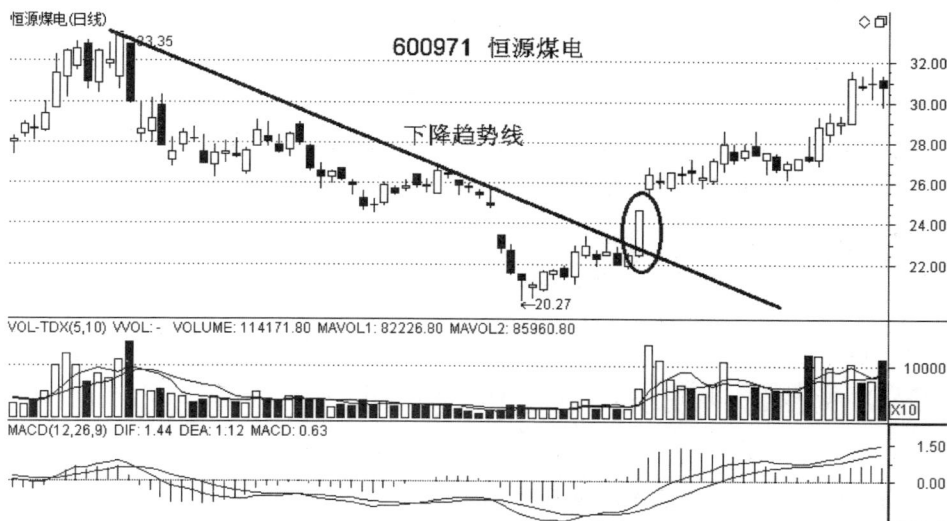

图9-2　股价成功突破下降趋势压力线时的买点

三、股价成功突破成交密集区时的买点

例如，百利电气在14~17元/股之间形成密集区，有大量筹码在这一区间被套牢，使该股一直运行于套牢筹码之下，此后股价强劲突破了该区域且创出

了新高，显示了主力有志在高位的打算和意图。因此，前期高位就有可能成为新一轮行情的起点，所以投资者可以追涨操作，如图9-3所示。

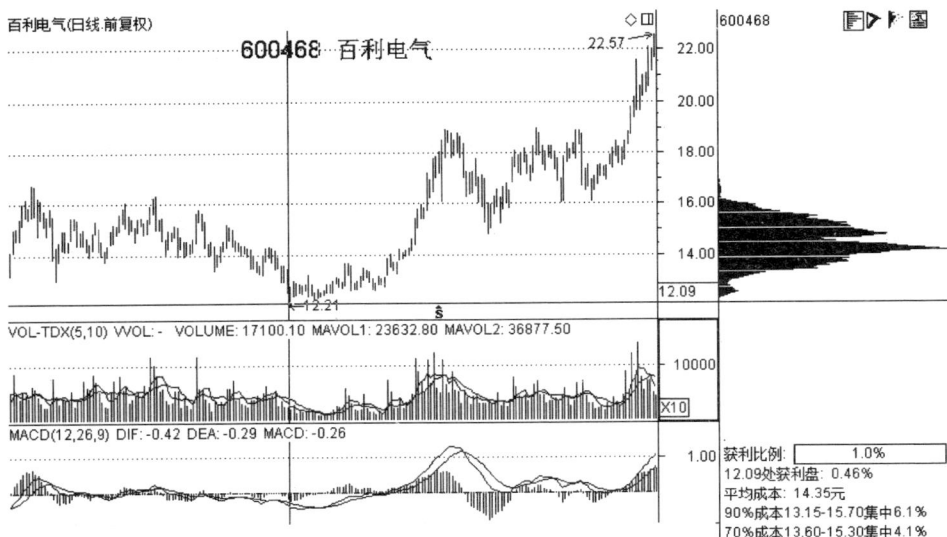

图9-3　百利电气日K线图

四、股价成功突破颈线位时的买点

一般来说，股市里常把颈线比作股市的生命线，可见颈线的重要性。当股价站稳在颈线上方时，可以看多做多；当股价有效跌破颈线时，投资者应该看空做空。事实上，双底、双顶，头肩底、头肩顶、多重底、多重顶等都能画上颈线，是用其判断阻力、支撑位的一种方法，如图9-4所示。

五、股价成功突破三角形整理时的买点

股票上涨后不久就出现了收敛三角形整理的走势，构成了追涨的买入位置，如图9-5所示。

选股有道

股票在上涨时有很多阻力位，除了上面提到的几种外，还有均线阻力位、

深深房A(日线.前复权)

000029 深深房A

颈线

VOL-TDX(5,10) VVOL:- VOLUME: 710118.25 MAVOL1: 596215.19 MAVOL2: 547634.38

MACD(12,26,9) DIF: 0.46 DEA: 0.58 MACD: -0.24

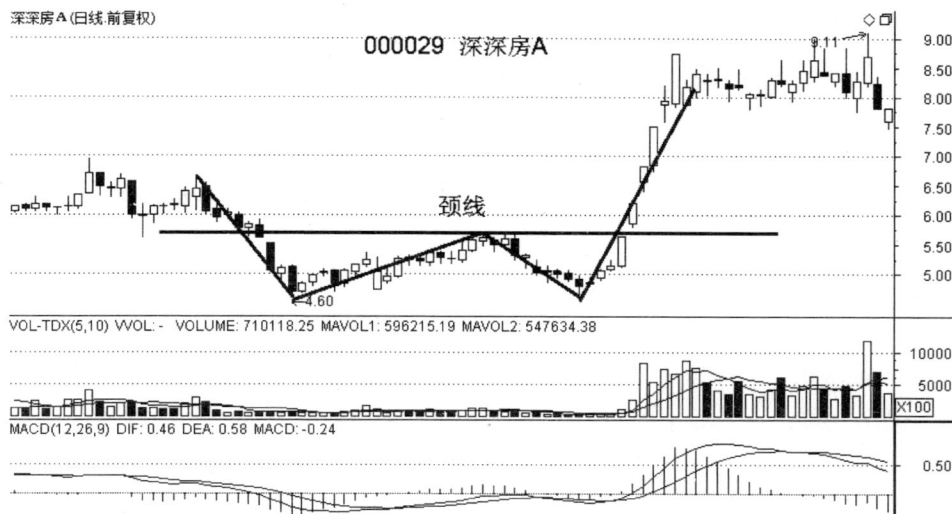

图9-4　股价成功突破颈线位时的买点

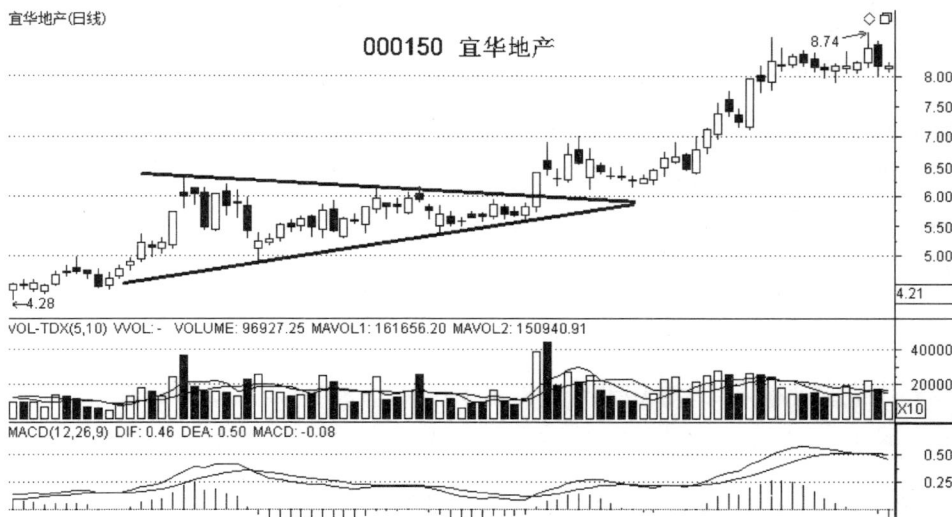

宜华地产(日线)

000150 宜华地产

VOL-TDX(5,10) VVOL:- VOLUME: 96927.25 MAVOL1: 161656.20 MAVOL2: 150940.91

MACD(12,26,9) DIF: 0.46 DEA: 0.50 MACD: -0.08

图9-5　股价成功突破三角形整理时的买点

重要整数关口阻力位、黄金分割阻力位、缺口阻力位，等等。如果要想突破这些阻力位时，往往需要成交量放大来配合。当然，倘若没有成交量的配合，遇阻下跌的概率就会很大。所以投资者应该谨记在遇到重要阻力位时，一定要有减仓止损的心理准备。

第四节　首次涨停个股买入时机的把握

一般来说，涨停板往往暴露了庄家做多的决心。如果股票出现了首次涨停板，那么股价必然会有上涨的走势，尤其是一支新股更是如此。这里所要提醒投资者的是当新股出现涨停板时，投资者应该及时追涨，这样就可以轻松把握股价持续上涨带来的盈利机会。具体的操作策略要从以下几个方面来进行阐述。

一、锁定新上市股票的首次涨停

对于普通个股而言股价的涨停是很正常的，但是对于新股而言其第一个涨停板就是最好的操作时机。无论股价后期是否可以再度涨停，至少明天会出现惯性高开，图9-6所示为2105年3月26日上市的北部湾旅游，尽管上市后连拉了13个涨停，但打开涨停后，走势依然强劲，只要抢进就能赚钱。

二、把握新上市股票的走势

一旦投资者发现新股形呈现首次涨停的走势，就可以在涨停的时候进行追涨操作，或者在第二天积极建仓。这里重点突出的是，新上市的股票涨停走势越是坚决，那么后期上涨行情的延续性也就越好。例如，围海股份收出上市以来的首个涨停，如果此时果断介入，之后短短5个交易日，每股可获得3元的利润，如图9-7所示。

三、抓住第一根涨停大阳线的信号

一般来讲，正是在买盘不断蜂拥入场的推动下，股价才展开了快速上涨，结果使做多决心极大的买盘促成股价收出了一根涨停大阳线。这时投资关键需要了解在其上升趋势明确后，股价出现如此强劲的上涨走势，最终暴露的是庄

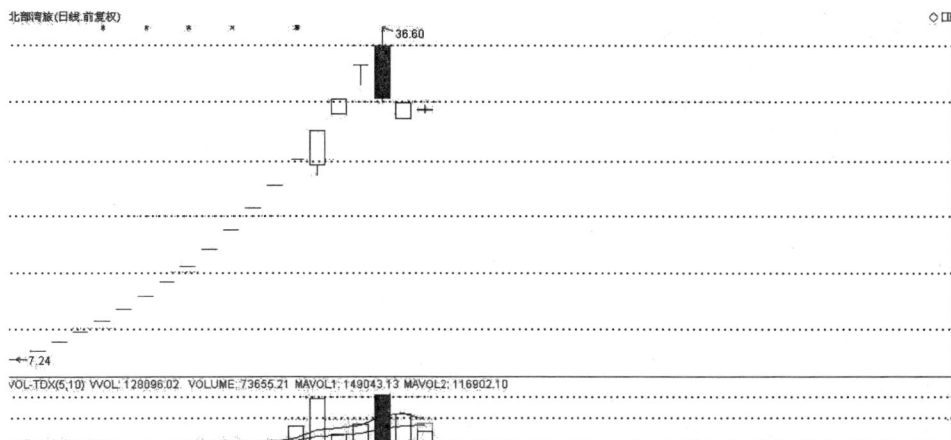

图 9-6 新股北部湾旅的日 K 线走势图

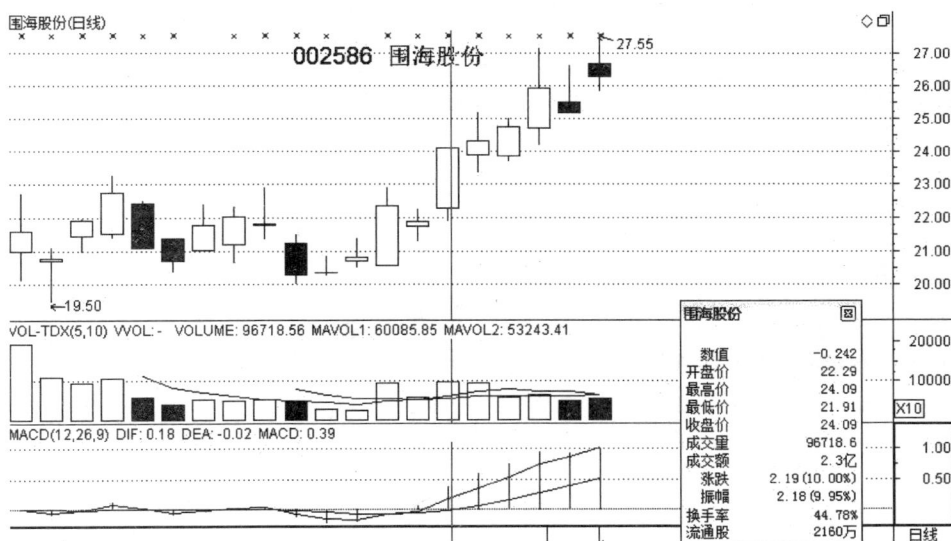

图 9-7 围海股份日 K 线图

家的操作意图，到了后期庄家还会以更快的速度拉高股价。所以，只要大阳线后的第 2 根 K 线或这之后的几根 K 线在大阳线内收盘价上方运行，投资者就必须以更快的速度入场，以便抓牢这次良好的机会。

四、留意底部首次涨停

这是主力建仓的标志。当个股经历漫漫熊途下跌至低位，或是长期持续横盘整理，无论其在基本面上具有如何大的诱惑，从中期 K 线形态看，都属于空头占绝对上风，是不应该盲目介入的。但是，一旦目标个股在低位出现了量价配合理想的涨停板，那就值得投资者密切注意了，因为这通常是空头能量释放完毕、多头力量开始反攻的标志．意味着新行情的到来。

如图 9-8 所示的海螺水泥出现第一个底部涨停，且从全天成交量看，量能适中，并没有异常的巨量出现，因此，我们不难判断该股出现的第一个涨停板仅仅只是上涨的开始，整个后续行情的上涨幅度会比较大。

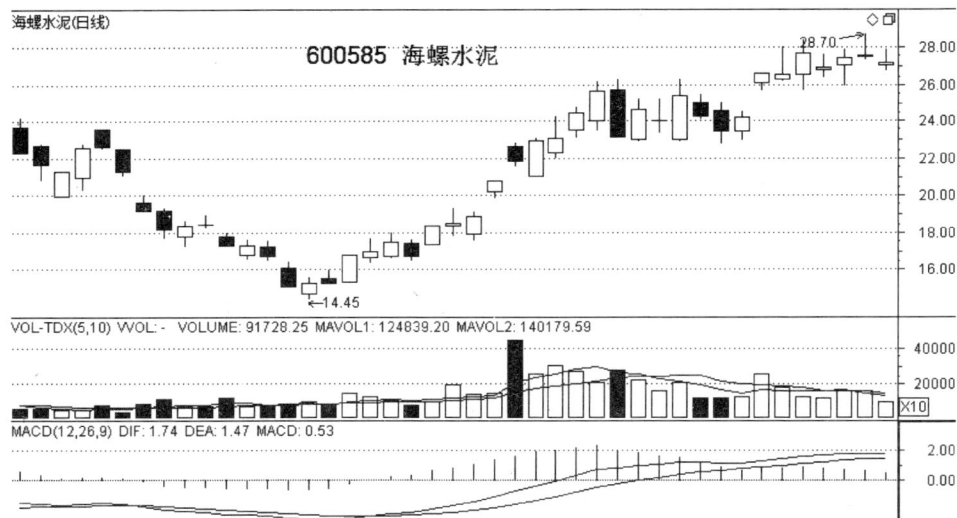

图 9-8　海螺水泥日 K 线图

五、关注首次涨停板个股的未来涨幅

投资者面对第一个涨停板的时候，虽然股价的涨幅较高，但是绝对不应当感到害怕，因为第一个涨停板的出现是上涨行情开始加速的信号，涨停板的价格对于后期的上涨走势而言位置是很低的。

例如，中海集运于 2015 年 3 月 17 日涨停后，经过 3 周的盘整，连续拉出多跟大阳线，涨幅高达 88.87%。所以，在这样的情况下，只要投资者在庄家积极做多的时候买入，其资金必然可以实现高额的收益，如图 9-9 所示。

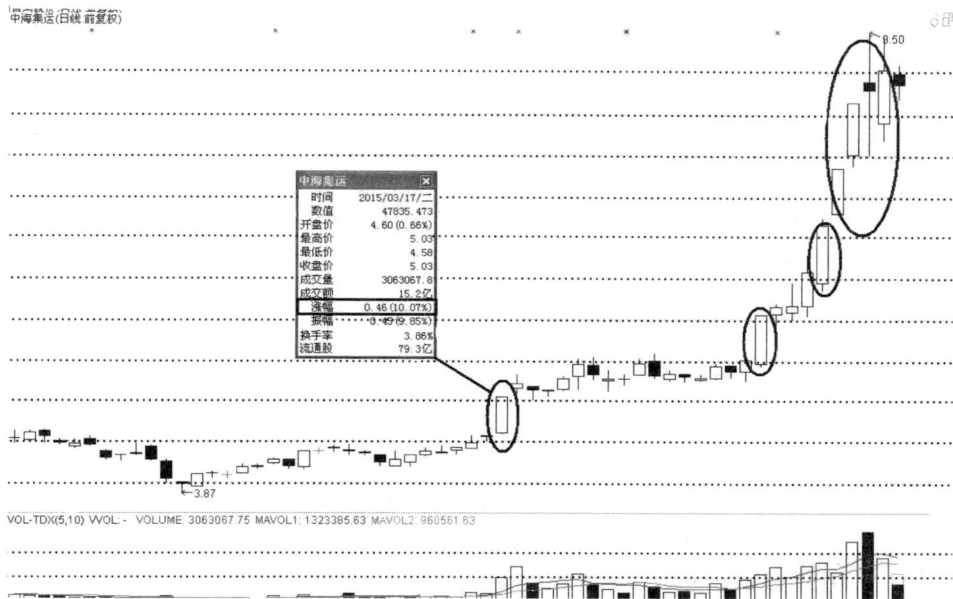

图 9-9　涨停可能是更大行情的开始

六、温和放量涨停板个股买入时机的把握

当然，观察形态时必须要注意的是，如果个股在绵绵跌势中突然出现放巨量的涨停（或者拉出长阳线），似乎有多头发力走出底部的架势，那么此时的判断就要结合成交量和资金的性质来判断了。一般来说，从底部脱颖而出的第一个涨停板既不能是巨量，也不会是缩量，温和放量的涨停板才是最完美的量价配合。因此，能否准确地把握温和放量涨停板也是选择投资时机的关键。

七、高开回落的大阴线背后的时机

一般来说，当股价收出大阴线后，随着资金的不断介入，短线波动的重心有了明显的抬高迹象，股价上涨说明买盘数量远远大于卖盘数量，短线上升趋势的确立进一步肯定了资金的介入。此时需要提醒投资者的是，涨停时成交量急剧放大，说明庄家投入了更多的资金，庄家对股价具有极强的控制能力，想让股价怎么涨就怎么涨，这种量价配合是最明显的强势。这种情况仍是投资的大好机会，只要投资者能够及时介入，日后也会获得很大的收益。

选股有道

需要提醒投资者的是，首次涨停板买入法并非适合所有的投资者。只有那些经验丰富、遇事冷静、处事果断、严守纪律的投资者，才能够通过这种方法获利。所以，在选用此方法前，投资者应该自我反省，自己是否符合以上 4 个条件。只要有一个条件不具备，建议其暂时进行模拟操作，或者选用其他的方法在股市中历练、培养以上 4 种能力。

第五节　无量涨停个股买入时机的把握

所谓无量涨停板，指的是涨停当日成交量非常小，日换手率低于 5%。需要指出的是这里的"无量"并没有固定、统一的标推，只有大概的界定。众所周知，缩量涨停是中国股市的一大特色，无量历来被专家当作量价背离的危险信号，因为它显示多头的能量不足，和价涨量增的常理相违背。而主力也正是利用市场上普通投资者的这种心理，在低位收集到筹码后，就开始拉升股价，借助于跟风者的追涨，能够快速达到主力出货的高位。但是，并不是说无量涨停一无是处，事实上无量涨停也充满着机会。下面就如何把握无量涨停的时机进行详尽的分析。

通常来讲，解决这个问题只需要了解和分析以下几种无量涨停的现象，就可以做到很好地选择投资的时机。

一、下跌放量，底部有量而涨停无量

一般来说，这种情况的股价必然是从高处跌落到目前底部的。值得分析的是，如果在前期的跌落过程中发现有很大的量就表明主力出逃，或者是主力的资金链出了问题，或者是被主力抵押在外的筹码和老鼠仓大量出逃。一般来说类似这种主力出问题的股票在暴跌以后会吸引大量的短线客，因此出现在底部的放量是非常正常的现象。但如果底部出现持续的放量就不能单纯地解释为短线客的因素了，这种情况很可能是新主力的介入。若真是这样的话，要提醒投资者的是，新主力不一定是强庄，也不一定是长庄，绝大多数是打一枪就跑的超级短庄。

二、连续无量涨停

这样的情形是股价连续无量涨停若干天后终于打开涨停，但是又经常地再次封回涨停。在这里需要指出的是当刚刚打开涨停时，不建议买入。若能够再次封回涨停，可以考虑在即将再封涨停的时候以涨停价委托买入。仔细推敲一下，可得出如果连续涨停的封单主要来自于主力，那么打开涨停的抛盘也必然来自于主力。所以建议在操作上不妨等待股价即将封住涨停的那一刻委托买入。

三、特殊的无量涨停

这是一种在多头力量占据绝对优势下的特殊表现，并非是上涨无量，而是多头已经找不到对手，已经没有空头再卖出，或卖出的量实在太少的特殊情况。如图 9-10 所示。

四、下跌无量、底部无量、涨停也无量

一般来说，这种三无状况也经常会出现。它的典型特点是无声无息，似乎是来无影，使人不易觉察。既然下跌无量、底部也无量，那么就表明在这两个阶段都没有主力的参与，但也难免会有主力隐藏其中。值得投资者关注的是接

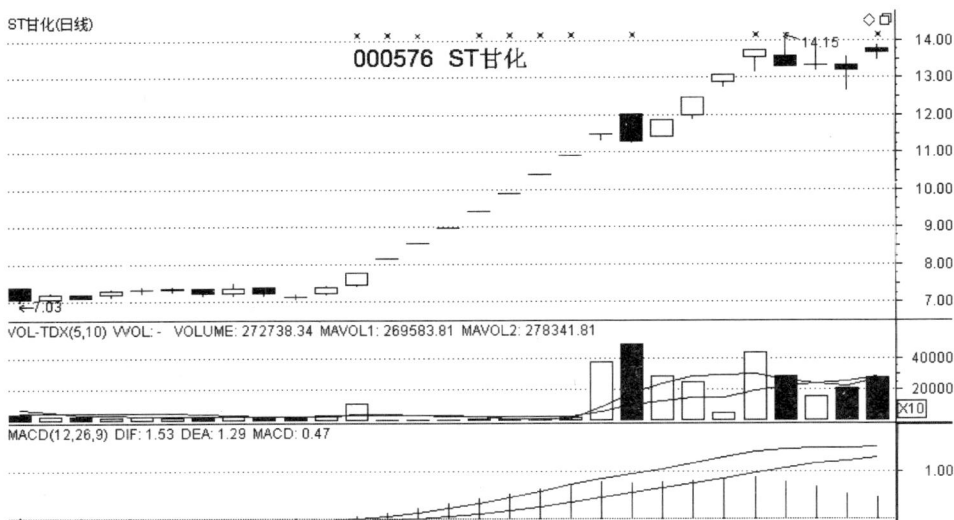

图 9-10　无量涨停

下来出现了无量涨停，则说明有主力的参与，不过一般来说既然涨停没有量就表明主力没有减仓的意愿，而且愿意再增加仓位，同时说明即使是老主力也还有一定的实力。这种情况下，投资者适当介入做短。

五、启动行情的无量涨停

通常来说，无量涨停后的第一个涨停板多数不是行情结束的时候，而是上涨行情的开始，次日往往还会有一个冲击涨停板的过程。但需要提醒投资者的是，如果当日的换手率超过了7％，则第二日情况多数不妙，如果换手率保持在2％以内，投资者可积极介入。

选股有道

一旦上市公司公告将进行重组，都会同时停牌，直至重组手续全部完备后才会复牌。而复牌伊始，往往就会出现就连续的无量涨停，投资者根本买不到股票。因此，投资者可以根据上述分析进行预先判断，然后在一个很小的范围内下注。一旦推测准确，就可以坐稳火箭，享受一下在云端的感觉了。

第六节　放量涨停个股买入时机的把握

股市当中，当股价上涨形成无量涨停走势时，往往意味着庄家已经在前期做了建仓的准备。但是，事实上在涨停板出现的时候，并非所有的庄家都可以提前完成建仓的操作，因此无量涨停现象虽然会时常出现，但却不如放量涨停现象形成的次数更多。这里所讲的放量涨停，就是在股价涨停的过程中出现了巨量换手的现象。有经验的股民不难发现放量涨停可以出现在股价上涨过程中的任何位置，不过需要强调的是不同位置的操作方法也有较大的区别。那么，在众多不同的放量涨停的情况下，究竟该如何投资呢？

一般来说，要想在众多不同的放量涨停中寻求合适的投资机会，需要关注以下几方面的内容。

1. 捕捉涨停大阳线的信号

当股价经过了一段时间的下跌以后，成交量就会相应出现放大的迹象。此时的量能就表明资金开始了积极的入场建仓操作。需要投资者关注的是在成交量放大的时候，股价随之就会收出一根涨停的大阳线，这是向投资者提示资金入场的信号。关键是在这一天的成交量会创下近期的最大量，并且这一天的涨幅也会是近期最大的涨幅。需要说明的是该信号的出现提醒我们：下跌行情已经结束，股价将会在后期反转成为上升趋势，即股价也随之产生了一轮连续上涨的行情。如果投资者在放量涨停走势形成的时候进行积极的建仓，必然可以在后期的行情中轻松地实现高额的盈利。例如，中钢天源创出新低 8.61 元/股后，开始横盘整理，后又放量收出一根涨停的大阳线，此后该股在略作整理后加速上扬，如图 9-11 所示。

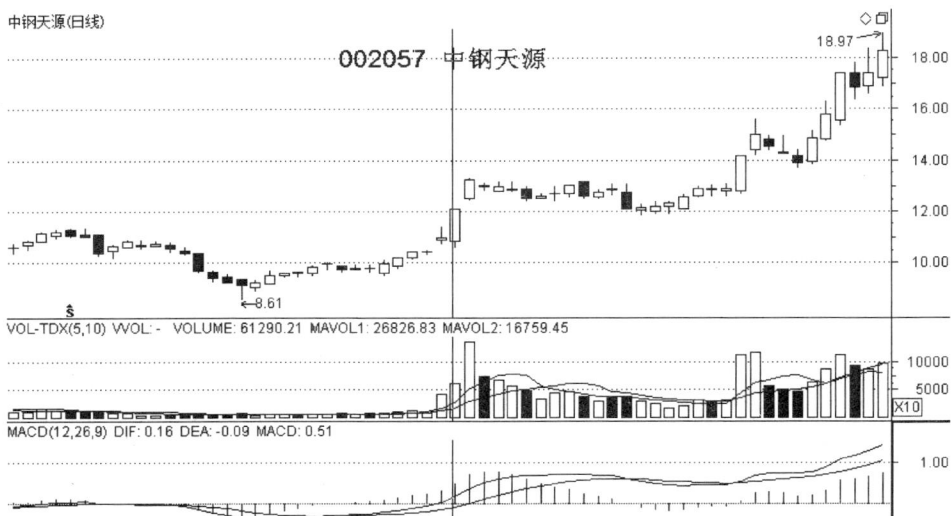

图 9-11　中钢天源日 K 线图

2. 放量涨停个股买入时机的把握

（1）一般来说，大量涨停的个股一定有主力在其中运作，这就提示我们可以关注这支股票并果断进行投资。

（2）如果某支个股有大量涨停的现象出现，则同时表明该主力愿意让市场在目前的价位跟进也是比较常见的现象。股市当中，我们也经常会碰到这样一些股票，这里需要提醒投资者的是，在这种情形下，我们应该大胆介入，尽管股价可能并不低。

3. 一路放量上冲涨停的买入时机

这种情况的主要特征是开盘后一路挟巨量上冲至涨停价，或者在数分钟后有一次短暂的打开，或者干脆一直将涨停的价位封到收盘。一般来说，整个上冲的过程几乎都是在半小时以内完成。需要说明的是，如果股价刚刚从底部上升就出现这种走势，毫无疑问这是盘中的老主力。这时，不难看出股价一路上冲肯定会出现获利了结盘，毕竟刚刚离开底部，至少底部的筹码是获利的。因此，碰到这种情况也是股民投资跟进的大好时机。

4. 低位放量涨停买入时机的把握

通常来讲，低位放量的个股往往有较大的上升空间。同时，低位放量涨停往往是很多短线大牛股经常会出现的走势，股价的位置很低说明风险比较小，是投资者绝好的投资时机。但是，对于未能在启动时及时跟进的短线投资者来说，出现此种形态也是极好的短线介入机会，能在低点买到固然最佳，即使在当日的高点甚至涨停处买入也不错，因为这高点是下一个交易日的低点。不过，需要说明的还有跟随此种庄股应该是短线思维，一旦跳水，可能会出现连续几个跌停，使投资者转盈为亏。

此外，除了上面谈到的放量涨停投资时机的把握，这里还有几种不宜追涨的情况，则应警惕，如表9-1所示。

表9-1　不宜追涨的放量涨停

序　号	内　　容
1	个股连续涨停之后收出放量阴线，表明该股调整压力巨大，持有者宜及时减仓
2	股价在历史相对高位出现涨停，极有可能是主力拉高出货
3	个股在下降通道内受突发利好消息的刺激而涨停，行情往往持续的可能性不大，此时不宜追涨
4	当盘中主力对倒做量完成以后大盘恰好走强，但由于主力首要任务是减仓，所以上升幅度一般来说不可能很大，绝对不会进入强势股的行列
5	底部换主力，但新主力不一定立刻启动行情，多数情况下还会把股价往下砸一下

选股有道

放量涨停的分析相对比较复杂，因为其中涉及涨停前后的放量情况、涨停板打开的次数、以及主力的意图是吸货建仓、洗盘、还是出货，等等，需要进行全面的综合分析。不过一般来说，只要股价处于循环中的低位，放量涨停大多都是好事，后市将继续看涨。

第七节　中途加速涨停个股买入时机的把握

股市投资中，个股涨停的出现，对投资者来说既是机会又是挑战，何况不同时期涨停的特点是各不相同的。一般来说，底部的无量涨停走势与放量涨停走势，都是在提醒投资者下跌行情的结束与上涨行情的开始。但是，令人遗憾的是选择底部无量涨停与放量涨停走势作为买点的机会却只有一次。其实，除了在底部区间内投资者可以通过涨停阳线确定买点外，同样在股价上涨的中途，投资者也可以利用中途加速涨停的走势再次寻找买点。

一般来说，一只股票的升降是曲折的，往往在涨停之后的后市股价还有巨大的上升空间，尤其是第一个涨停只是一个启动的信号。当然，对于某些个股来说，涨停则仅仅是短暂的反弹。需要强调的是投资者应进行具体的分析，采取不同的操作。这里就中途加速涨停买入时机的把握进行详细说明。

一、选准涨停大阳线出现时买入

通常来讲，在初期上涨的过程中，股价上涨的速度比较慢，并且伴随着下跌走势的参与。但是原则是只要有一根涨停大阳线的出现，投资者就应该果断出击。因为，这一根大阳线的出现会使得股价的上涨力度明显加大。面对这种走势，只要及时买入，便可以在后期再次获得短线快速盈利的机会。

二、值得参与的涨停中途调整的品种

在实际的操作中经常遇到那种可以参与的涨停，但往往随后会出现下跌调整，而连续涨停的个股却在开盘就封住涨停而无法参与。总的来说，在这样的情况下，值得参与的个股有以下两类。

（1）基本面出现巨大改变且在持续涨停中途调整的品种。一般来说，股价累计涨幅巨大，其技术调整的压力加大，就会出现短暂的下跌调整，随后将会出现再度发力的走势。

例如，中国联通2015年4月1日出现涨停后股价进入短暂的调整期，经过约两周的调整后股价一路飙升，如图9-12所示。

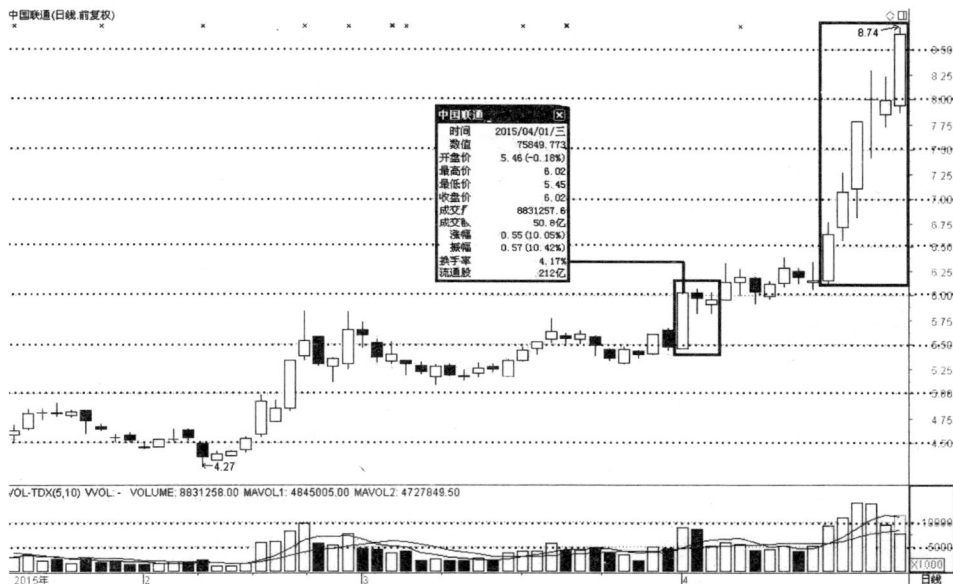

图9-12　中国联通涨停调整后继续上涨

（2）在历史高点附近的品种。通常来讲，第一个涨停就有参与的机会，后市也具有持续走高的能力。这样的个股第一个涨停的成交量往往较大，而后股价持续拉高，有的时候是震荡向上，也具有参与的机会。

三、关注股价涨速的变化

股市中，股价往往经过一段时间的上涨并且有了一定涨幅的时候，就会突然收出一根放量的涨停阳线。其成交量的巨幅放大说明了资金开始更加积极地入场操作，这里要强调的是资金越是积极地入场操作，股价的上涨速度就会越快。因此在中途加速涨停阳线出现的时候，投资者只要及时完成建仓的操作，便可以在后期轻松地实现较高的盈利。

四、关注成交量的变化

在股价经历了短线横盘调整以后，收出了一根涨停的大阳线，涨停大阳线的出现改变了原有的上涨速度，而股价的上涨速度也随着涨停走势的出现变得陡峭起来。进而使成交量形成了放大的迹象，这也是极为明显的特征。所以，如果在涨停大阳线出现以后，发现成交量也有很大的变化时，就是投资者介入的良好时机。买在加速大阳线出现后成交量放大时的投资者，是收益速度最快的，也是资金利用率最有效的。

选股有道

一般来说，个股在中途的涨停中的时机捕捉需要投资者具备一定的操作技巧和把握能力。同时，投资者还要对基本面等有相当的敏感度，应该在参与之前设立止损位，一旦判断失误就要及时出局。在这里需要说明的是，对于大多数投资者来说，中途涨停个股可遇不可求，刻意去选择此类个股难度很大，成功率也较小。

第八节　利用涨跌幅排行榜进行选股的技巧

投资者都知道，每一轮行情到来一般都会有一个领涨的板块和领涨的个股，这就是龙头板块与龙头个股了。对于投资者来说，想要获得超过市场的收益，就一定要抓住"龙头"才行，除此之外别无他法。因为，每一轮行情的最终结果，能够跑赢大盘的只有龙头板块中的龙头个股，否则的话，你可能连市场平均收益率都达不到。要想尽早地抓住龙头股，投资者可以根据涨跌幅排行榜来选择自己要购买的股票。涨跌幅排行榜分为日涨跌幅排行、即时涨跌排行、板块分类涨跌排行、板块分类涨跌排行榜等，如图9-13、图9-14所示。

	代码	名称	涨幅%	现价	涨跌	买入价	卖出价	总量	现量	量比	换手%
1	600162	香江控股	× 10.06	5.58	0.51	5.58	—	38.1万	50	7.43	10.55
2	600696	多伦股份	× 10.05	6.79	0.62	6.79	—	35.1万	15	4.88	10.32
3	600668	尖峰集团	× 10.03	12.72	1.16	12.72	—	31.2万	10	1.30	9.08
4	601798	蓝科高新	× 10.02	14.60	1.33	14.60	—	28.6万	214	1.65	44.64
5	002594	比亚迪	× 10.02	28.00	2.55	28.00	—	33.6万	476	0.60	52.44
6	002460	赣锋锂业	× 10.01	31.99	2.91	31.99	—	49444	307	2.78	13.19
7	600652	爱使股份	× 10.00	8.47	0.77	8.47	—	165万	52	4.06	29.70
8	300009	安科生物	× 10.00	12.98	1.18	12.98	—	58482	59	4.28	6.06
9	002466	天齐锂业	× 9.99	35.55	3.23	35.55	—	26531	71	1.94	7.22
10	601058	赛轮股份	× 9.98	11.02	1.00	11.02	—	28.9万	100	0.39	36.83
11	600273	华芳纺织	× 9.97	10.04	0.91	10.04	—	17.4万	43	1.73	5.52
12	600971	恒源煤电	× 9.04	44.01	3.65	44.02	44.03	19.4万	25	4.51	13.57
13	002580	圣阳股份	× 8.12	25.16	1.89	25.13	25.16	28445	304	3.20	18.90
14	000935	四川双马	× 7.71	14.25	1.02	14.25	14.26	48.8万	5631	5.80	35.40
15	300143	星河生物	× 7.62	23.60	1.67	23.60	23.61	60388	518	3.54	16.15
16	600220	江苏阳光	× 6.94	5.39	0.35	5.39	5.40	68.7万	222	7.40	3.85
17	002263	大东南	× 6.60	10.98	0.68	10.98	11.00	13.0万	1285	2.70	6.27
18	000909	数源科技	× 6.57	10.38	0.64	10.37	10.38	84792	1299	4.91	4.33
19	000925	众合机电	× 6.48	18.40	1.12	18.35	18.40	31746	1626	3.08	2.92

图9-13　日涨跌幅排行榜

	代码	名称	涨幅%	现价	涨跌	量比	卖出价	总量	现量	涨速%	换手%	今开	昨收	最高	最低
1	887019	煤炭行业	2.68	1424.65	37.20	—	—	64397	—	0.07	—	1390.60	1387.45	1435.56	1386.71
2	887013	食品行业	2.20	1490.92	32.15	—	—	17840	—	0.11	—	1463.41	1458.77	1492.08	1459.73
3	887024	综合行业	1.82	1389.78	24.83	—	—	53602	—	0.14	—	1371.96	1364.95	1394.99	1371.76
4	887015	塑料制品	1.75	1576.89	27.13	—	—	16578	—	0.10	—	1552.84	1549.76	1586.54	1551.58
5	887028	电器行业	1.70	1264.01	21.13	—	—	11288	—	0.09	—	1245.13	1242.88	1273.23	1245.13
6	887010	房地产	1.45	876.61	12.57	—	—	14.0万	—	0.04	—	864.82	864.04	883.22	864.09
7	887014	纺织行业	1.35	1316.16	17.53	—	—	32075	—	0.10	—	1301.76	1298.63	1321.51	1301.74
8	887039	陶瓷行业	1.33	1514.45	19.92	—	—	7022	—	0.22	—	1501.42	1494.53	1532.18	1501.42
9	887030	开发区	1.15	933.98	10.66	—	—	4737	—	0.16	—	928.15	923.32	935.32	922.51
10	887044	印刷包装	1.13	1162.88	12.99	—	—	6161	—	0.08	—	1154.04	1149.89	1164.92	1149.05
11	887009	酒店旅游	1.05	1182.32	12.23	—	—	15039	—	0.12	—	1175.66	1170.09	1188.49	1172.37
12	887005	公路桥梁	1.03	989.57	10.06	—	—	16290	—	0.19	—	980.40	979.51	994.44	976.98
13	887037	造纸行业	1.02	1209.03	12.19	—	—	20345	—	0.10	—	1198.36	1196.84	1218.41	1198.06
14	887046	玻璃行业	0.88	1387.86	12.08	—	—	14469	—	0.10	—	1376.94	1375.78	1404.95	1368.88
15	887512	ST股	0.76	1314.07	9.90	—	—	39489	—	0.06	—	1306.54	1304.17	1317.12	1305.99
16	887515	黄金概念	0.73	952.90	6.87	—	—	13556	—	0.08	—	950.03	946.03	956.61	945.70
17	887505	含B股	0.72	1008.09	7.23	—	—	67900	—	0.08	—	1003.97	1000.86	1015.07	1001.07
18	887006	汽车类	0.63	1404.12	8.75	—	—	41132	—	0.13	—	1405.47	1395.37	1415.67	1395.48
19	887509	新能源	0.59	1139.44	6.65	—	—	81152	—	0.15	—	1134.64	1132.79	1145.40	1132.24
20	887016	农林牧渔	0.58	1440.39	8.30	—	—	27334	—	0.11	—	1436.50	1432.09	1450.34	1432.12

图9-14　板块分类涨跌排行

涨幅排名对投资者选股有重要的参考意义，同时实盘中涨幅排名的变化也有玄机。一般而言，只有龙头个股才会出现在涨幅排名表的前列，从排名表中找到龙头股和龙头板块，在一定程度上就缩小了我们选股的范围，然后我们可以在龙头板块里寻找蓄势待发的个股，及时跟进。投资者运用涨跌幅排行榜来选择股票需要掌握以下几个原则：

（1）在涨跌幅排行榜中有多只股票同属一个板块，说明该板块已成为短期市场的热点。投资者应该注意其中成交量较大的个股、涨幅不大的个股以及次新品种。没有明显基本面原因而经常出现在涨跌幅排行榜前列的个股无疑是长庄股，可以中长线反复注意跟踪，并配合其他指标进出套利。因基本面情况出现在涨跌幅排行榜前列的个股需要分析其题材的有效时间。

（2）在选股前，一般应先查清各类排行榜前20名的股票在一个月内的涨幅情况，尽快地找出整个大市中的龙头股。其中龙头股一般为引领大盘的领头羊，升速既快升幅又大。除了大盘一波行情行将结束时，一般情况下龙头股常会连月高涨，与一般的个股有天壤之别。

（3）前期经常放量的个股，一旦再次价量配合出现在涨跌幅排名表前列，有短线套利的价值。在交易日偏早的时间进入该排行榜前列并表现稳定的个股有连续潜力，在交易日偏晚的时间进入该排行榜的个股连续潜力一般（突发事件影响除外）。

（4）长时间不活跃的低位股第一次进入涨跌幅排行榜的前列，说明该股有新庄介入的可能性；在K线连续上涨到高位后进入涨跌幅排行榜前列的，应小心庄家随时可能会出货。

其实，在股市中抓住龙头股并不是一件容易的事情。一般来说，当股价上涨一段时间之后，龙头板块基本上大家都会看清楚，但是此时的龙头个股，尽管大家也可以看清楚，但是通常已经不适合再追进了，除非是在超级大牛市，否则等到市场上人人都知道谁是这一轮行情的龙头个股的时候，涨势往往就快要结束了。因此，想要抓住龙头并骑上去跑一程，一定要趁早，即在龙头刚刚启动，最多是刚刚露出马脚不久之后即能够发现它。通过查阅涨跌幅排行榜是一种有效的方法。投资者在入市前多查查涨跌幅排行榜，有利于了解当前的龙头股群的局势。

K 选股有道

掌握一定的程序就会减少风险，增加成功的把握，在涨跌幅排行榜中选择龙头股也是一样的。投资者通过涨跌幅排行榜寻找龙头股的步骤是：先找到龙头板块，这相对要容易一些，然后再在龙头板块中寻找最有爆发潜力的个股并将其买进。

参考文献

［1］曹明成，谭文. 擒住大牛——一本书看透股市庄家［M］. 上海：立信会计出版社，2015.

［2］唐能通. 短线高手的操盘技巧［M］. 成都：四川人民出版社，2015.

［3］康凯彬. 跟庄实战技法（第3版）［M］. 北京：中国纺织出版社，2015.

［4］刘柯. 不可不知的短线操盘细节［M］. 北京：中国铁道出版社，2014.

［5］范江京. 短线高手实战金典［M］. 北京：机械工业出版社，2013.

［6］老牛. 短线擒黑马：切准买入时机的76个细节［M］. 北京：人民邮电出版社，2011.

［7］拉里·威廉斯. 短线交易秘诀［M］. 北京：机械工业出版社，2011.

［8］范江京. 实战买卖点——实战精华版［M］. 北京：机械工业出版社，2015.

［9］黄俊杰. 突破为王——五根K线锁定买卖点［M］. 北京：中国电力出版社，2015.

［10］宁俊明. 与庄神通——股票交易中的精准买卖点［M］. 北京：四川人民出版社，2014.

［11］尼尉圻. 解码股市——赢在买卖点［M］. 北京：中国纺织出版社，2014.

［12］崔慧勇. 找准买卖点－股票最佳买卖点实战大全［M］. 北京：中国电力出版社，2013.

［13］冯矿伟. 双龙战法——盘口精确买卖点［M］. 北京：地震出版社，2013.

［14］纪垂海. 庄家控盘核心2：进退有度. 北京：中国经济出版社，2013.

［15］邓睿. 从零开始学跟庄：新手入门、洞察庄家、跟庄获利操作技巧之道. 北京：机械工业出版社，2012.

［16］程鹏. 庄家心里操纵术：散户与庄家博弈的实战兵法. 北京：新世界出版社，2011.

［17］付刚. 从零开始学看盘. 北京：人民邮电出版社，2010.

［18］（美）瑞克－本塞诺编，股票技术分析新思维：来自大师的交易模式，北京：中国三峡出版社，2007.

［19］付刚编著. 怎样选股，金钱满仓，北京：中国宇航出版社，2007.

［20］王晓萌著. 炒股实战系统分析，北京：经济管理出版社，2002.

［21］老牛. 选股与买卖点技法大全集［M］. 北京：人民邮电出版社，2012.

［22］李郑伟. 短线选股与交易实践技法［M］. 北京：化学工业出版社，2012.

［23］季之著，谁不会炒股，北京：中国经济出版社，1999.

［24］张绍德 任钰 张宏群，寻庄与跟庄，广州：广东经济出版社，2000－.

［25］尹宏编著，赢在策略：股市生存的17种经典策略，北京：经济管理出版社，2004.

［26］天舒 李辉主编，与庄共赢：借助庄家操盘之力，北京：企业管理出版社，2006.

［27］邵道明，庄家克星，北京：经济管理出版社，2011.

［28］老郭. 老郭看盘细节——盘中细节充分显示了主力意图——（第二

版）［M］. 北京：地震出版社，2015.

［29］老金. 看盘就这几招——看盘实战技法必读全书——（第 3 版）［M］. 北京：中国纺织出版社，2015.

［30］老牛. 从零开始学看盘［M］. 北京：人民邮电出版社，2015.

［31］古斌. 炒股常识一本通［M］. 北京：广东旅游出版社，2015.

［32］冷风树. 炒股不可不知的经典指标实战入门［M］. 北京：广东旅游出版社，2015.

［33］杨剑. 炒股赚钱就这七招［M］. 北京：中国纺织出版社，2015.